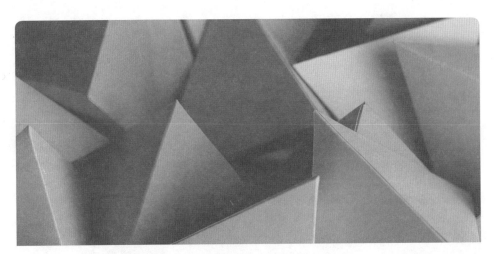

Sociologia das organizações

Dados Internacionais de Catalogação na Publicação (CIP)

J25s   Jaime, Pedro.
        Sociologia das organizações : conceitos, relatos e casos/Jaime Pedro e Fred Lucio. – São Paulo, SP : Cengage, 2017.
        280 p. : il. ; 23 cm.

        Inclui bibliografia.
        ISBN 978-85-221-2772-6

        1. Sociologia organizacional. 2. Administração de empresas. 3. Globalização. 4. Cultura - Brasil. I. Lucio, Fred. II. Título.

CDU 658:316   CDD 306.3

Índice para catálogo sistemático:
1. Sociologia organizacional   658:316
(Bibliotecária responsável: Sabrina Leal Araújo – CRB 10/1507)

Sociologia das organizações:
conceitos, relatos e casos

Pedro Jaime e Fred Lucio

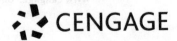

Austrália • Brasil • México • Cingapura • Reino Unido • Estados Unidos

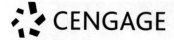

Sociologia das organizações: conceitos, relatos e casos
Pedro Jaime e Fred Lucio

Gerente editorial: Noelma Brocanelli

Editora de desenvolvimento: Viviane Akemi Uemura

Supervisora de produção gráfica: Fabiana Alencar Albuquerque

Especialista em direitos autorais: Jenis Oh

Editora de aquisições: Guacira Simonelli

Revisão: Bel Ribeiro e Daniela Paula Bertolino Pitz

Diagramação: Alfredo Carracedo Castillo

Capa: BuonoDisegno

Imagem da capa e abertura de capítulos: Comaniciu Dan/Shutterstock

© 2018 Cengage Learning Edições Ltda.

Todos os direitos reservados. Nenhuma parte deste livro poderá ser reproduzida, sejam quais forem os meios empregados, sem a permissão por escrito da Editora. Aos infratores aplicam-se as sanções previstas nos artigos 102, 104, 106, 107 da Lei nº 9.610, de 19 de fevereiro de 1998.

Esta editora empenhou-se em contatar os responsáveis pelos direitos autorais de todas as imagens e de outros materiais utilizados neste livro. Se porventura for constatada a omissão involuntária na identificação de algum deles, dispomo-nos a efetuar, futuramente, os possíveis acertos.

A editora não se responsabiliza pelo funcionamento dos *links* contidos neste livro que possam estar suspensos.

Para informações sobre nossos produtos, entre em contato pelo telefone
0800 11 19 39

Para permissão de uso de material desta obra, envie seu pedido para
direitosautorais@cengage.com

© 2018 Cengage Learning. Todos os direitos reservados.

ISBN 13: 978-85-221-2772-6
ISBN 10: 85-221-2772-7

Cengage Learning
Condomínio E-Business Park
Rua Werner Siemens, 111 – Prédio 11 – Torre A – Conjunto 12
Lapa de Baixo – CEP 05069-900 – São Paulo – SP
Tel.: (11) 3665-9900 Fax: 3665-9901
SAC: 0800 11 19 39

Para suas soluções de curso e aprendizado, visite
www.cengage.com.br

Impresso no Brasil
Printed in Brazil
1ª impressão – 2017

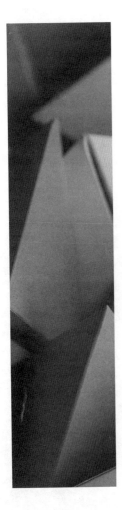

Para nossas alunas e alunos, que nos fizeram (e continuam nos fazendo) professores.
Para Guilhermo Ruben, que marcou nossa formação em Ciências Sociais e em especial nosso olhar socioantropológico para questões relativas ao mundo empresarial.

Fred Lucio e Pedro Jaime

"Sou professor a favor da decência contra o despudor, a favor da liberdade contra o autoritarismo, da autoridade contra a licenciosidade.
Sou professor a favor da esperança que me anima apesar de tudo." (Paulo Freire)
Para meus grandes e eternos mestres, Zé Carlos e Cely.

Fred Lucio

"Acreditou que o afeto verdadeiro era o único desengano, a grande forma de encontro e de pertença.
A grande forma de família." (Valter Hugo Mãe)
Para Camila, Alice e Antônio, sublimes companheiros de rota na tortuosa travessia da vida.

Pedro Jaime

Sumário

PREFÁCIO IX

INTRODUÇÃO 1

CAPÍTULO 1
O que é Sociologia? A Sociologia e o mundo organizacional 19

CAPÍTULO 2
Atores em cena: análise sociológica da dinâmica
interna da empresa 59

CAPÍTULO 3
Para além do ator estratégico: sujeito, trabalho e organizações 87

CAPÍTULO 4
Um jogo complexo: análise sociológica da dinâmica
externa da empresa 103

CAPÍTULO 5
A globalização como desafio para as Ciências Sociais 123

CAPÍTULO 6
Cultura e organizações 153

CAPÍTULO 7
Cultura brasileira e gestão de empresas 183

CAPÍTULO 8
Diversidade e organizações 219

Prefácio

Antes de tudo, quero expressar, do fundo dos meus sentimentos, a alegria que me produz escrever este Prefácio por meio do generoso convite que Fred e Pedro me fizeram oportunamente. Eles são parte da minha vida como professor e como cidadão do mundo, diriam por aí... E eu aceito essa verdade porque, como se diz no meu espanhol nativo: "Así és!".

Escrever o Prefácio deste livro não é apresentá-lo. Isso está muito bem-feito pelos próprios autores na Introdução de *Sociologia das organizações: conceitos, relatos e casos*, da Cengage Learning, obra que o leitor agora tem em suas mãos. Prefiro, aqui, abordar outros assuntos: 1) comentar o propósito geral deste livro, a fim de "assinalar alguns subsídios para pensar especificamente as contribuições que a Sociologia pode oferecer para aquele que quer compreender melhor a dinâmica das relações que se estabelecem no mundo empresarial", relatando, até onde minha memória me permite, a origem desse propósito na história recente das ciências sociais no Brasil; 2) ressaltar brevemente a trajetória acadêmica e profissional dos dois autores, meus ex-orientandos e alunos no Departamento de Antropologia da Unicamp.

Sobre o tema do livro

Comentar este livro me traz memórias de um intenso período de pesquisas que durou diretamente mais de uma década, entre 1986 e 1999, mas com repercussões até hoje: momento em que, como professor livre-docente do Departamento de Antropologia da Unicamp, coordenei o Projeto Temático Fapesp: Cultura Empresarial Brasileira: Estudo Comparativo de Empresas Públicas, Privadas e Multinacionais (Processo Fapesp 95/00439-2). Reconhecido pela fundação como uma das mais inovadoras iniciativas financiadas pela agência na década de 1990, este projeto foi um dos pioneiros na construção, em nosso país, de um diálogo mais profundo entre as Ciências Sociais (especialmente a Antropologia e a Sociologia) e a Ciência da Administração, por meio do olhar para o mundo empresarial. Originalmente, o Projeto ligava cientistas sociais a cientistas da Administração de três instituições: a própria Unicamp, sob minha coordenação; a Universidade Federal Fluminense (UFF), articulados por Lívia Barbosa; e a Escola de Administração de Empresas de São Paulo (da FGV), sob a liderança de José Roberto Ferro. No início dos anos 2000, outros professores-pesquisadores foram se aproximando e contribuíram com esse esforço de diferentes formas. Foi o caso de Cíntia Ávila de Carvalho, pela Universidade Federal do Espírito Santo (Ufes), e de Lúcia Muller, pela PUC-RS, dentre outros colegas.

O Projeto Temático não caiu do céu. E não foi muito bem recebido no campo das Ciências Sociais, pelo menos inicialmente. Em um ambiente acostumado a pesquisar indígenas, camponeses, operários e minorias de todo tipo (com os recortes de classe, gênero, raça e etnia), ou seja, a parcela em maior ou menor grau excluída da realidade do Capitalismo, surgiram estudiosos que pretenderam compreender a dinâmica socioantropológica do sistema como um todo, incluindo aí o chamado, na época, "outro lado": o universo empresarial, área que, até esse momento, era praticamente monopólio dos economistas e dos cientistas da Administração.

Sob múltiplas perspectivas, pensar o Capitalismo (sistema econômico) como sistema cultural não era novidade, pelo menos a partir de Max Weber e seu clássico *A ética protestante e o espírito do capitalismo*. Com Weber também aprendemos que, a partir do advento da modernidade, o Capitalismo torna-se, pelo menos para a chamada sociedade ocidental, o eixo epistêmico que orienta valores e comportamentos, além de formas de organização, cujo modelo central são as empresas. Estas fornecem, de forma direta ou indireta, uma espécie de modelo cuja racionalidade orienta a formação dos demais arranjos organizacionais em nosso meio como conhecemos hoje: igrejas, clubes de futebol, ONGs, escolas, partidos políticos, entre tantos outros. Por essa constatação é que se consolida uma área de estudos chamados Sociologia (ou Antropologia) das organizações. Como disse acima, o grupo de pesquisadores vinculados ao Projeto Temático foi, sem dúvida, um dos pioneiros nesse tipo de investigação no Brasil.

Certamente, tanto Lívia (pela UFF) quanto José Roberto (pela FGV) tiveram suas trajetórias independentes com seus percursos que os fizeram abraçar o tema e suas histórias para contar. Do lado da Unicamp, poderia dizer que o processo de investigação e a consolidação do grupo de pesquisa e do Projeto Temático tiveram início com uma etnografia realizada por mim em uma *joint-venture* argentino-brasileira do setor metalúrgico com sede na região de Campinas.[1] A empresa vivia

---

[1] Para aqueles interessados em saber mais sobre essa história e o processo de constituição desse grupo científico, remeto a alguns artigos publicados na *Revista de Pesquisa Fapesp* (n. 11, julho de 1996; n. 73, março de 2002; ambos disponíveis no site da instituição <http://revistapesquisa.fapesp.br/revista/edicoes-anteriores/>.

uma situação muito peculiar: de um lado, tinha todas as condições objetivas para dar certo (capital, tecnologia, produto e mercado); do outro, seus sócios (de nacionalidades diferentes) envolviam-se em profundas discussões engatilhadas por desconfianças mútuas, embora tivessem seus interesses convergentes. Esse quadro impedia que a empresa decolasse de forma mais consistente no mercado brasileiro. Enxerguei aí um cenário muito interessante, em que fatores culturais impactavam diretamente a gestão da empresa, e dei início a uma pesquisa que durou aproximadamente quatro anos (entre 1986 e 1991).

Entretanto, o que definitivamente me convenceu de que estava diante de uma nova perspectiva de pesquisa em Ciências Sociais foram argumentos de um grande mestre da Antropologia brasileira (já falecido), prof. Roberto Cardoso de Oliveira. Ele trouxe para a Unicamp, nos idos dos anos 1980, uma perspectiva conceitual que mudou o rumo do trabalho de campo: o conceito de "estilos de Antropologia". Desde as fronteiras nacionais que colocavam às identidades locais (de indígenas e outras minorias, por exemplo) a questão da identidade nacional como pergunta central (lembrando que, em pesquisa, o que importa é sempre a pergunta), passei a perguntar a respeito das identidades das antropologias nacionais, tanto periféricas como metropolitanas, no dizer do saudoso Roberto. Nesse momento, definitivamente abandonei a riqueza do campo clássico da Antropologia, situado nas aldeias indígenas, para percorrer os corredores das universidades, especialmente em Montreal, no Quebec, procurando um aprofundamento sobre essas questões. E foi aí que comecei a me indagar: "Por que não procurar pelo estilo do Capitalismo brasileiro? Por que nós, cientistas sociais, deveríamos deixar semelhante pergunta para que seja respondida apenas por economistas?". Afinal, se a Antropologia econômica já era um terreno bastante consolidado nas Ciências Sociais, ainda que dedicada ao entendimento apenas da lógica econômica das sociedades tradicionais, por que não ampliá-la para pensar o próprio sistema no qual estamos inseridos, assim como uma das suas organizações mais emblemáticas: a empresa? Finalmente, a "cultura" (um dos maiores patrimônios conceituais da Antropologia) é um fator de produção tão central e definitivo como a infraestrutura material! Como deixar que apenas outros cientistas digam algo como "a inflação é um assunto cultural", sem levar a sério a presença de dinâmicas culturais na estruturação da dimensão econômica? Eu me intrigava com o fato de que os cientistas sociais acabavam deixando o centro do prato para aqueles que – pelo menos na época era assim – pouco ou quase nada sabiam, nem mesmo se interessavam em entender sobre o que é cultura (título do livro de um grande colega da Unicamp, José Luiz dos Santos)[2] e seus impactos sobre o mundo econômico, particularmente na esfera das organizações empresariais.

Foi assim, em muito breves palavras e vista pelo prisma da minha trajetória, que começou a aventura antropológica nas empresas em São Paulo (e, posteriormente, no Brasil), públicas ou privadas, bancos ou metalúrgicas, nacionais ou multinacionais. O propósito dessa aventura era dialogar com a seguinte pergunta: Qual o estilo do Capitalismo brasileiro?

Essa pergunta ainda não tem resposta, e, acho, jamais terá uma definitiva. Mas foi ela que deu início a um programa de investigações que, sem pesquisadores como Fred e Pedro, além de tantos outros meus ex-alunos, não teria tido o sucesso que teve. No decorrer do percurso, esse programa foi ampliado e denominado *Etnografias do capitalismo contemporâneo*. Além dos estudos sobre empresas e empresários, passou a enfocar outros aspectos socioculturais do sistema capitalista.

Essa história cerca o livro que ora prefacio, e não tenho como fazer neste breve espaço mais grandes elucubrações. Vou apenas concluir esta primeira parte destacando o contexto polêmico das relações entre as Ciências Sociais e a Administração nos anos em que Projeto Temático de referência foi realizado.

Em síntese, de certa maneira pode-se dizer que, embora a Administração de Empresas seja classificada como uma Ciência Social aplicada, havia naquele momento, de parte a parte, uma espécie de ignorância mútua. Ou seja, nós, cientistas sociais, não sabíamos quem eram os "administradores" e, do lado dos administradores, até sabiam mais sobre "nós", tendo se apropriado (com toda a legitimidade da troca de conhecimento que funda o saber científico e acadêmico) da Antropologia e da Sociologia para seus estudos. Nós, cientistas sociais, éramos os "bichos grilos", os pouco objetivos e sem concretude nas contribuições para a área. Representou, então, algo de fato pioneiro juntar dois professores-pesquisadores de Antropologia (Lívia Barbosa e eu) e um de Administração (José Roberto Ferro) em torno de uma mesa na qual se desenhou um projeto de pesquisa que contou com um apoio financeiro generoso de uma das mais importantes agências científicas brasileiras. Posso afirmar com segurança que as pesquisas que fomos realizando e os desdobramentos que tiveram nas nossas instituições, por meio da colaboração de pesquisadores de outras universidades espalhadas pelo Brasil, representaram um marco importante para as

---

[2] SANTOS, José Luiz dos. *O que é cultura?* São Paulo: Brasiliense 2006. Coleção primeiros passos, 110.

Ciências Sociais e suas relações interdisciplinares com a Administração em nosso país. No campo da Antropologia, por exemplo, tive a oportunidade de coordenar, por mais de 10 anos, grupos de trabalho no âmbito dos congressos da Associação Brasileira de Antropologia dedicados ao tema das organizações empresariais e das dimensões socioculturais do Capitalismo.

Sobre os autores

Um é baiano, o outro, capixaba. Está tudo dito? Claro que não.

Cronologicamente, é o capixaba Carlos Frederico Lucio (ou simplesmente Fred Lucio) quem, egresso de uma formação em Filosofia, chega primeiro à Unicamp para fazer seu mestrado em Antropologia. Brilhante aluno, ele me escolhe, por essas sortes que se têm na vida, como seu orientador. Embora eu já atuasse, na época, longe do cenário etnológico, o pedido de Fred foi uma oportunidade de resgatar minhas origens de pesquisador das etnias andinas. Seu projeto era uma coisa meio louca: realizar uma etnografia sobre sistemas de parentesco em uma sociedade completamente fora dos padrões, mesmo aqueles indígenas. Uma sociedade que, à beira de ser extinta do mapa etnológico (como sociedade e como cultura), tinha se reconstituído demograficamente por um único homem que desposou todas as mulheres disponíveis na época, rompendo, inclusive, a barreira do incesto; hoje, praticamente toda a sociedade descende dele. Eram os Karitiana, um grupo tupi-arikém de Rondônia. Fred foi firme, ficou meses imerso na aldeia, situada no coração da Amazônia Meridional, em um trabalho etnográfico clássico que lhe permitiu reunir uma razoável quantidade de informação. Sua dissertação foi defendida em junho de 1996. A não ser por um artigo que saiu na *Revista Mosaico* (Ufes), resultado do seu trabalho como bolsista do Cebrap, não chegou a publicar esse texto, que permanece desconhecido do grande público. Entretanto, o fato de tê-lo orientado terminou fazendo-o aproximar-se do grupo de pesquisadores envolvidos no Projeto Temático. Posteriormente, em sua trajetória paulista, passa a trabalhar como docente de ensino superior, lecionando sobretudo em cursos de Administração e Comunicação. Realiza seu doutorado investigando o encontro entre etnicidade e mercado em uma comunidade quilombola de Cananeia, litoral sul de São Paulo (também na Unicamp e novamente sob minha orientação). Hoje, ele se dedica inteiramente à docência criativa em áreas não tradicionais da Sociologia e da Antropologia, sem jamais abandonar a curiosidade do pesquisador nato, especialmente com relação aos temas relacionados ao Capitalismo e à gestão empresarial. Trata-se de um educador militante, de um sujeito que, mesmo ante as frustrações que a vida do pesquisador/docente tantas vezes acarreta, não desiste, segue em frente. Esse é o Fred, não há dois.

Pedro Jaime Coelho Júnior (ou Pedro Jaime) é o baiano. Também não há dois *Pedro Vida*, como o batizei, uma vez que *"jaime"*, em hebraico, língua dos meus ancestrais, é vida, e ele tem muita gana de viver! Pedro veio de Salvador, formado em Administração pela UFBA, e tinha interesse em pesquisar algo relacionado à questão racial. Trazia esse interesse da sua querida Bahia! Ele ingressou no mestrado em Antropologia Social da Unicamp com um projeto que focalizava a dimensão organizacional da capoeira. Era um projeto lindo, e eu tive o atrevimento, quando o conheci pessoalmente, de valorizar sua trajetória na Administração, fazendo-o repensar. Eu já tinha recebido informações sobre Pedro por outro colega da Ciência da Administração, Maurício Serva (UFSC), com quem compartilhava o espaço acadêmico da Université de Montreal, no Canadá. Retornando ao Brasil, estreitamos, os três, um relacionamento não apenas acadêmico, de trabalho, mas de vida, que nos liga até hoje! Sua dissertação de mestrado intitulada *Antropologia e administração: encontro de saberes* ajudou-nos a entender o que se desenrolava no próprio Projeto Temático. Saudades daquela sala, tão concorrida, em que colegas e alunos vinham se encontrar para discutir, debater, estudar. Éramos, então, algo em torno de 20 pesquisadores que diariamente trabalhávamos por lá. Posteriormente, Pedro sentiu necessidade de retomar o tema da questão racial, dessa vez relacionando-o com o mundo empresarial. Ingressou então na USP, onde foi orientado por um dos maiores especialistas do Brasil no campo dos estudos étnico-raciais, Kabengele Munanga. Por solicitação do próprio Pedro, acompanhei seu trabalho, tendo participado da banca de defesa da sua tese de doutoramento, posteriormente publicada pela Edusp com apoio financeiro da Fapesp.

Postos os dois meninos na estrada acadêmica, o resultado é conhecido. Consolidando uma bonita e longeva amizade entre os dois, hoje parte dessa trajetória transforma-se neste livro didático.

Algo que pode parecer simples, mas certamente não é. É o mais difícil de escrever que há na vida. Livros acadêmicos de Ciências Sociais existem de vários tipos. Em geral, voltados para iniciados. Mas, como levar as contribuições da Sociologia e da Antropologia para jovens alunos de outras áreas em uma linguagem clara e envolvente, sem comprometer a complexidade dos assuntos tratados? É preciso bagagem para se lançar em tal empreitada. Estou imensamente feliz que estes dois autores, espécie de filhos putativos e acadêmicos, tenham tido a coragem de fazê-lo. Tenho certeza de que o produto resultante vai ajudar em muito a formação de novas gerações de estudantes das Ciências Sociais aplicadas.

Guilhermo Ruben
Paris, verão de 2017.

Este livro possui material de apoio para professores, disponibilizado para download na página do livro, no site da Cengage. O material consiste em orientações práticas (passo a passo) para a aplicação de algumas estratégias de metodologias ativas que podem auxiliá-los em sala de aula.

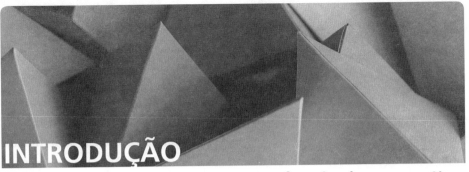

INTRODUÇÃO
A Sociologia e a Administração

A Sociologia, a Administração e as organizações

A Sociologia e a Administração são campos do saber que se originam em um mesmo contexto histórico, o final do século XIX. Como se verá mais detalhadamente no Capítulo 1, este é o momento de consolidação do projeto da Modernidade ocidental, cuja expressão mais forte talvez seja a consagração do sistema capitalista sob um novo modelo gerado a partir da Revolução Industrial, iniciada no século XVIII (Akoun; Ansart, 1999).

Inicialmente posta como o período histórico do Ocidente que se sucedeu à fase denominada "Medieval", a Modernidade alcançou um espectro de significação atemporal e conceitualmente bem mais abrangente do que uma mera referência histórica (Habermas, 1983; 2002; Giddens, 1991). Como tal, tem

Nicolau Maquiavel (1469-1527). Galeria Uffizi, Florença (Itália).

sido referida como um conjunto de características multidisciplinares perpassando a Sociologia, a Filosofia, a Política, a Economia, as Ciências e as Artes (e tantos outros campos do conhecimento), em um complexo que vem definindo, ao longo dos últimos cinco ou seis séculos da história ocidental, o campo de forças em que se constroem (e se desconstroem) valores que moldam a sociedade contemporânea. Assim, seguindo o que propõe o *Le Robert Seuil Dictionnaire de Sociologie*,

Modernidade pode ser definida como uma configuração cultural que apareceu na Europa por volta do século XVI, mas cuja lenta cristalização se inicia no final do século XIV. Uma de suas características principais pode ser localizada na pretensão de romper com aquele modo de existência social que a precedeu, condensado na ideia de tradição. Seu advento instaura uma ruptura na forma de organização social, passando a considerar que a espécie humana não está mais subordinada a forças transcendentes, isto é, estariam fora e acima dela. No plano do pensamento, esse momento se liga ao Renascimento, ao racionalismo filosófico de René Descartes, no âmbito do qual o Homem se apropria do mundo e se designa como fundamento dos poderes aos quais está submetido (cf. Capítulo 1).

A Sociologia e a Administração podem ser vistas, então, como ciências irmãs, com nascimento relativamente tardio. No caso da Sociologia, esse momento pode ser datado no século XIX, com a proposição explícita de Augusto Comte e a con-

Modernidade

Segundo a *International Encyclopedia of Social Sciences* (Briggle, 2008), Nicolau Maquiavel (1469-1527) é considerado o precursor daquilo que viria a ser chamado Modernidade. Em seus *Discursos sobre a primeira década* de Tito Lívio, ele introduz a expressão "novos modos e ordens" para se referir à nova forma política inspirada na antiga República Romana, proposta por ele. No latim clássico, *modo* significa "o agora, o atual, aquilo que se sobrepõe ao antigo" (também tem como significado "de certa forma"), derivando daí o termo "*modernus*". A visão de Maquiavel é compartilhada, com suas variações de significados e nuanças, por outros filósofos também considerados os fundadores da Modernidade, como Francis Bacon (1561-1626), Galileo Galilei (1564-1642) e René Descartes (1596-1650), entre tantos outros.

Como conceito, modernidade pode se referir tanto à Era Moderna (período histórico situado entre a Idade Média e a Idade Contemporânea) quanto ao conceito filosófico que expressa características atemporais (sociais, políticas, econômicas, filosóficas, culturais, científicas, tecnológicas etc.) geradas nesse momento histórico. Aqui, Modernidade como conceito filosófico será grafado com "M" maiúsculo para se distinguir do substantivo referente à periodização histórica, que será grafado com "m" minúsculo.

sagração metodológica de Émile Durkheim, que, pela primeira vez na história do ensino superior francês, logra êxito na criação de uma cátedra exclusivamente dedicada ao ensino da disciplina na universidade de Bordeaux. Tal fato, somado à construção de um método propriamente sociológico, também proposto por ele, são considerados os marcos de fundação da Sociologia como ciência. Paralelamente a esses esforços na França, os escritos de Karl Marx e Max Weber na Alemanha também são considerados como referências importantes. No que se refere à ciência da Administração, seu aparecimento pode ser localizado no início do século XX, com a publicação de livros escritos por dois engenheiros de formação: *Princípios de administração científica*, do estadunidense Frederick Winslow Taylor (1856–1915); e *Administração industrial e geral*, do francês Henri Fayol (1841–1925). As ciências irmãs possuíam propósitos distintos. Enquanto a primeira se voltaria para a compreensão ou a explicação das transformações sociais em curso, a segunda dedicar-se-ia a sistematizar métodos de organização da produção necessários em face dessas transformações. Todavia, ambas estiveram diante de um mesmo fenômeno: os novos modos de organização do trabalho e da produção.

Esse cruzamento das histórias das duas disciplinas se liga à origem de uma especialidade da Sociologia que ganhou espaço nas Escolas de Administração: a Sociologia das organizações. A gênese dessa especialidade é, por vezes, situada no vasto programa de pesquisas experimentais levado a cabo nos anos 1920 pelo cientista social Elton Mayo (1880–1940) e seus colaboradores em uma fábrica da *Western Electric Company*, situada no bairro de Hawthorne, em Chicago. Tal programa, que ficou conhecido como Experimento de Hawthorne, lançou luzes sobre os fatores psicossociais que afetam o mundo do trabalho. Outras vezes, a origem da Sociologia das organizações é situada na recepção no ambiente institucional dos Estados Unidos do trabalho de Max Weber sobre a organização burocrática (Lafaye, 2009). O envolvimento de sociólogos estadunidenses renomados, tais como Talcott Parsots e Robert Merton, nesse diálogo com a obra de Weber contribuíram sobremaneira

Frederick W. Taylor (1856-1915).

Interior da Western Electric Company, em 1951.

para impulsionar o desenvolvimento dessa especialidade da Sociologia nesse país (ver Etzioni, 1978).

O objeto da Sociologia das organizações fica bem evidente no seu próprio nome. Trata-se de um ramo do saber sociológico que se volta ao entendimento das organizações. Sua importância também não parece deixar dúvidas. Na apresentação de uma coletânea publicada originalmente em 1961, contando com contribuições de cientistas sociais estadunidenses tão influentes quanto Talcott Parsons, Robert Merton e Paul Lazarsfeld, mas também Erving Goffman, William Foote Whyte e Howard Becker, o sociólogo Amitai Etzioni foi claro a esse respeito: "As organizações complexas representam um dos elementos mais importantes no contexto social das sociedades modernas". E justificou sua postulação com um argumento sólido. "Em geral, os cidadãos das sociedades modernas nascem em hospitais, são educados em escolas, trabalham em uma ou outra organização e, de acordo com sua participação em atividades políticas ou religiosas, também com frequência ocupam lugares nas organizações complexas", assinalou. Arrematou então enfatizando que, como "os membros das sociedades modernas tiram grande parte da sua satisfação material, social e cultural de organizações [...] a compreensão do homem moderno e da sociedade em que vive conduz, portanto, ao estudo das organizações complexas" (Etzioni, 1978, p. 13).

A postulação de Etzioni está condensada na expressão *sociedade de organizações*, corrente no âmbito dessa especialidade da Sociologia (Perrow, 1992; Handel, 2003). É assim, pois, que Handel (2003, p. 1) ressalta que "educação, trabalho, política, governo, religião, serviços sociais, caridade, e frequentemente atividades de lazer têm lugar dentro ou através do envolvimento de organizações com maior ou menor grau de estrutura e formalização".

Mantendo-se no campo das Ciências Sociais e discutindo temas conectadas ao universo organizacional, este livro tem o propósito de contribuir para a formação de profissionais capazes de compreender a complexidade do mundo contemporâneo e atuar de forma qualificada na gestão de organizações.

Mas o que é uma organização? No âmbito desta especialidade da Sociologia, esta pergunta não tem uma resposta única e precisa. Segundo uma definição inicial, comumente subscrita pelo senso comum, uma organização diz respeito a um grupo deliberadamente planejado, com objetivos específicos, possuindo um conjunto de regras formais mais ou menos desenvolvidas e uma estrutura de autoridade, papéis e responsabilidades relativamente fixa (Handel, 2003). Essa concepção remonta a uma conceituação de Parsons (1978), segundo o qual as organizações deveriam ser entendidas como unidades sociais orientadas para a consecução de metas específicas. O conceito proposto por Parsons foi fortemente influenciado pela teoria weberiana da burocracia e consequentemente destacou o lado formal

Sociologia das organizações no Brasil

Atualmente, Sociologia das organizações é uma especialidade bem desenvolvida em países como Estados Unidos, França e Inglaterra, onde conta com publicações tanto no nível de graduação quanto de pós-graduação. No Brasil, no entanto, está bem menos amadurecida. Salvo exceções, não consta no currículo dos cursos de Ciências Sociais, possuindo maior presença naqueles de Ciências Sociais Aplicadas, notadamente de Administração. Talvez por esta razão, os livros-texto introdutórios dessa disciplina são escassos e terminam duplicando assuntos abordados nos manuais de Teorias da Administração.

O complexo de uma organização empresarial.

das organizações. Ele reflete a concepção racional da organização, ou seja, sua visão como um instrumento desenhado para atingir determinados objetivos por meio de um planejamento lógico, do estabelecimento de regras impessoais e da divisão de responsabilidades entre seus membros (Handel, 2003).

Todavia, ao menos duas outras concepções das organizações fazem parte do repertório dessa especialidade da Sociologia. Conforme aponta Handel (2003), as organizações podem ser vistas também como arenas nas quais as pessoas buscam satisfazer as suas necessidades financeiras, de poder, prestígio ou reconhecimento social. Os indivíduos que fazem parte dessas arenas perseguem seus próprios interesses, não necessariamente correspondentes àqueles da organização, criando uma dinâmica política que é distinta dos procedimentos formais. De acordo com essa perspectiva, mais do que mecanismos racionais, as organizações são sistemas sociais e simbólicos. Elas constituem cenários nos quais se desenrolam muitos dos dramas humanos. Ainda segundo Handel (2003), as organizações podem igualmente ser compreendidas como sistemas abertos que interagem de forma complexa com a sociedade. Neste caso, desloca-se o foco de atenção da sua estrutura e funcionamento interno para colocar em evidência as relações que estabelece com o ambiente externo, constituído por concorrentes, pela comunidade, pelo governo, pelo mercado de trabalho, pela cultura etc. As características desse ambiente podem representar tanto oportunidades quanto constrangimentos para as organizações.

Há ainda outra abordagem que tem ganhado espaço no desenvolvimento recente da Sociologia das organizações. Trata-se de uma perspectiva que busca enfatizar o caráter processual, construído e contingente das organizações. A fim de marcar essa ênfase no processual, a produção em língua inglesa dessa especialidade da Sociologia recorre a um jogo de palavras: *from organization to organizing*. Não se trata de um mero malabarismo semântico, mas da tentativa de ressaltar que, em vez de olharmos as organizações como entidades estáveis e fixas, devemos prestar atenção no próprio processo de organizar (Czarniawska, 2015).

Escapa ao propósito deste livro ampliar ou aprofundar a apresentação das correntes da Sociologia das organizações, porque não pretende ser uma obra teórica. Reflete, antes, nosso intuito de fornecer, prioritariamente ao aluno de graduação em Administração ou em outras das Ciências Sociais Aplicadas, e subsidiariamente aos estudantes de Ciências Sociais, além dos profissionais de gestão, um material introdutório e convidativo para que possam se preparar para o trabalho em (ou para a pesquisa sobre) organizações. Também para que possam refletir sobre suas experiências no universo organizacional. Aqui é importante fazer uma ressalva. Ainda

Mas o que é uma organização?

Em uma visão mais tradicional, é considerada um grupo deliberadamente planejado, com objetivos específicos, possuindo um conjunto de regras formais mais ou menos desenvolvidas e uma estrutura de autoridade, papéis e responsabilidades relativamente fixos.

As organizações também podem ser vistas como:
- arenas nas quais as pessoas buscam satisfazer as suas necessidades financeiras, de poder, prestígio ou reconhecimento social;
- sistemas abertos que interagem de forma complexa com a sociedade;
- realidades construídas e não entidades estáveis, estando sempre em processo.

que, conforme já sinalizado nesta introdução, sejam muitos os arranjos organizacionais que compõem a sociedade contemporânea (das fábricas aos escritórios, passando por órgãos públicos, sindicatos, hospitais, escolas, universidades, igrejas, organizações voluntárias, prisões etc.), decidimos concentrar nossa atenção na empresa. Isto porque ela é o ambiente de trabalho de grande parte dos alunos que cursam Administração, ou que seguem outras carreiras voltadas para o chamado mundo dos negócios. No entanto, fazendo as devidas adaptações, o leitor que está desenhando ou pretende desenhar seu percurso profissional em outro tipo de organização poderá encontrar aqui uma fonte de aprendizados.

E quando se fala da contribuição das Ciências Sociais, ou das Ciências Humanas como um todo, para pensar o mundo dos negócios e o universo das organizações empresariais, quase sempre enxerga-se imediatamente o aporte fornecido pela Psicologia. Ademais, como as pessoas geralmente associam as Ciências Humanas ao estudo do comportamento, essa associação normalmente remete à área de Recursos Humanos. O aporte da Economia também é tido como evidente, afinal de contas as empresas visam lucro, e consequentemente precisam gerenciar os custos a fim de otimizar os resultados, como reza a cartilha básica do aprendiz de

A organização empresarial: foco deste livro

Embora sejam muitos os arranjos organizacionais que compõem a sociedade contemporânea (das fábricas aos escritórios, passando por órgãos públicos, sindicatos, hospitais, escolas, universidades, igrejas, organizações voluntárias, prisões etc.), a atenção deste livro será concentrada na empresa. Fazendo as devidas adaptações, o leitor poderá encontrar aqui uma fonte de aprendizados para outros ambientes organizacionais.

Duas formas de organizações: igrejas e hospitais.

administrador! Mas qual a contribuição da Sociologia? Por que estudar Sociologia quando se tem o propósito de construir uma carreira no mundo empresarial?

A resposta a essas perguntas não é tão automática, e muitos alunos de Administração e de outras Ciências Sociais Aplicadas apresentam resistências quando se veem diante do ensino da Sociologia. Por vezes, essa resistência acentua-se em razão de a disciplina lhe ser apresentada de forma muito abstrata, teórica diriam, sem conexões com a realidade concreta das organizações. Escapar a essa abstração é o propósito deste livro. Com ele, pretendemos oferecer alguns subsídios para que o estudante, ou mesmo o gestor, possa compreender melhor a dinâmica das relações sociais que se tecem nas organizações, assim como as complexas conexões que estabelecem com a sociedade. Antes de apresentar ao estudante estes subsídios, gostaríamos de fazer duas considerações que julgamos importantes a respeito desta área do conhecimento. A primeira diz respeito à sua condição de ciência. A segunda, ao seu lugar no rol das Ciências Sociais.

As Ciências Sociais e a Sociologia

Dada a natureza tanto do sujeito, que investiga, quanto do objeto, que é investigado, as Ciências Humanas estão propensas a uma confusão entre o que é opinião pessoal e o que pode (e deve) ser considerado como uma reflexão com validade que vai além da visão do sujeito. Discussões epistemológicas altamente especializadas à parte, um dos maiores desafios dos docentes das disciplinas das Ciências Humanas é ajudar aquele que é leigo na área a compreender, em primeiro lugar, o caráter científico deste campo do saber. Não é também uma tarefa simples explicar ao não iniciado quais são, de fato, as especificidades de cada um dos ramos das Ciências Sociais (a Sociologia, a Antropologia e a Ciência Política). É comum que os estudantes questionem seus professores sobre as semelhanças e as diferenças entre eles (para ficarmos apenas com essas três áreas, consideradas as principais).

Para lidar com esses desafios é preciso certo cuidado. Quanto ao primeiro, é necessário frisar que, para o especialista, o que se afirma como ciência não tem necessariamente a ver com a defesa do Positivismo (uma corrente filosófica que se assenta na busca do conhecimento verdadeiro, isto é: objetivo, isento de interferências da subjetividade do pesquisador, e encontrado por meio do estabelecimento de relações de causa e efeito cabalmente comprovadas entre variáveis, resultando na formulação de leis que explicam determinados fenômenos). Assim, embora aquilo que é afirmado por um antropólogo sobre as relações de gênero, ou por um sociólogo sobre violência urbana, não seja meramente uma opinião, tampouco refere-se necessariamente a uma verdade demonstrável por métodos pautados pelo rigor das ciências da natureza. Como já foi assinalado pela Hermenêutica, tradição filosófica que remonta ao Romantismo alemão, as Ciências Humanas são distintas das Ciências Naturais. Se o que está em jogo nas últimas é a explicação dos fatos da natureza por meio do recurso a experimentos ou análises estatísticas, nas primeiras o propósito é aceder à compreensão dos fenômenos socioculturais mediante a utilização de métodos históricos e interpretativos. Isto sem falar da tradição crítica, que remonta ao pensamento de Marx e vai até a chamada Escola de Frankfurt e além. Dessa perspectiva, o papel da Ciência Social é desvelar os mecanismos de opressão e dominação que caracterizam a realidade social, devendo o pesquisador engajar-se na luta pela emancipação humana.

Epistemologia

De forma bastante simplificada, pode-se dizer que Epistemologia é um braço da Filosofia que se dedica à reflexão sobre o conhecimento: seja sobre sua própria natureza (teoria do conhecimento), seja sobre as condições para que sua produção seja válida, isto é, dotada de consistência lógica e teórica. Quando se fala de epistemologia de um campo do saber, fala-se, portanto, sobre a sua fundamentação conceitual.

A Administração no campo do conhecimento

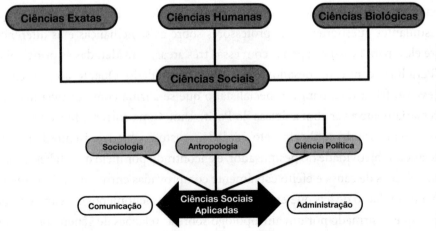

No que concerne ao segundo desafio, cabe ressaltar que a realidade social é formada pelo entrelaçamento de distintas dimensões. Somente por razões de análise é possível separá-las. E isso é o que torna difícil o esforço de tentar especificar cada uma das três áreas das Ciências Sociais. É sempre muito complexo estabelecer fronteiras claras que demarquem onde termina uma e onde começa a outra. Talvez um caminho mais promissor seja apontar algumas das possíveis contribuições dessas áreas para estudantes dos vários cursos voltados para o mundo dos negócios, e mais precisamente para alunos de Administração.

Em linhas bem gerais, vamos sugerir definições possíveis para essas áreas das Ciências Sociais e sinalizar contribuições que cada uma delas pode fazer para a compreensão das organizações e das práticas de gestão.

Na mais clara herança durkheimiana, pode-se afirmar que a **Sociologia** trata dos processos de interação social (tudo aquilo que diz respeito à construção e/ou desconstrução dos laços sociais). É possível nominar como fatores agregadores aqueles que são constituidores desses laços (a exemplo da família, da religião, da economia, da política etc.); e como fatores desagregadores aqueles destruidores desses mesmos laços (como a guerra, a violência, a exclusão social, a desordem etc.). Dessa perspectiva, a Sociologia tem contribuído tanto para pensar as empresas como um espaço social que produz cooperação e conflito, socialização e hierarquias, quanto para analisar as relações que as organizações empresariais estabelecem com outras instituições que compõem a sociedade, como o Estado e demais agentes sociais. Esses temas podem ser verificados nos capítulos que compõem este livro.

A **Ciência Política**, por sua vez, é a Ciência Social que se dedica a investigar as formas de poder construídas pelas sociedades e o seu exercício, nas suas mais variadas configurações de organização social. Remetendo ao conceito de formas de dominação proposto por Max Weber, é possível sugerir aos estudantes que reflitam sobre os poderes legítimos (isto é, aqueles que são livremente aceitos pelos

> ### A realidade social é um complexo
> Realidade social é um entrelaçamento de distintas dimensões, formando um complexo que só é possível separar em áreas como Sociologia, Economia, Antropologia etc. para fins de análise. Esses distintos recortes formam as chamadas Ciências Sociais.

membros da sociedade, por uma compreensão da sua necessidade para garantia da ordem, a exemplo das leis, das instituições, das autoridades religiosas, da família etc.) e os poderes não legítimos (ou seja, aquelas formas de coerção impostas pela força, comuns nos regimes totalitários). Do mesmo modo, a Ciência Política pode contribuir para pensar o papel que empresas e empresários têm assumido no cenário político dos países e no contexto internacional em tempos de globalização. Governos são instituídos e destituídos conforme o jogo de interesses empresariais nos mais variados cenários e contextos.

Finalmente, menos conhecida dentre as Ciências Sociais, a **Antropologia** aborda aspectos que estão relacionados à construção da diversidade tanto biológica quanto sociocultural do Homem. Com relação à diversidade biológica, investiga os tipos humanos e interroga sobre a pertinência de falar em "raças" humanas e as consequências disso. Quanto à diversidade sociocultural, procura explicar a enorme variedade das configurações dos agrupamentos humanos e suas distintas manifestações simbólicas. Toda organização empresarial é uma microssociedade que produz cultura, ao mesmo tempo que faz parte de um contexto social mais amplo, representado pelo sistema capitalista. Assim, não podemos nos furtar de pensar que, se a sociedade moderna ocidental é chamada de "sociedade capitalista", de alguma forma o Capitalismo, que originalmente é concebido como um sistema econômico, tornou-se a própria expressão cultural da sociedade moderna, como sugeriu o antropólogo Marshall Sahlins. Em outras palavras, ao contrário da Economia Neoclássica, para a qual o Capitalismo é a expressão da racionalidade humana, a Antropologia toma o Capitalismo como um sistema simbólico que imprime nas pessoas determinados valores, hábitos e crenças, configurando a teia de significados que, como diria o antropólogo Clifford Geertz, orientam os seus modos de pensar e de agir.

Para Guilhermo Ruben, professor livre-docente do Departamento de Antropologia da Unicamp e autor do Prefácio desta obra, seguindo a proposta de Weber a partir do advento da Modernidade, o Capitalismo tornou-se paulatinamente, ao menos no chamado Ocidente, o eixo epistêmico que orienta o comportamento humano. Assim, sua instituição central, a empresa, torna-se o modelo referencial de organização social, sendo mimetizada pelos demais arranjos organizativos, dos sindicatos aos clubes de futebol, passando pelas igrejas, pelas ONGs, pelos partidos políticos e pelos órgãos governamentais. Ao mesmo tempo, o sistema capitalista cria estratificações sociais, grupos identitários, relações de poder e domi-

Classificação do conhecimento

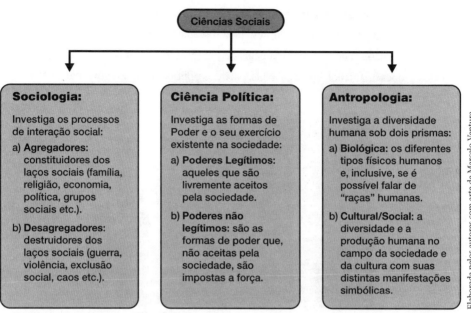

nação, o que torna sua realidade altamente complexa. Essa dimensão cultural do Capitalismo foi ainda mais amplificada pelo fenômeno da globalização.

A partir do final do século XX, não é possível se tornar um profissional especializado no mundo empresarial (não importa que carreira se escolha) sem ter em mente todo esse emaranhado que acaba envolvendo de forma direta ou indireta (às vezes mais direta do que gostaríamos) empresas, empresários e demais atores sociais. Um exemplo claro disto no Brasil atual é fornecido pelas investigações das operações Lava-Jato e Carne Fraca: grandes companhias, e seus proprietários e/ou executivos, envolvidos em escândalos de corrupção, dilapidando o patrimônio público. Como resultado, têm-se a detenção tanto desses homens de negócios, assim como de representantes do poder público, bem como a oscilação entre queda e recuperação das ações dessas corporações no mercado financeiro. Outro exemplo é fornecido pelo caso Samarco/Vale do Rio Doce, em que o maior acidente socioambiental já ocorrido no Brasil, e certamente um dos mais expressivos do mundo (que, dois anos depois, ainda impera a impunidade para os responsáveis), eclode e expõe uma intrincada conexão entre as grandes empresas e o Estado. Fenômenos como esses, que se multiplicam não apenas em nosso país, como no mundo, exigem que todo aquele

O Capitalismo

O Capitalismo pode ser considerado o eixo epistêmico que orienta o comportamento humano no Ocidente, sendo a empresa (sua instituição central) o modelo referencial de organização social, mimetizada pelos demais arranjos organizativos, como sindicatos, clubes de futebol, igrejas, ONGs, partidos políticos e órgãos governamentais.

Manifestação sindical no aeroporto da Filadélfia, em julho de 2017.

que está inserido em organizações tenha uma visão sistêmica e estratégica, e hoje, mais do que nunca, ética. Várias pesquisas têm demonstrado que práticas de gestão moralmente sólidas são capazes de produzir uma imagem confiável da organização, resultando na elevação da sua reputação e, consequentemente, na melhoria do seu potencial de investimentos. O inverso também tem se evidenciado, com escândalos abalando rapidamente marcas e corporações outrora consideradas sólidas.

Diante desse cenário, uma sólida formação em Ciências Humanas pode ajudar os administradores a compreender e enfrentar os complexos desafios que cercam a prática gerencial no mundo contemporâneo.

Aqui é possível estabelecer um paralelo com as palavras de Claude Lévi-Strauss a respeito dos mitos. Ele respondeu à pergunta "Para que servem os mitos?" afirmando que os mitos são bons para pensar. Não pensar "sobre algo", mas "pensar!". Analogamente, é possível dizer que as Ciências Sociais (e por extensão as Ciências Humanas) são boas para nos fazer pensar (aqui, não somente o pensamento em si, mas o pensamento sobre o complexo da realidade social, que envolve a formação

As Ciências Humanas e a visão estratégica do Administrador

de grupos, os jogos de poder, as visões culturais etc.). E, se saber pensar com profundidade e densidade é um dos requisitos fundamentais para nos definir como seres humanos, é ainda mais necessário para se ter uma visão estratégica num mundo cada vez mais complexo, dinâmico e desafiador.

A organização deste livro

Como já afirmado, este livro pretende ser uma ferramenta para estimular o debate e a discussão sobre temas de relevância social para a formação de todo aquele que vai trabalhar ou interagir com as organizações empresariais, estando direta ou indiretamente ligado aos seus processos de gestão. Seu foco principal é pensar a complexidade da Sociologia e suas relações com o mundo empresarial. Por isso mesmo, os capítulos estabelecem a relação entre a teoria sociológica e o cotidiano organizacional.

O *Capítulo 1* (*O que é Sociologia?*) é considerado como de contextualização. Nele são apresentados os principais pressupostos da Sociologia, sua relação com a nossa vida cotidiana e algumas das suas contribuições teóricas relacionadas ao mundo empresarial. De maneira bastante sintética, são expostos os pensamentos dos chamados heróis fundadores da Sociologia: o Positivismo em Augusto Comte e o surgimento da Sociologia como ciência; o conceito de trabalho e os elementos do Capitalismo em Karl Marx; os princípios da organização social em Émile Durkheim; as formas de dominação e a organização burocrática em Max Weber.

O *Capítulo 2* (*Atores em cena: Análise sociológica da dinâmica interna da empresa*) traz um modelo sociológico para que se possa compreender a complexa realidade organizacional e, consequentemente, nela intervir de forma mais qualificada e responsável.

O *Capítulo 3* (*Para além do ator estratégico: Sujeito, trabalho e organizações*) procura ultrapassar os limites deixados pelo precedente. Coloca em foco não o indivíduo que age estrategicamente nas empresas visando alcançar os seus objetivos, mas o sujeito tantas vezes submetido a situações de sofrimento no trabalho.

O *Capítulo 4* (*Um jogo complexo: Análise sociológica da dinâmica externa da empresa*) pretende igualmente contribuir para alargar o modelo de análise organizacional apresentado no segundo capítulo. Seu propósito central é evidenciar como a empresa participa do jogo social estabelecendo relações com uma série de outros atores (sindicatos, movimentos sociais, ONGs, Estado etc.). Tais relações são marcadas por cooperação, mas também por conflitos e pela construção de acordos.

No *Capítulo 5* (*A globalização como um desafio às Ciências Sociais*), um dos pontos mais relevantes dos debates sociológicos contemporâneos é problematizado, apresentando-se duas correntes: *globofilia* (os autores que defendem o fenômeno, ressaltando seus ganhos e conquistas) e a *globofobia* (aqueles autores que são extremamente críticos à globalização, alguns chegando mesmo a negar-lhe a existência tal como celebrada convencionalmente). Em face desta problematização, são apresentados certos pontos relevantes para o universo das organizações, suas tensões e ambiguidades, bem como as questões relacionadas ao mercado, à sustentabilidade e à dinâmica cultural contemporânea.

No *Capítulo 6* (*Cultura e organizações*), são evidenciados os aspectos simbólicos relacionados ao trabalho e à gestão empresarial, os significados associados ao trabalhar em diferentes culturas, nacionais e/ou organizacionais e como eles afetam a dinâmica das empresas.

No *Capítulo 7* (*Cultura brasileira e gestão de empresas*), são discutidos alguns dos principais aspectos da cultura brasileira e sua relação com o mundo empresarial. Partindo da constatação de que vivemos uma ambiguidade estrutural e estruturante na cultura brasileira (entre o arcaico e o moderno), é apontado de que forma conceitos-chave propostos por autores clássicos da interpretação do Brasil (como Gilberto Freyre, Raymundo Faoro, Sérgio Buarque de Holanda ou Roberto DaMatta, entre outros) ajudam a melhor compreender as dinâmicas interna e externa das organizações que operam em nosso país.

O *Capítulo 8* (*Diversidade e organizações*) trata dos desafios relacionados à gestão da diversidade, entendida como prática estratégica para empresas inseridas em um mercado global e atravessado por novas agendas sociais e políticas. Embora o tema seja bastante amplo, contemplando uma série de recortes, o capítulo enfocará duas dimensões da diversidade: a etnorracial e aquela relativa a gênero e sexualidade.

Além da apresentação clara de conceitos-chave, todos os capítulos são ilustrados com relatos e casos, e contam com dicas de filmes e questões para discussão. No site da editora, o professor encontrará sugestões de estratégias de metodologias ativas que podem ser utilizadas para maior engajamento dos estudantes ao trabalhar os conteúdos.

Conforme apontado no Prefácio pelo querido professor Guilhermo Ruben, além de selar nossa longa amizade, este livro coroa nossa experiência de vinte anos de estudos e pesquisas socioantropológicas sobre organizações e de docência com alunos de Administração e de outras Ciências Sociais Aplicadas. Esperamos verdadeiramente que ele contribua para a formação daqueles que irão atuar no mundo empresarial, ou que possa ajudar a renovar a reflexão dos que já estão inseridos nesse universo, mas que encontrarão aqui um convite para repensar suas experiências e práticas na complexa realidade organizacional. Se for assim, toda a energia que empenhamos nesse empreendimento terá valido a pena.

Referências bibliográficas

AKOUN, André; ANSART, Pierre. *Le Robert Seuil Dictionnaire de Sociologie*. Paris: Le Robert-Seuil, 1999.

BRIGGLE, Adam. Modernity. In: DARITY Jr., William A. (ed.). *International Encyclopedia of the Social Sciences*. Nova York: Cengage Learning, 2008, p. 230-2.

CZARNIAWSKA, Barbara. *A theory of organizing*. Massachusetts: Edward Elgar Publishing, 2015.

ETZIONI, Amitai (org.). *Organizações complexas*: um estudo das organizações em face dos problemas sociais. São Paulo: Atlas, 1978.

GIDDENS, Anthony. *As consequências da modernidade*. São Paulo: Unesp, 1991.

HABERMAS, Jürgen. Modernidade *versus* Pós-Modernidade. In: *Arte em Revista*. São Paulo: Kairós, 1983, ano 5, n. 7. Versão eletrônica disponível em: <http://www.consciencia.org/modernidade-versus-pos-modernidade-jurgen-habermas>. Acesso em 8 mar. 2011.

_____. *O discurso filosófico da modernidade*. Lisboa: Martins Fontes, 2002.

HANDEL, Michael (ed.). *The sociology of organizations*: classic, contemporary, and critical readings. Londres: Sage, 2003.

LAFAYE, Claudette. *Sociologie des organisations*. Paris: Armand Colin, 2009.

PARSONS, Talcott. Sugestões para um tratado sociológico da teoria da organização. In: ETZIONI, Amitai (org.). *Organizações complexas*: um estudo das organizações em face dos problemas sociais. São Paulo: Atlas, 1978.

PERROW, Charles. La théorie des organisations dans une société d'organisations. In: SÈGUIN, Francine; CHANLAT, Jean-François. *L'analyse des organisations*: une anthologie sociologique. Montréal: Gaëtan-Morin, vol. 1, 1992.

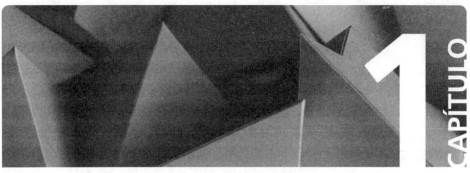

O que é Sociologia?
A Sociologia e o mundo organizacional

Objetivos do capítulo: Em meio às consequências das Revoluções Burguesas (em particular a Americana e a Francesa), da Revolução Industrial e do Iluminismo, a Sociologia surge e se firma no campo das ciências no conturbado e emblemático século XIX. Este capítulo tem como objetivos apresentar a natureza e o sentido do fazer sociológico; discutir o que é ciência e conhecimento objetivo; apresentar um breve histórico do surgimento da Sociologia como ciência; estabelecer suas bases metodológicas e epistemológicas; apresentar e discutir alguns de seus pressupostos, fundamentos e autores clássicos, introduzindo um debate das suas relações com o universo das organizações.

Relato I: Caos e violência na greve da PM do Espírito Santo

Nos últimos anos, a população brasileira viu-se mergulhada numa das piores crises econômicas de sua história, agravada por uma crise política igualmente ímpar. Descontrole inflacionário, escalada do desemprego, comprometimento da renda. Uma das repercussões mais sérias dessa crise foi o aumento da violência, especialmente de crimes contra a propriedade (como roubos e furtos). Com o agravamento dessa situação, um dos fenômenos que se alastraram pelo país, especificamente na área de segurança pública, foram as greves de policiais em vários estados, sendo, talvez, a mais grave e significativa aquela ocorrida no estado do Espírito Santo em fevereiro de 2017: aquartelados, os policiais sumiram das ruas, levando ao caos social, com o aumento de assassinatos e, principalmente, roubos e saques a lojas, casas etc. Proliferaram-se pelas mídias sociais relatos de assassinatos por "acerto de contas" entre criminosos, ou vídeos mostrando ruas semidesertas em que ocorriam cenas de assaltos em plena luz do dia e à vista daqueles que, de suas janelas, não tinham a quem recorrer. Outro fato que chamou muito a atenção foi o comportamento criminoso de cidadãos comuns que se aproveitaram da ausência de policiais nas ruas para saquear lojas ou depredar o patrimônio alheio. As ruas ficaram desertas. O cidadão comum preso dentro de casa. Serviços básicos, como escolas e hospitais, foram suspensos ou funcionavam precariamente. O comércio foi fechado. As cenas vistas em Vitória lembraram muito o *Ensaio sobre a cegueira*, obra de ficção do Nobel de Literatura José Saramago que explora ao extremo os limites do homem entregue a seus ímpetos mais violentos, sem regras morais que os controlem, levando a um cenário do caos absoluto. Aos poucos, com a entrada em cena da Força Nacional de Segurança, o fim paulatino do movimento grevista e a volta gradativa dos policiais às ruas, a ordem foi sendo restabelecida. A vida voltava ao normal. Vitória, até então uma das capitais brasileiras mais bem classificadas no ranking de qualidade de vida, pôde voltar a respirar em paz.

O caso do Espírito Santo nos leva a uma reflexão sobre qual é a natureza dos laços que unem as pessoas num convívio social relativamente harmonioso e que elementos são necessários para a manutenção desses laços. Viver em sociedade é uma propensão "natural" do ser humano? Que necessidade é essa que nos leva a criar instituições para controlar nosso comportamento, estabelecendo regras e códigos de conduta? Por que, na ausência desses mecanismos de controle, é comum termos situações de caos e conflitos sociais que podem chegar ao limite de inviabilizar uma sociedade? É possível explicar essas e outras questões de um ponto de vista científico e objetivo?

O que investiga a Sociologia?

Somos constante e permanentemente impactados por fatos e eventos produzidos pela interação entre indivíduos, grupos, instituições etc. As escolhas que fazemos (a carreira profissional que vamos seguir, por exemplo), os gostos que desenvolvemos (minhas músicas preferidas, os canais do YouTube que vou seguir, as séries ou filmes que vou comentar com meus amigos...), as regras que orientam nosso comportamento, a dinâmica da economia, as decisões políticas (em escala local ou global), as guerras, a crise mundial etc. É o curso da nossa vida pessoal sendo afetado pela dinâmica da vida coletiva nas suas mais variadas dimensões e proporções. E o reverso também acontece: muitas de nossas ações podem ter impacto direto ou indireto sobre a coletividade.

Embora tenhamos nossa individualidade, somos essencialmente seres coletivos. E, ainda que nem sempre tenhamos uma consciência muito clara disso, essa coletividade é, em grande medida, responsável pela constituição da nossa própria identidade individual.

Viver em coletividade, mesmo tendo suas dificuldades, traz enormes vantagens e ganhos para o ser humano. Na otimização de recursos e energia, no desenvolvimento do pensamento, na eficácia, na produtividade, na sua qualidade de vida etc. Não seria nada equivocado afirmar que reside aí uma das principais características do *homo sapiens* como espécie desde seus primórdios: não apenas sobreviver em grupo, mas viver em grupo. Nós, seres humanos, somos gregários, seres de vida

Vida social

Se tomarmos como referência as duas últimas décadas, é inegável o impacto que os mais diversos eventos tiveram sobre nossa vida pessoal. A consolidação do fenômeno da globalização; os atentados contra as Torres Gêmeas do World Trade Center em Nova York, em 11 de setembro de 2001; as consequências das revoluções das novas tecnologias de informação e comunicação; o surgimento das mídias sociais e a construção de novas formas de sociabilidade; a redefinição do conceito de família nas sociedades pós-industriais; a revolução no comportamento sexual criando novas categorias de gênero; a crise econômica de 2008; as guerras religiosas e ideológicas no Oriente Médio e na África e o fluxo de refugiados para a Europa; a reconfiguração do fenômeno do terrorismo. São exemplos de como questões sociais em escala global impactam nossa vida pessoal de maneira que, muitas vezes, nem nos damos conta.

Ataque às Torres Gêmeas do World Trade Center, Nova York, 11 de setembro de 2001.

coletiva! E esse gregarismo tem-se revelado, ao longo da nossa história, como uma das nossas características mais marcantes (aliada à nossa capacidade racional e simbólica) como espécie porque potencializou (ainda que diante de dificuldades, como conflitos, guerras, instabilidades) muitas de nossas peculiaridades.

Foi, por exemplo, a constatação dessa condição que levou um dos grandes filósofos gregos, Aristóteles, a afirmar, em uma de suas mais clássicas obras (*Tratado da política*), que "o homem é um animal político, mais social que as abelhas e outros animais que vivem em comunidades" (1977, p. 8). Importante aqui ter claro que a expressão "animal político", em Aristóteles, refere-se a "animal da *polis*", termo traduzido para o latim como *civitas*, cidade: o espaço social organizado e cujo fim último deve ser proporcionar a vida boa.

Embora a vida gregária (em grupos) até possa ser considerada uma reminiscência da nossa ancestralidade primata (o que, em parte, é verdade, mas não explica muita coisa), os agrupamentos humanos possuem um nível de complexidade, uma sofisticada elaboração simbólica, com diferentes construções de significado, e uma gama quase infinita de diversidade que não se encontram em nenhum outro ser da natureza. O ser humano não se sujeita simplesmente às leis naturais ou se adapta passivamente ao ambiente: ele cria leis próprias e modifica o ambiente em que está, adaptando-o e lhe atribuindo sentido.

Dos pequenos núcleos familiares às grandes organizações que congregam a quase totalidade das nações do mundo (como a ONU, por exemplo), passando por uma variedade incrível de tipos e formas, a história da humanidade se confunde com a história da formação e das relações (conflituosas ou harmônicas) entre esses agrupamentos. Toda sociedade, sem exceção (mesmo as ágrafas – pejorativa e erroneamente chamadas de "primitivas"), produz sua normatividade para regular o comportamento do indivíduo na coletividade. Isso pode estar presente nas mensagens dos mitos, nas normas religiosas, nas regras da ética ou de etiqueta (aquela pequena ética que orienta o cotidiano) e até mesmo em princípios do direito já formalizados e escritos. A preocupação com esse tema não é propriamente nova, sendo bem antigos alguns escritos que procuravam pensar a respeito de como algumas sociedades se organizam de forma diferente das outras e qual o significado dessas diferenças; qual a melhor forma de se organizar para ter uma vida bela, justa e feliz; como o poder era ou poderia ser exercido etc. Escritos como o *Artaxastra*, do filósofo indiano Kautilya (séc. III a.C.), ou os dos filósofos da era de ouro ateniense (séc. V a.C.), como Sócrates, Platão, Aristóteles ou o historiador Heródoto, são exemplos de importantes legados sobre essas reflexões e que até hoje servem de referência para os estudiosos dos fenômenos sociais. Da mesma maneira que os escritos políticos de filósofos medievais europeus, como Agostinho ou Tomás de Aquino. Com o advento da Era Moderna, especialmente a partir do período renascentista, autores como o italiano Nicolau Maquiavel; os franceses Jean Bodin, Michel de Montaigne, o Barão de Montesquieu e Jean-Jacques Rousseau; os ingleses Thomas Hobbes e John Locke podem ser citados como alguns dos mais clássicos exemplos de pensadores ocidentais que deixaram um legado importantíssimo de escritos sobre a vida social e política das sociedades humanas.

Não obstante serem antigas essas reflexões, somente há relativamente pouco tempo é que passou a ser possível falar de um pensamento científico a esse respeito. Ou seja, uma ciência propriamente dita sobre a vida social é algo relativamente novo na história da humanidade.

A construção da ciência

Como ciência, a Sociologia tem um momento histórico de nascimento: o turbulento e emblemático século XIX, momento em que o mundo experimentou as consequências de grandes e abruptas transformações que marcaram, anos antes, o fim da chamada Era Moderna. Nesse sentido, ela é fruto direto de mudanças no ambiente intelectual associadas a essas instabilidades no cenário político, econômico e, principalmente, social, cujas origens remontam ao alvorecer da modernidade, na transição do século XV para o XVI.

A chamada Era Moderna (ou Idade Moderna) foi um grande período, de aproximadamente quatro séculos (indo do XV ao XVIII), em que a Europa viveu uma extrema transformação – com repercussões que afetaram todo o globo –, fruto dos fortes embates entre duas perspectivas antagônicas: de um lado, os valores que

A Sociologia é uma ciência recente

As discussões sobre o caráter social do ser humano são bem antigas, mas só há relativamente pouco tempo (menos de dois séculos) é que se criou um pensamento científico propriamente dito a este respeito: uma ciência da vida social é algo novo na história da humanidade.

vigoravam na Idade Média, e, do outro, as novas formas de pensar, ser e agir que despontaram com o Renascimento. Neste último movimento, toda a vida social, política, econômica e cultural da Europa começa, aos poucos, a ser sacudida de maneira relativamente lenta, porém densa e forte, e que acabará por resultar num turbilhão revolucionário na virada do século XVIII para o XIX que impactou a vida das pessoas de maneira tão profunda e intensa, que alterou de forma substantiva a cara do mundo, não somente do continente europeu.

Essa nova configuração construiu um sistema econômico totalmente novo, que se mostrou extremamente vigoroso e reorientou as relações entre grupos sociais e nações à medida que se propagava pelo mundo todo: o Capitalismo, que nasce sob a forma mercantil, ainda no período Renascentista, consolidando-se e passando para a forma industrial a partir do século XVIII, assumindo feições mais parecidas com as que conhecemos hoje. No campo social, o Capitalismo fez emergir uma

A história da corporação empresarial se confunde com a própria história do capitalismo

No final da Idade Média, uma nova categoria social começa a ganhar força econômica a partir de atividades comerciais que se intensificaram, principalmente com o contato com o Oriente (devido às Cruzadas). Posteriormente, condições políticas (Guerra dos 100 anos), econômicas (necessidade de aumento dos mercados) e até naturais (como a epidemia de peste negra) forçaram a Europa a intensificar esse novo movimento econômico.

As primeiras organizações empresariais surgem no início da Era Moderna e passam a se chamar "companhias", que vem do latim *cum panis* (= aqueles que têm o pão em comum). Isso porque, desde a Idade Média, para conseguir viajar até o Oriente em busca de novos produtos, os negociantes (inicialmente organizados em caravanas que faziam longas jornadas, e depois nas expedições náuticas) enfrentavam muitos perigos, inclusive a fome. Por essa razão, dizia-se que eles "partilhavam o pão", "têm o pão em comum". A pioneira entre essas corporações foi a famosa Companhia das Índias Orientais.

Um pouco dessa história pode ser lida em *O homem da companhia* – uma história dos executivos, do jornalista e escritor inglês Anthony Sampson, editado no Brasil pela Companhia das Letras em 1996.

classe social totalmente nova, a burguesia mercantil. Paulatinamente, por meio do acúmulo de riqueza cada vez mais crescente ela se alia, inicialmente numa relação simbiôntica, com a realeza. Conquista, assim, aos poucos, o poder outrora da nobreza e constitui-se como a mais importante e poderosa classe social em toda a história – condição que se perpetua até os dias de hoje. Sua melhor e mais expressiva forma de organização são as grandes corporações, que dariam origem às organizações empresariais tais como as conhecemos hoje.

A associação entre a burguesia e a realeza consolida a estrutura política e econômica característica da Era Moderna na Europa: o Absolutismo monárquico e o Mercantilismo aliado ao Metalismo. Nessa estrutura, o jogo de poder se coloca de maneira claramente antagônica: de um lado, uma realeza com poderes políticos absolutos e controle total da atividade econômica, apoiada por uma nobreza ávida por privilégios e um clero católico poderoso; do outro, como coadjuvante, a emergente classe burguesa mercantil, que vai, aos poucos, se consolidando à margem do Catolicismo e quase sempre apoiando movimentos refratários à estrutura vigente (como a Reforma Protestante). É esse posicionamento à margem do sistema que lhe permitiu o acúmulo paulatino de riqueza e, consequentemente, de força política ao longo dos três séculos subsequentes.

A partir do século XVII, mas com mais força e ênfase no século XVIII, a substituição gradual da atividade mercantil pela industrial permite à burguesia um acúmulo cada vez maior de poder econômico, constituindo-se como uma classe social poderosa que passa a enfrentar o poder da realeza, revertendo o quadro político. Chegamos então à era das grandes revoluções burguesas, que vão resultar na construção de uma nova forma de organização política que quebra definitivamente o poder absoluto da Monarquia. A classe burguesa, fortalecida com o sucesso do Capitalismo, nutriu-se dos ideais de liberdade impulsionando um reordenamento das relações de poder, abrindo espaço para mudanças no pensamento e no comportamento das pessoas. Consolida-se com ela uma racionalidade religiosa oriunda da Reforma Protestante e difundem-se também filosofias céticas e ideologias libertárias que vão, gradualmente, enfraquecendo a hegemonia da realeza e da nobreza como um todo. Com sua riqueza acumulada, a burguesia vai, também, alimentar investimentos no campo do conhecimento, acelerando o processo de conquistas científicas e tecnológicas que serão a base da Revolução Industrial no século XVIII.

A virada do século XVIII para o XIX, portanto, foi um dos momentos mais importantes da história da sociedade ocidental. Vivemos um período de grandes revoluções que mudaram radicalmente a cara do planeta como um todo, embora tivessem seu epicentro na Europa.

Um outro aspecto bastante importante para compreender o surgimento da Sociologia como ciência está no campo do pensamento. O século XVIII foi marcado pela consolidação daquela racionalidade moderna implementada pelo Renascimento com a consagração do Iluminismo, uma grande revolução no campo

> Filme: *Daens*, um grito de justiça.
> Bélgica, 1992. Dir.: Stijn Coninx
>
> Filme que retrata a dura realidade da vida social na Europa do século XIX, momento da consolidação do mundo urbano na forma industrial do Capitalismo. É quando eclodem as primeiras rebeliões na indústria por melhores condições de trabalho (as jornadas eram longas, malsãs e extenuantes, mulheres grávidas e crianças trabalhavam – e morriam – nas fábricas) e de vida (pobreza, miséria, analfabetismo, habitações insalubres etc.), pois ainda não havia leis que garantissem os direitos trabalhistas mínimos. Esse cenário produzido pela superexploração do trabalho era apoiado pela Igreja, que tinha uma relação de simbiose com o poder local.
>
> Embora seja uma ficção, o filme é baseado numa figura histórica que realmente existiu. Trata-se de Adolf Daens, um padre e político que viveu
>
>
>
> Ilustração de uma repressão a trabalhadores das minas de Epine, Bélgica, século XIX.
>
> na cidade de Aalst, Bélgica (1839-1907). Por sua atuação política em defesa dos mais pobres (o que é muito bem retratado no filme), Daens suscitou forte reação entre os industriais e católicos conservadores, principalmente por evocar de forma radical as ideias da Encíclica Papal *Rerum Novarum*, do Papa Leão XIII, que tinham como base o chamado "socialismo cristão". Em sua trajetória política, Daens obteve o apoio dos socialistas, dos liberais e de muitos operários católicos que sofriam nas fábricas. O filme foi o ganhador do Oscar de melhor filme estrangeiro em 1992.

das ideias que abriu muitas portas para as transformações no campo da tecnologia (fundamentais para a eclosão da Revolução Industrial), além daquelas no campo político e social (coroadas com as duas grandes revoluções burguesas – a Revolução Americana, de 1776, e a Revolução Francesa, de 1789).

A Revolução Industrial altera, de forma profunda e substantiva, as relações de produção e de trabalho. O grosso da população europeia, outrora concentrada nos

Precursores do Positivismo e da Sociologia

Pode-se dizer que o Positivismo é o filho direto de uma síntese curiosa de duas grandes tradições do pensamento ocidental: de um lado, o empirismo do inglês David Hume (1711-1776) – filosofia que concebia apenas a experiência como fonte para o conhecimento – e, do outro, o racionalismo iluminista do século XVIII, que apregoava a razão como base do progresso da história humana.

Forjado na tradição do Iluminismo, o Positivismo tem suas raízes nas formulações de dois filósofos franceses setecentistas que o precederam: o enciclopedista Nicolas de Condorcet (1743-1794) e o pai do Socialismo utópico, o filósofo Claude-Henri de Rouvroy, conhecido como Conde de Saint-Simon (1760-1825).

Condorcet foi o primeiro a explicitar a necessidade de uma ciência do social que deveria assumir o caráter de uma Matemática social, propondo uma teoria da sociedade que fosse verdadeiramente objetiva, sem interferências e intervenções subjetivas. Repetindo o que as ciências naturais já haviam feito séculos antes (em particular com Copérnico e Galileu), sua tentativa, que será característica do futuro Positivismo, foi a de firmar um conhecimento que rompesse com os fundamentos religiosos instaurando uma ciência propriamente dita para tratar das questões sociais.

Discípulo de Condorcet, Saint-Simon vai ser o primeiro a associar propriamente o termo positivo aplicado à ciência usando a expressão "Ciência Positiva". Pretendendo formular uma ciência do social segundo o modelo da Biologia (mais especificamente, da Fisiologia), ele cunha o termo "Fisiologia Social".

O termo Positivismo deriva do fato de que, na tradição filosófica, o que é positivo é aquilo que é posto, estabelecido ou reconhecido como fato ou como realidade que pode ser demonstrada por um método. "Considerada em sua acepção mais antiga e mais comum, a palavra positivo designa o que é real em oposição ao que é quimérico" (Augusto Comte, *Discurso preliminar sobre o espírito positivo*, § 31).

campos, onde a estrutura social e econômica não permitia a absorção de boa parte do contingente de mão de obra, num êxodo impactante, começou a migrar maciçamente para as cidades onde se concentravam as novas unidades de produção que moviam a economia: as fábricas. Por toda a Europa, e em parte considerável dos Estados Unidos, os séculos XVIII e XIX testemunharam o inchaço repentino das cidades com essas massas de trabalhadores em busca de novas oportunidades. Na Europa, multiplicam-se focos de conflitos, instabilidades e revoltas provocados pelos elevados níveis de pobreza, péssimas condições de vida de uma classe trabalhadora que se concentrava nos grandes centros industriais.

Ao mesmo tempo, a intensificação da produção em escala geométrica trouxe como consequência a necessidade de uma nova expansão europeia em busca tanto de fontes (melhores e mais baratas) de matéria-prima quanto da construção de mercados consumidores para desaguar a produção das fábricas no continente. É o momento do Neocolonialismo, ou a Era dos Imperialismos.

É nesse contexto de grandes e intensas transformações, que trouxeram um período de muita instabilidade para os cenários político, social e econômico europeus, que surge uma ciência para tentar dar conta de oferecer explicações sobre como e por que essas coisas estavam acontecendo. Mais importante que explicações finais, a nova ciência trouxe como contribuição imediata o fornecimento de subsídios para políticas que pudessem propor soluções para as crises e as instabilidades que estavam se firmando.

Um dos países que mais foram balançados por esses eventos foi a França. Neste país ocorreu com maior força o movimento Iluminista, que produziu uma forma de pensar pautada pela racionalidade científica, que tinha as ciências naturais como modelo de organização e funcionamento, o Positivismo.

A Sociologia de Augusto Comte

Conhecido como pai do Positivismo como sistema filosófico estruturado e da Sociologia como ciência, o filósofo francês Augusto Comte[1] viveu na primeira metade do século XIX e, por isso, sob a influência do turbilhão político e ideológico que varreu a França a partir do processo revolucionário e a Era Napoleônica. Comte trabalhou muito tempo como assistente do Conde de Saint-Simon, um

---

[1] Isidore Auguste Marie François Xavier Comte nasceu em Montpellier (França) em 19 de janeiro de 1798 e morreu em Paris em 5 de setembro de 1857.

dos precursores do Positivismo e da própria Sociologia (preocupação que herdara, por sua vez, do enciclopedista Nicolas de Condorcet, conforme quadro, p. 27). Foi de Saint-Simon que Comte recebeu a mais direta influência para o desenvolvimento de suas preocupações com os fenômenos sociais, além das repercussões do Iluminismo no campo filosófico, o que foi decisivo para imprimir em sua obra o viés marcadamente científico.

Por isso, embora não tenha sido propriamente o primeiro filósofo a se preocupar em explicar os fenômenos sociais de forma mais consistente e objetiva, Comte foi quem cunhou o termo Sociologia, que apareceu pela primeira vez em 1838, num dos volumes de seu *Curso de filosofia positiva*, uma vasta obra em seis volumes. Com esse termo, ele se referia ao estudo científico da sociedade pautado pelos mesmos princípios das ciências naturais, assim como propuseram antes dele Condorcet e Saint-Simon.

Augusto Comte (1798-1857).

Adotando um viés evolucionista e eurocêntrico em sua análise, uma das mais clássicas contribuições de Comte ficou conhecida como a "Lei dos Três Estados". Segundo essa ideia, o pensamento humano e a própria história se desenvolvem progressivamente de acordo com três estados distintos (pensados em forma de estágios evolutivos – ou etapas): teológico, metafísico e científico. Para Comte, esses estágios de desenvolvimento seriam necessários, absolutos e universais, assim como as leis da natureza. Todas as sociedades do mundo deveriam passar por eles, numa linha evolutiva.

Na trilha das explicações dos fenômenos sociais, Comte argumentou que a sociedade precisa do conhecimento científico baseado em fatos e evidências para resolver seus problemas (instabilidade social e política, guerra, caos, violência) – e não na superstição ou na especulação, características dos estágios religioso e metafísico. Há pobreza, há miséria, há guerra, há violência, não porque Deus quer, mas devido a leis internas da dinâmica social que cabe ao cientista descobrir e explicar.

Embora hoje se saiba que os seus pressupostos eram bastante equivocados, a grande virtude do pensamento de Comte foi chamar a atenção para este fato: a

> ## Os três estados comtianos
>
> a) **Estado teológico.** É o ponto de partida da inteligência humana, também chamado ficcional ou religioso. É o momento em que as sociedades procuram explicar a causa dos fenômenos naturais por meio de alguma força sobrenatural e os caprichos dos deuses, o que é endossado por uma forte crença na tradição e nos ensinamentos dos antepassados. O poder, a autoridade, nesta fase é exercido pelos líderes religiosos, com apoio militar.
>
> b) **Estado metafísico (ou abstrato).** Há um progresso no abandono do misticismo religioso ou da tradição. Nele, a explicação do porquê das coisas se baseia na razão e no argumento lógico: as ocorrências naturais são explicadas de forma totalmente abstrata, por silogismos e relações causais hipotéticas, sem nenhuma evidência empírica fortemente estabelecida. Sua importância reside no fato de que este é o momento do questionamento da autoridade religiosa – e até da religião em si mesma.
>
> c) **Estado científico (ou positivo).** Esta é a fase da consagração da chamada ciência positiva, momento em que as explicações científicas dos fenômenos naturais passam a ser palpáveis, demonstráveis empiricamente, o que garante uma proximidade com a realidade das coisas. Confirmando a perspectiva eurocêntrica do pensamento de Comte, esse estágio corresponde ao período industrial da modernidade europeia.

explicação da realidade social deve estar fundamentada em um terreno para além da especulação, seja ela religiosa ou não.

É nesse sentido que ele é considerado o fundador da doutrina do Positivismo, uma filosofia da ciência baseada na visão de que as informações geradas pelo tratamento lógico-matemático dos dados observados empiricamente é a fonte e exclusiva autoridade da verdade. Só existe um conhecimento válido: o científico. Semelhante à abordagem de Saint-Simon, que no século XVIII propôs que a Sociologia seguisse procedimentos semelhantes a um ramo da Biologia, a Fisiologia (por isso havia chamado de Fisiologia Social), o modelo que Comte adotou foi o da Física. Assim como o mundo físico opera, por exemplo, com a lei da gravidade (e outras leis naturais consideradas absolutas e necessárias), também a sociedade seria regida por leis universais que deveriam ser apreendidas por meio da observação dos fenômenos sociais e seu subsequente tratamento lógico. Se os cientistas naturais buscam as leis universais da natureza, o sociólogo deve buscar as leis universais de funcionamento da sociedade, o que deve ser feito por meio da observação e da comprovação lógica e empírica.

As teorias de Comte vão provocar uma série de reações intelectuais, gerando um forte debate (especialmente na filosofia alemã) contra o Positivismo. Para filósofos como o hermeneuta Wilhelm Dilthey, a compreensão dos fenômenos produzidos pelo homem (como os sociais, por exemplo) não está ligada a "leis naturais" absolutas e externas aos agentes que promovem esses fenômenos. Ela depende fundamentalmente dos contextos vividos (a variabilidade histórica, por exemplo) e dos sentidos criados por eles. Como se verá à frente, esta vai ser uma importante mudança trazida por Max Weber, outro pensador colocado na categoria de "herói fundador" ou "pai" da Sociologia.

O Positivismo no Brasil

Uma última consideração relevante a respeito do Positivismo e as ideias de Comte refere-se à sua grande influência no Brasil do século XIX. Esse período viu florescer uma série de filosofias sociais, mas foi o Positivismo a que chegou com mais força no Brasil.

Boa parte de nossa intelectualidade, até por nossos fortes vínculos com a cultura francesa desde fins do século XVIII, foi influenciada por pensadores daquele país, sendo o de maior destaque, sem dúvida, Augusto Comte. Embora a ideologia positivista estivesse espalhada por alguns estados brasileiros entre os séculos XIX e XX (Pernambuco, Bahia, Rio Grande do Sul, Maranhão, para citar alguns), foi no Rio de Janeiro, sede do Império e, posteriormente, capital da República, que ela teve maior impacto e influência na máquina do Estado. Aí, algumas instituições foram importantes para introduzir as ideias positivistas: o Colégio D. Pedro II, a Escola Politécnica, a Escola Naval, a Academia Militar, entre outras.

Benjamin Constant (1836-1891).

Certamente que, no plano político, as repercussões do Positivismo se fizeram sentir por meio de um dos maiores articuladores do golpe republicano, o engenheiro e professor da Academia Militar Benjamin Constant Botelho de Magalhães (futuro ministro do governo provisório), e considerado, no próprio texto da Constituição Brasileira de 1891, no artigo oitavo das Disposições Transitórias, como "o Fundador da República".

Disposições Transitórias:

Art. 8º

O Governo Federal adquirirá para a Nação a casa em que faleceu o Dr. Benjamin Constant Botelho de Magalhães e nela mandará colocar uma lápide em homenagem à memória do grande patriota – o *Fundador da República*.

É a Benjamin Constant a quem se atribui a inserção, em nossa bandeira, da expressão "Ordem e Progresso", lema inspirado no Catecismo Positivista de Comte: "O Amor por princípio e a Ordem por base; o Progresso por fim".

A filosofia Positivista, aliada à perspectiva Evolucionista na análise social, vai exercer forte influência no pensamento social brasileiro, em autores como Sílvio Romero, Oliveira Vianna e Euclides da Cunha. Este modelo de interpretação da realidade brasileira só começará a ser mudado, a partir de 1933, com a publicação de *Casa-grande e senzala*, obra de viés culturalista (antipositivista, portanto) de um dos maiores intérpretes do Brasil, o pernambucano Gilberto Freyre.

Obras fundamentais
1. *Opúsculos de filosofia social* (1816-1828).
2. *Curso de filosofia positiva* (1830-1842).
3. *Discurso sobre o espírito positivo* (1848).
4. *Discurso sobre o conjunto do positivismo* (1851).
5. *Sistema de política positiva* (1851-1854).
6. *Catecismo positivista* (1852).
7. *Apelo aos conservadores* (1855).
8. *Síntese subjetiva* (1856).
9. *Correspondência* (1816-1857).

A Sociologia de Émile Durkheim

Embora Augusto Comte seja reconhecido como o "pai da Sociologia", foi o francês Émile Durkheim[2] o responsável por efetivamente inseri-la no panteão das ciências, tendo cumprido todo o protocolo formal necessário para esse propósito, que inclui: a) a definição mais precisa do seu objeto; b) a construção de um método; c) a obtenção do reconhecimento por parte da comunidade científica com a consequente criação de uma cátedra da disciplina em uma universidade. Nesse sentido, é possível afirmar que a Sociologia é uma invenção propriamente francesa, tendo Comte como seu criador e Durkheim como seu consolidador.

Émile Durkheim (1858-1917).

Vivendo o ambiente científico da Europa da segunda metade do século XIX, Durkheim foi fortemente influenciado pelo Positivismo Comtiano, embora tenha feito sólidas críticas a alguns de seus pressupostos. A principal delas foi a rejeição à perspectiva dedutiva para a Sociologia, ou seja, à ideia de que os fatos particulares, específicos, poderiam ser explicados por leis supostamente universais e absolutas (como a supracitada Lei dos Três Estados). Durkheim, ao contrário, afirmava que a Sociologia deve se constituir como uma ciência indutiva, ou seja, deve investigar situações particulares para verificar até que ponto elas podem gerar alguns princípios e conceitos generalizantes que servirão de referência para a análise de novos fatos investigados. Estes, por sua vez, produzirão novos conceitos e teorias que servirão de orientação para a explicação da realidade social, num movimento constante de revisão e reelaboração, a que está sujeita toda ciência empírica.

Em sua formação, Durkheim passou um período de aproximadamente um ano no laboratório do Instituto Experimental de Psicologia da Universidade de Leipzig, Alemanha, criado e conduzido por um dos maiores psicólogos experimentais da

---

[2] David Émile Durkheim nasceu na cidade de Épinal (território da Alsácia-Lorena, no noroeste da França) em 15 de abril de 1858 e faleceu em Paris em 15 de novembro de 1917.

Dedução e indução em filosofia da ciência

Quando se fala em método científico, dois conceitos são importantes e frequentemente confundem o leigo. São eles: o método indutivo e o método dedutivo. Eles se referem ao caminho que temos que percorrer para construir o conhecimento a respeito de algo. Eles pautam todo o debate a respeito do fazer científico.

a) **Método indutivo (ou indução)**: característico das ciências empíricas, é aquele que parte da observação da realidade concreta, compara situações específicas e particulares buscando os aspectos em comum que elas possuem. Pela observação e comparação dos elementos em comum, chega-se à abstração de conceitos que possuem caráter mais genérico e explicativo. Em síntese: o método indutivo parte das situações particulares para chegar a um conceito geral.

b) **Método dedutivo (ou dedução)**: característico das ciências mais abstratas, é aquele método que parte de conceitos já consagrados e estabelecidos (dimensão abstrata e geral), verificando de que maneira eles podem explicar a realidade. Em síntese: o método dedutivo parte dos conceitos gerais para verificar sua aplicabilidade em situações particulares.

A construção da ciência se faz num movimento contínuo entre indução e dedução, na medida em que a observação da realidade leva à construção de conceitos e ideias mais gerais que, por sua vez, servem de instrumentos para explicar a realidade. Novas descobertas levam à constatação dos limites dos conceitos consagrados. Consequentemente advém a necessidade de novas observações e reelaborações, num movimento contínuo característico da ciência em todos os campos.

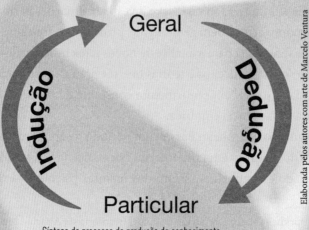

Síntese do processo de produção do conhecimento

época, Wilhelm Wundt (1832-1920). Segundo um de seus mais renomados biógrafos, o sociólogo inglês Steven Lukes, Durkheim herdou dessa passagem dois dos maiores desafios na tarefa de consolidar a Sociologia no campo das ciências: o estabelecimento de um método propriamente dito para a ciência emergente e, consequentemente, a necessidade de definição do seu objeto de investigação.

À época, no âmbito da ciência, praticamente toda a reflexão acerca do comportamento humano e seus desdobramentos era feita sob a ótica da Psicologia, ou seja, com foco no indivíduo. Nessa empreitada, o primeiro desafio metodológico que Durkheim teve que enfrentar foi o de demonstrar a singularidade, a peculiaridade dos fenômenos sociais em face dos fenômenos individuais. Ele vai, então, demonstrar que, assim como a sociedade não é uma mera somatória dos indivíduos que a formam, os fenômenos sociais não podem ser explicados pela compreensão dos fenômenos individuais. Para ilustrar esse argumento, ele utilizou algumas metáforas tomadas da Psicologia experimental. Não se pode, argumentava ele, explicar as propriedades ou o funcionamento do cérebro pela simples compreensão das propriedades ou do funcionamento dos neurônios tomados isoladamente, ou as propriedades da água pelas propriedades do hidrogênio e do oxigênio. Isto porque é na relação entre essas unidades que os fenômenos mente e água se constituem. Dessa maneira, se eu quero explicar a mente ou a água, eu tenho que me debruçar respectivamente sobre as relações entre os neurônios ou os átomos H e O. Claro que, nesse processo, é necessário que eu compreenda os elementos tomados isoladamente. Mas isto não é suficiente: quando eles estão em relação, produzem uma realidade de natureza bem diferente daquela que eles têm isoladamente. Assim, os indivíduos quando estão em relação num todo social produzem fenômenos totalmente *sui generis*, com características muito próprias que só são possíveis de serem apreendidas e analisadas no todo de suas relações, e não na somatória de suas partes. Com esse procedimento, Durkheim começa por estabelecer as fronteiras metodológicas e epistemológicas entre a Psicologia e a Sociologia e consolida o lugar desta última no panteão das ciências, tarefa sem sucesso tentada pelos positivistas.

No campo social, um exemplo que ilustra bem esse raciocínio de Durkheim pode ser dado pela análise da língua considerada como um fenômeno social. Embora a condição para que existam as línguas humanas seja a existência de indivíduos que as falem e estas sejam um fenômeno com base psicológica muito forte (a mente humana), as línguas não existiriam se as pessoas não estivessem em relação umas com as outras, num todo, numa coletividade: é na comunicação entre as pessoas que a língua se concretiza, se realiza. Nem o significado das palavras, nem suas regras sintáticas e gramaticais são inventadas pelas pessoas isoladamente, mas são fruto de uma convenção tácita estabelecida pela coletividade. É forçoso e imperativo, para que haja comunicação, que existam regras e signos partilhados. Se eu inventar o significado das palavras ou as regras da Gramática cada vez que falo o Português, não consigo me comunicar porque tudo aquilo só fará sentido para mim. É verdade que eu posso até inventar um significado diferente para um termo (criando uma gíria, por exemplo) ou mudar uma regra gramatical. Mas isso só se

Solidariedade mecânica e solidariedade orgânica

Na trilha de fundar a Sociologia como ciência, Durkheim se coloca uma pergunta que se torna visceral na construção de sua análise: "Em que consistem os laços que unem as pessoas em sociedade?". É no livro *A divisão do trabalho social* que ele evoca o caráter solidário dessa união. Assim como um sólido se faz a partir de laços fortes em sua estrutura molecular, Durkheim afirma que o que mantém as sociedades coesas são os laços de solidariedade e a organização do trabalho estabelecendo funções para os sujeitos no campo social. Inserido no contexto das teorias antropológicas da época, e tentando compreender como uma sociedade se construiu sobre o indivíduo como valor, Durkheim não deixa de fazer um paralelo entre as chamadas sociedades ditas primitivas e as industriais. Nesse processo, classifica dois tipos de solidariedade que chamará **mecânica** (típica das sociedades primitivas) e **orgânica** (típica das sociedades industriais). No ambiente da solidariedade orgânica, prevalece a consciência coletiva sobre a individual, uma interdependência dos sujeitos, os valores são comuns e bem difundidos entre todos do grupo atuando sobre suas vontades individuais, restringindo suas ações. Como resultado, ocorre uma coesão social mais forte, com um controle mais rigoroso do comportamento do indivíduo. Ao contrário, a sociedade que se pauta pela solidariedade orgânica é centrada no indivíduo, com uma forte diluição dos valores morais, um enfraquecimento das estruturas de controle sobre seu comportamento, estímulo à competição, especialização da mão de obra, o que cria uma nova forma de interdependência entre os indivíduos: a ideia do orgânico é como um organismo vivo, cujos órgãos e sistemas preservam suas especificidades, mas precisam colaborar para manter o equilíbrio do organismo.

tornará parte da língua quando essa nova palavra ou jeito de falar for incorporado e difundido pela coletividade, como um significado partilhado. É assim que as línguas mudam.

A condição para que a comunicação exista (e a língua cumpra sua "função") é exatamente a partilha de significados e regras gramaticais, o que é produzido por um mecanismo coletivo tácito, quase nunca consciente quando as pessoas estão se comunicando. É exatamente esse mecanismo que está na base da criação e veiculação da linguagem, que Durkheim chamará de "Consciência Coletiva": um sistema de representações produzidas e compartilhadas por uma determinada sociedade, capaz de gerar certos padrões no comportamento das pessoas (a padronização da linguagem na comunicação, por exemplo). Essas representações são, segundo Durkheim demonstrou, fatos de natureza muito própria e bem distintos daquelas representações feitas e presentes nos fenômenos psicológicos e individuais.

O raciocínio aqui desenvolvido para o exemplo da língua vale para qualquer outro fenômeno de caráter coletivo, social, como a moral ou a religião, por exemplo.

Em 1895, Durkheim publica sua principal obra de fundamentação do método da Sociologia: *As regras do método sociológico*. Segundo ele, o primeiro ponto de partida para um método propriamente científico é a definição de um objeto para a nova ciência. Definido o objeto, a primeira e mais importante regra do método sociológico é que este objeto seja tratado como uma coisa, ou seja, uma realidade própria, específica, *sui generis*. Só assim é que se pode pretender isentar a análise da subjetividade do investigador.

É seguindo essa linha argumentativa que Durkheim propõe, então, que a Sociologia tenha por objeto o que ele denominará "fato social", um conceito bem específico que não deve ser confundido com qualquer coisa que aconteça na sociedade. Para ele, o fato social, como conceito e como objeto da Sociologia, deve reunir simultaneamente três características: é externo ao indivíduo; introduzido nele por mecanismos coercitivos; geral e difundido por todo o grupo social ao qual pertence.

Vejamos, com o exemplo da Língua Portuguesa, como são estas três características:

a) **Externalidade:** quando eu nasci, o Português já existia e vai continuar a existir depois que eu morrer. É nesse sentido que, como fato social, o idioma é externo ao indivíduo, ou seja, ele se realiza "fora", quando os indivíduos estão em relação, possuindo uma independência de suas consciências individuais. Durkheim demonstra, assim, que existem fenômenos que transcendem os indivíduos, estão além deles, embora dependam deles para existir. Este, diga-se de passagem, é um dos princípios básicos da Sociologia até hoje.

b) **Coercitividade:** embora eu não tenha nascido falando Português, de alguma forma tanto as regras da Gramática quanto os significados das palavras foram sendo introduzidos em minha mente ao longo do meu crescimento pela convivência com meu grupo. Seja imitando os adultos ao meu redor, seja por mecanismos de correção (uma bronca dos meus pais, uma nota baixa na escola por erros gramaticais, uma risada irônica dos meus amigos etc.), o fato é que à medida que crescia, ia aprendendo a falar de acordo com as regras convencionadas pelo meu grupo social. Foi assim que as regras da "boa linguagem" (significados corretos das palavras e regras gramaticais) foram incutidas paulatinamente em minha mente por mecanismos sociais. É a isso que Durkheim chamou de caráter coercitivo dos fatos sociais: os indivíduos não nascem com eles, mas seu jeito de ser, suas características e regras de funcionamento foram de certa forma impostos pelas convenções sociais e transmitidos pelos mecanismos da educação. O indivíduo não tem muita escolha diante deles: ou os segue, ou será tido pelo seu grupo como um desviante e terá que arcar com as consequências desse desvio. Eu posso até decidir não seguir as regras da Gramática ao falar Português, mas isso me fará ser visto pelo meu grupo como um indivíduo menos adequado às normas e convenções, um inferior. Vou ser alvo de deboche. Observem que Durkheim não está defendendo se isso é certo ou errado. Apenas está identificando que isso acontece em todos os grupos sociais, em menor ou maior escala.

c) **Generalidade:** voltando ao exemplo da língua, as regras da Gramática e os sentidos das palavras da Língua Portuguesa não foram criados nem são de controle de um indivíduo ou de um grupo de indivíduos específico. Eles foram convencionados pela tradição e estão difundidos por toda a sociedade brasileira. É a isso o que Durkheim denominava caráter generalizante do fato social: este não depende de um indivíduo, mas de toda a coletividade.

Características do fato social para Durkheim:

É o objeto de estudo da Sociologia que reúne três características simultâneas:
a) Externalidade;
b) Coercitividade;
c) Generalidade.

Assim caracterizado, o conceito de "fato social" permite que Durkheim cumpra uma tarefa difícil, que Augusto Comte não havia conseguido com tanta precisão: definir um objeto mais específico e claro para a Sociologia.

Consciência individual e consciência coletiva

Ao analisar os fenômenos sociais, separando-os dos individuais (domínio da Psicologia), Durkheim elabora o conceito de consciência coletiva, que seria aquele conjunto de normas, ações e os códigos da cultura. Embora na teoria de Durkheim exista uma separação entre a consciência individual e a coletiva, é bastante difícil definir suas fronteiras. Um bom exemplo está exatamente na caracterização do fato social: embora ele tenha aquelas três características já mencionadas (externalidade, coercitividade e generalidade), o que significa que ele pertence ao domínio coletivo, ele depende dos indivíduos para acontecer. Ou seja: embora eu não invente os códigos da língua, eu tenho meu jeito bem próprio de falar o meu idioma. É no livro *Da Divisão do Trabalho Social* que ele define consciência coletiva como:

"O conjunto das crenças e dos sentimentos comuns à média dos membros de uma mesma sociedade forma um sistema determinado que tem vida própria; podemos chamá-lo de consciência coletiva ou comum. Sem dúvida, ela não tem por substrato um órgão único; ela é, por definição, difusa em toda a extensão da sociedade, mas tem, ainda assim, características específicas que fazem dela uma realidade distinta. De fato, ela é independente das condições particulares em que os indivíduos se encontram: eles passam, ela permanece. [...] Ela é, pois, bem diferente das consciências particulares, conquanto só seja realizada nos indivíduos. Ela é o tipo psíquico da sociedade, tipo que tem suas propriedades, suas condições de existência, seu modo de desenvolvimento, do mesmo modo que os tipos individuais, muito embora de outra maneira." (Durkheim, 2010, p. 50.)

Ao longo de sua vida de cientista, Durkheim procurou demonstrar os principais pressupostos teórico-metodológicos da Sociologia pela investigação de vários fenômenos, e, mais ainda, mostrar como a pesquisa em Sociologia pode contribuir para a compreensão e busca de solução para vários problemas sociais. Nesse sentido, o primeiro grande estudo realizado por ele foi sobre o fenômeno do suicídio. Foi um dos mais produtivos pensadores franceses, tendo cumprido um papel importantíssimo não somente na consolidação da Sociologia como ciência, mas na sua difusão e popularização.

Embora existam falhas e imprecisões em suas análises, os escritos de Durkheim ainda hoje servem como referência para vários temas bastante atuais, como a educação, a religião, as relações entre comportamento individual e comportamento coletivo, a violência etc.

Obras fundamentais
1. *A divisão do trabalho social* (1893).
2. *As regras do método sociológico* (1895).
3. *O suicídio* (1897).
4. *A educação moral* (1902).
5. *As formas elementares da vida religiosa* (1912).
6. *Lições de sociologia* (1912).

A Sociologia de Max Weber

Ao lado de Marx e Durkheim, outro grande nome relacionado ao surgimento da Sociologia como ciência foi o alemão Max Weber.[3] Reconhecido como o principal arquiteto da moderna ciência social, Weber está entre os principais pensadores sociais do século XX. Dos três grandes clássicos da Sociologia, foi certamente o que maior legado deixou e influência exerceu para pensar a dinâmica empresarial.

Influenciado pelo debate alemão em reação ao Positivismo, em especial pela hermenêutica de Wilhelm Dilthey, seu pensamento avançou ainda mais além daquilo que Durkheim havia feito na problematização da análise dos fenômenos sociais. A Sociologia de Weber insere-se no que ficou conhecido como "Sociologia Compreensiva": uma disciplina cujo método consiste em compreender o sentido

---

[3] Karl Emil Maximilian Weber (1864-1920) nasceu em Erfurt, então cidade do antigo reino da Prússia e atualmente pertencente ao estado da Turíngia, na Alemanha.

das ações dos indivíduos em determinado contexto social, e não em supostas leis externas a essas ações.

Para Weber, aquilo que se chama realidade social é formado pelo conjunto das ações produzidas pelos seus agentes e que são direcionadas a outrem. Depreende-se, portanto, que a unidade básica de investigação da Sociologia (seu objeto propriamente dito) não é mais, como propôs Durkheim, um fato social, uma coisa dada, mas a ação social construída por um agente (ou um conjunto de agentes). O pressuposto filosófico aí subjacente é que o homem é um ser de consciência que possui uma compreensão do mundo, e isso gera uma intenção em suas ações. Intenção esta baseada em motivações. Nesta acepção, o sentido da ação – e, portanto, dos fenômenos sociais – é dado pelo próprio indivíduo, ou seja, é intrínseco à própria ação.

Max Weber (1864-1920).

Em um de seus trabalhos epistemológicos mais importantes, *Economia e sociedade:* fundamentos da sociologia compreensiva, Weber assim define a Sociologia e seu objeto:

> Sociologia [...] significa: uma ciência que pretende compreender interpretativamente a ação social e assim explicá-la causalmente em seu curso e em seus efeitos. Por "ação" entende-se, neste caso, um comportamento humano sempre que e na medida em que o agente ou os agentes o relacionem com um *sentido* subjetivo. Ação "social", por sua vez, significa uma ação que, quanto a seu sentido visado pelo agente ou agentes, se refere ao comportamento de *outros*, orientando-se por este em seu curso. (Weber, 1999, p. 3, grifos do autor.)

Reiterando a importância da observação rigorosa (contribuição importante herdada das ciências naturais) como via de acesso para captar os sentidos produzidos pelos agentes no campo social, ele nega, no entanto, que possam existir as tais leis absolutas, universais e necessárias sugeridas por Comte. Como se vê pela sua definição apresentada acima, o que se deve buscar é um nexo de explicação causal contido na própria ação analisada. É nesse sentido que Weber atribui uma grande importância à pesquisa histórica como sendo essencial para a contextualização e compreensão das ações sociais.

Outro aspecto relevante da sua abordagem é que dar importância ao sujeito na construção do objeto não significa isentar a realidade social ou a pesquisa sociológica de uma objetividade, mas relativizar "a coisa" analisada: já não se trata mais de uma realidade dada (como o "fato social" em Durkheim), mas de uma realidade construída em um contexto e com um sentido atribuído pelos agentes.

Por essas considerações já se consegue depreender uma diferença metodológica fundamental entre Durkheim e Weber: enquanto para o primeiro o fato social é algo dado, que o pesquisador precisa apenas observar e estudar a fim de explicar as características, o segundo entende que o objeto da Sociologia é uma construção dos próprios agentes na ação e na relação social, que, por sua vez, produzem um sentido cuja regularidade interna precisa ser analisada e interpretada. Com isso, Weber abre um caminho importante para a construção da perspectiva interpretativa (hermenêutica) e compreensiva para a Sociologia. Em suma, o objeto da Sociologia então passa a ser a "ação social", e não mais o "fato social"; ação social implica necessariamente um sentido e um propósito.

Ainda no século XIX, na trilha desse debate para estabelecer o campo específico da investigação sociológica, o sociólogo e economista francês Vilfredo Pareto (1858-1922) propôs uma antítese entre ações lógicas e não lógicas (Aron, 1982, p. 464). Segundo ele, enquanto a Economia investiga ações lógicas, a Sociologia aborda o campo das ações não lógicas. Fazendo um paralelo com essa referência a Pareto, Weber vai classificar as ações sociais entre racionais e não racionais,

Ação social em Weber

O conceito sociológico de ação social foi introduzido por Weber e se refere a toda ação em que o agente confere um sentido orientado para outro. Weber classifica essas ações em quatro tipos:

a) Ação racional com relação a fins;
b) Ação racional com relação a valores;
c) Ação afetiva;
d) Ação tradicional.

conforme suas motivações estejam no campo cognitivo ou no afetivo, respectivamente. Ao mesmo tempo, considera que as motivações possuem origens internas e externas ao agente.

Weber (1999) propõe uma tipologia da ação social que se tornou famosa nas análises em Sociologia, com repercussão no campo da Administração: ação racional com relação a valores; ação racional com relação a fins; ação tradicional e ação afetiva (estas duas últimas não racionais). O sociólogo alemão Wolfgang Schluchter (1989) propõe uma matriz por meio do entrecruzamento de quatro variáveis (racionalidade e não racionalidade; motivação interna e externa), que nos ajuda a compreender a tipologia criada por Weber, tal como mostrada no quadro abaixo.

Origem	Fundamentação	
	Cognitiva	Emocional
Necessidades internas	Ação racional com relação a valores (consciência moral)	Ação tradicional (consciência existencial)
Necessidades externas	Ação racional com relação a fins (consciência cognitiva)	Ação afetiva (consciência sensível)

Reproduzido de Schluchter, 1989, p. 71 (tradução livre)

Ação racional com relação a fins: é uma ação calculada em função de um objetivo, ou seja, o agente estipula um objetivo, pensa e calcula os meios disponíveis para atingi-lo da forma mais otimizada possível. É, por exemplo, a ação de um profissional de marketing que traça estratégias para atingir seu público consumidor, ou um executivo que traça planos para consolidar seus negócios.

Ação racional com relação a valores: é uma ação também calculada, mas toma como referência os valores da cultura do agente (como honra, mérito, compromisso etc.). Geralmente, essa ação está inserida num cenário cultural cujos códigos são de tal maneira estruturados e consolidados que exercem uma influência decisiva no comportamento do indivíduo. Mas, diferente da ação tradicional, não é automática, mas pensada. Um dos exemplos mais citados deste tipo de ação é o piloto camicase, piloto da força aérea japonesa que jogava seu avião cheio de explosivos sobre alvos estratégicos dos aliados na Segunda Guerra Mundial. Outro exemplo é o fenômeno do infanticídio praticado pela mãe entre algumas sociedades ameríndias como os esquimós (Canadá e Alasca), ou os

Nambikwara (tribo tupi do Brasil central); ou condenação à morte de crianças com problemas físicos entre os espartanos na Grécia antiga. Em todos esses casos, ações aparentemente irracionais são executadas tomando-se como fundamento os fortes valores da cultura.

Ação afetiva: é a ação que deriva diretamente do humor e do estado momentâneo do agente. Uma ação que, provocada pelo meio externo, causa uma reação emocional, que comumente chamamos impulsiva. O grito de gol quando um jogador lança a bola na rede, o soco ou xingamento que se dá quando alguém nos irrita ao extremo, o tiro que alguém pode disparar em uma briga de trânsito, o crime passional são alguns exemplos.

Ação tradicional: é a ação cuja motivação é o mero hábito, costume ou mesmo crenças (morais e/ou religiosas). Neste tipo de ação não há um objetivo traçado nem uma emoção envolvida. Mas é ação automática ou mero reflexo cultural enraizado pela prática reiterativa. Assim, os hábitos da chamada boa educação: dar bom-dia ao encontrar alguém; oferecer lugar em um ônibus a uma pessoa mais velha; para um católico, fazer o sinal da cruz quando entra em uma igreja.

É importante observar que o que Weber propõe é uma tipologia das ações sociais para fins de análise. Ou seja, uma ferramenta conceitual para ajudar a explicar e compreender o emaranhado complexo que é a realidade, em que as motivações podem estar – e frequentemente estão – bastante mescladas e difusas. Um bom exemplo disso é que, no julgamento de um crime passional, argumentos, como legítima defesa da honra, podem ser usados como atenuantes da pena. Ou seja, uma ação afetiva, mas que também pode ser entendida como motivada por um valor da cultura (a honra).

Uma vez que as ações são sociais, necessariamente estabelecem relações. Neste sentido, a ação social se organiza em uma relação social porque os sentidos dos atores se relacionam entre si em um processo mútuo de orientação de suas ações (Aron, 1982, p. 510). É assim que se deve entender, por exemplo, a relação entre sacerdote e fiéis, pais e filhos, professor e alunos, médico e pacientes ou gestor e seus subordinados e/ou clientes da empresa. Esses exemplos mostram contextos em que as ações mútuas são pautadas por códigos (tácitos ou explícitos) que as orientam.

Na teoria weberiana da ação e da relação social, as ações assim compreendidas possuem um caráter de regularidade, que é traduzido pelo costume ou pela tradição. Os exemplos descritos no parágrafo anterior (como tantos outros) situam-se num

Tipo ideal

Na Sociologia compreensiva de Max Weber, um conceito adquire uma relevada importância como uma ferramenta metodológica de análise: o tipo ideal. Segundo Weber, o cientista social precisaria construir uma ferramenta analítica que torne possível comparar realidades diferentes entre si, mas que guardem certas características em comum. Não seria exatamente possível, por exemplo, comparar a economia francesa, a inglesa, a estadunidense, a japonesa e a brasileira. Isso porque são realidades muito particulares e totalmente diferentes. Por esse motivo, Weber propunha a criação de uma tipologia abstrata, desprovida de caráter avaliativo, sem as contaminações e imprecisões da realidade (que sempre guarda suas especificidades). Mesmo provinda da realidade pelo procedimento indutivo (racional, portanto), essa ferramenta não deveria se confundir com ela. Esse tipo puro (ou tipo ideal) serviria como um guia para a interpretação da própria realidade e suas variações. Retomando o exemplo, de acordo com essa teoria de Weber, se quisermos comparar as economias dos países citados acima, eu preciso usar o método indutivo: eu as comparo, observo o que elas têm em comum, construo um conceito (Capitalismo) e só depois, sim, eu consigo compará-las. Assim, "O Capitalismo" é, na verdade, um conceito, uma abstração, um tipo ideal que foi obtido ao se compararem sistemas econômicos de sociedades capitalistas e, ao mesmo tempo, ele serve de parâmetro para compará-los entre si. O mesmo procedimento pode ser feito com várias categorias sociais com um certo tom generalizante: por exemplo, o que é ser "brasileiro". É importante que se tenha claro que o tipo ideal weberiano não deve ser confundido com proposições generalizantes, essencialistas e normativas (do que é ser brasileiro, por exemplo); pelo contrário, é uma ferramenta que constroi um parâmetro que nos auxilia na compreensão da realidade.

contexto dado pela tradição, pela cultura, pelo costume, pelo Direito. Respeitamos e reverenciamos o padre, o professor, o pai, os contratos que assinamos, as leis que regem a sociedade etc. antes de mais nada porque temos isso inscrito em nossas mentes pela tradição em que vivemos, e não pelo simples medo, como à primeira vista possa parecer. Aliás, diria Weber, se dependêssemos somente do medo às eventuais sanções e punições impostas, teríamos uma sociedade inviável, pois seria necessária uma estrutura monstruosa de fiscalização em todos os níveis para que as pessoas seguissem certos padrões regulares de comportamento. Ao contrário: é porque as pessoas acreditam na importância desses códigos para o bom funcionamento da sociedade que eles são seguidos. Esse é o caráter da legitimidade em Weber: aquilo que, inscrito na regularidade da tradição, é aceito pelas pessoas quase que intuitiva e automaticamente, sem grandes questionamentos, porque é orientado por uma crença da sua importância para o bom funcionamento da vida coletiva.

Como nos lembra Raymond Aron (1982, p. 511), a análise de Weber não se pauta pela presunção de que as sociedades sejam conjuntos harmoniosos, sem conflito. Pelo contrário. Para ele há tanto luta, combate, como acordos, harmonias. E o combate, o conflito, a disputa são relações sociais fundamentais, porque são eles que movem negociações, estabelecimento de acordos (tácitos ou explícitos), que, por sua vez, são responsáveis pela criação de grupos, de comunidades naquilo que ele chamará de "integração dos atores". Esta ideia assume uma importância especial na análise que Weber fará tanto da origem das corporações econômicas (as empresas, que surgem por meio de acordos entre agentes ou comerciais, contratos etc.) quanto das relações entre Estados e Nações no cenário político.

Aqui entra em cena outro conceito importante da Sociologia weberiana para a compreensão do universo organizacional: a dominação. Para Weber, dominação é quando as ordens emanadas encontram probabilidade de ser obedecidas, e de que sejam efetivamente cumpridas.

É importante ter sempre em mente que nem todas as formas de dominação são legítimas. Algumas são impostas pela força e pelo medo, como nos regimes totalitários. Ao pensar formas de dominação, Weber constrói uma tipologia tríplice das formas de dominação legítima, dependendo da fundamentação da motivação que orienta a obediência, algo semelhante ao que fez para a ação social:

a) **Dominação racional legal:** é a dominação baseada na crença da estrutura legal que orienta a ordem social, incluindo aí a esfera da autoridade responsável por ela. Aqui, concretamente, estamos na esfera das regras que regem a sociedade e no corpo burocrático-funcional responsável pela sua elaboração e pelo seu cumprimento.

b) **Dominação tradicional:** esta é fundamentada numa certa sacralidade das tradições, assim como na legitimidade daqueles que são colocados, pela tradição, no lugar da autoridade para exercê-la. Como supramencionado, a autoridade que o professor exerce sobre o aluno, o sacerdote sobre os fiéis, o pai sobre os filhos. Estas não são, como o policial ou os governantes, autoridades estabelecidas pelo poder legal, mas pela tradição.

c) **Dominação carismática:** algumas pessoas possuem uma força interna tão grande que assumem uma aura sagrada ou heroica em torno de si e acabam criando uma ordem social em torno de suas ideias e atitudes. Com isso, encontram espontaneamente seguidores devotados e criam cenários de repercussão social. A esse tipo de poder Weber chama de carismático. Exemplos desse tipo de poder podem ser encontrados em figuras como Gandhi, Antonio Conselheiro ou o general Charles De Gaulle.

Burocracia como forma de dominação legal

O emprego do termo burocracia no sentido contemporâneo é atribuído, segundo Riggs (1979), ao comerciante francês Jacques Claude Marie Vincent, Senhor de Gournay (1712–1759), que, em uma carta a um amigo (em 1740), ter-se-ia se referido ao emaranhado de procedimentos formais do Estado. Para elaborar a palavra, Gournay fundiu o termo francês *"burrel"* (um pano marrom-avermelhado que cobria móveis de escritório, de onde veio a palavra *"bureau"*, que, em francês, designa tanto a escrivaninha quanto o próprio escritório) com o grego *"kratos"* (poder). Com isso, ele se referia, de forma debochada, ao poder dos funcionários dos escritórios, geralmente públicos.

Foi por meio da análise proposta por Max Weber que o termo foi incorporado nos estudos organizacionais de forma mais sistemática. Weber elaborou uma teoria sofisticada da burocracia, associando-a à forma de dominação legal. Aqui, funcionários especializados ocupam, por mérito, cargos técnicos racionalmente estabelecidos e organizados segundo regras bem específicas. A isso seguir-se-ia uma necessidade de criar uma estrutura formal para garantir a racionalização dos procedimentos a fim de torná-los mais eficazes, especialmente quando pensados no longo prazo. Para o sociólogo estadunidense Robert Merton (1910–2003), Weber idealizava os procedimentos burocráticos e, por isso, apontou algumas limitações na análise do sociólogo alemão. Para Merton, nenhuma organização burocrática é puramente racional, além de levar a consequências imprevistas, como ineficiências e imperfeições, a que ele chama disfunções da burocracia. Este é justamente o lado experimentado por muitos clientes da organização, e, por isso, este foi o sentido do termo consagrado no senso comum.

A ética protestante e o espírito do capitalismo

É interessante notar que a análise de Max Weber sobre a burocracia como modelo organizacional próprio da sociedade moderna é bem mais conhecida dos estudantes de gestão, sendo abordada em livros de teorias da administração, do que seu livro *A ética protestante e o espírito do capitalismo*. Nessa obra Weber demonstra como um determinado ethos religioso, o protestantismo, especialmente aquele professado por Lutero e Calvino, representou um lastro importante para o desenvolvimento da forma de conduta econômica que é própria ao sistema capitalista. Sempre revisitado, o livro é um clássico das ciências sociais, considerado um dos mais importantes já escritos no século XX. Ele tem servido de estímulo para influentes sociólogos da atualidade, que empreenderam reflexões sobre as novas feições do capitalismo contemporâneo. Este é o caso dos livros *O novo espírito do capitalismo*, dos franceses Luc Boltanski e Eve Chiapello; e *A cultura do novo capitalismo*, do estadunidense Richard Sennett. Ademais, toda uma corrente da Sociologia se desenvolveu nos últimos anos em diálogo com esta obra de Weber e também de outros clássicos do pensamento sociológico. Trata-se da chamada Sociologia Econômica, que procura evidenciar como os fenômenos econômicos estão enraizados em dinâmicas sociais, culturais, religiosas, políticas etc. Tal corrente aborda temas centrais para a formação dos administradores, a exemplo da construção social dos mercados, do empreendedorismo, entre outros.

Livro de Max Weber *A ética protestante e o espírito do capitalismo*.

Um resumo das principais características da burocracia segundo Weber pode ser assim elaborado:

- Caráter legal das normas e regulamentos;
- Caráter formal das comunicações;
- Divisão racional do trabalho;
- Impessoalidade das relações;

- Regras claras para orientar as relações pessoais;
- Hierarquia da autoridade;
- Rotinas e procedimentos padronizados;
- Competência técnica e meritocracia;
- Separação entre administração e propriedade;
- Profissionalização dos participantes;
- Previsibilidade dos comportamentos.

Obras fundamentais
1. *A ética protestante e o espírito do capitalismo* (1903).
2. *A política como vocação* (1919).
3. *Estudos sobre a sociologia e a religião* (1921).
4. *Estudos de metodologia* (1922).
5. *Economia e sociedade*, póstuma.

A Sociologia de Karl Marx

Certamente um dos mais influentes e, ao mesmo tempo, controversos pensadores de todos os tempos, o filósofo, economista e sociólogo Karl Marx[4] foi um grande crítico do sistema capitalista. Teve densa formação intelectual, inicialmente em história e direito com direcionamento para a filosofia e a economia posteriormente.

Marx viveu em pleno século XIX, momento em que a Europa passava por uma efervescência social, política e econômica bastante forte como decorrência da Revolução Industrial, particularmente na França e na Inglaterra. Esse clima alimentava na Alemanha reflexões filosóficas intensas, sem que os alemães

Karl Marx (1818-1883).

---

[4] Karl Heinrich Marx (1818-1883) nasceu na cidade de Trier (ou Tréveris), na Renânia (província da Prússia), hoje Alemanha, na fronteira com Luxemburgo e a França. Com uma vida bastante conturbada, tornou-se apátrida, terminando seus dias em Londres.

pudessem experimentar, de pronto, as transformações vividas em outros países. Particularmente em Berlim, em cuja universidade George F. Hegel (1770-1831) havia atuado como professor, ainda sendo uma grande referência, e para onde Marx se transferira logo no início de sua vida acadêmica, o debate filosófico dos movimentos críticos era intenso e exerceu forte influência no jovem Marx e foram decisivos para o seu engajamento intelectual e político.

Em linhas gerais, pode-se dizer que, no desenvolvimento de seu pensamento, Marx recebeu três grandes influências: o idealismo alemão, com as filosofias de Hegel e Kant (1724-1804); o emergente socialismo utópico de Proudhon (1809--1865); a economia política clássica que se desenvolveu na Inglaterra, particularmente os pensamentos de Adam Smith (1723-1790) e David Ricardo (1772-1823).

Marx foi um crítico contumaz do sistema capitalista e da sociedade de seu tempo, não apenas em sua dimensão econômica, mas particularmente na política, social e ideológica. Sua principal linha de análise mais geral é conduzida pela premissa de que, ao satisfazer suas necessidades, os homens produzem formas de organização econômica, cujas relações materiais de produção são construídas sobre antagonismos estruturais e orientam as várias esferas da vida social. Como resposta a seu tempo, o foco dessa análise vai recair sobre como isso aconteceu no sistema capitalista, particularmente após a Revolução Industrial. Parte substantiva de sua produção, cuja obra máxima é *O capital* (o primeiro volume foi o único publicado com o autor em vida), vai ser dedicada a investigar e desvendar a intrincada mecânica do Capitalismo pós-Revolução Industrial.

A grande e densa produção filosófica de Marx padece de algo comum no campo das ciências humanas: seu pensamento é muito comentado, porém pouco lido. Marx produziu uma série de escritos com influência sobre filósofos, sociólogos e economistas e repercussões relevantes até hoje. Sem dúvida, o Marxismo é um dos mais complexos sistemas filosóficos, não somente pela magnitude e profundidade do pensamento do próprio Marx, mas por ter se derivado em uma miríade nada uniforme tanto de linhagens de pensamento ou escolas filosóficas no século XX (sendo uma das mais emblemáticas a Escola de Frankfurt) quanto de sistemas políticos doutrinários (como a social-democracia ou o bolchevismo).

Materialismo histórico e materialismo dialético

A tese de doutorado de Marx versava sobre a polêmica entre o determinismo materialista de Demócrito e a teoria da liberdade (o desvio, *clinamen*) em Epicuro.

Reagindo ao determinismo de Demócrito, Epicuro afirmava que, assim como os átomos estão sujeitos ao *clinamen* (desvio), o homem, por meio do exercício de seu pensamento, de sua racionalidade, tem o poder de decisão que pode provocar o "desvio" das coisas. Assim, o universo não está pronto, com as coisas arranjadas e seus destinos elaborados, mas à espera do desvio provocado pela decisão do pensamento humano. Em Marx, essa ideia vai ser decisiva para a construção de sua teoria da história e do sujeito histórico.

É, então, com base em Epicuro e suas teses antideterministas, e rompendo com o idealismo hegeliano, que Marx começa a construir a ideia de que é o movimento real que produz o pensamento. Ao contrário do idealismo, os dois, realidade material e pensamento, estão em uma relação dialética de existência: um não pode existir sem o outro. Assim, para estudar a realidade, não se deve partir do que os homens pensam, dizem ou imaginam (como pregava o idealismo), mas da maneira como produzem concretamente a realidade, em particular o modo como produzem os bens de que necessitam.

Essa concepção é chamada de materialismo dialético. Ao aplicar essas ideias na construção de um método de análise da história, Marx adota então uma postura que passou a ser conhecida como materialismo histórico. Algumas sentenças, presentes em alguns dos seus textos, evidenciam bem isso. É o caso da famosa frase que está nas Teses contra Feuerbach: "Até agora os filósofos interpretaram o mundo; agora, é a vez de mudá-lo!". Ou do que ele afirmou em *O capital*: "O movimento do pensamento é apenas o reflexo do movimento real, e traduzido para a mente humana".

Antagonismo e luta de classes

Não somente a relação entre realidade e pensamento é dialética, mas também a própria realidade em si comporta antagonismos que a estruturam. Diferentemente de Dukheim, que estava voltado para a explicação da coesão social, o centro da Sociologia de Marx se dirigiu para o conflito, as disputas. Afirmar que há divergências de interesses entre as pessoas nem chegava a ser uma novidade. O que Marx traz de diferente é a ideia de que essas disputas são intrínsecas às sociedades e marcadas pelos distintos lugares sociais

Símbolo da luta de classes.

que os indivíduos nelas ocupam, o que é determinado, em última instância, pela organização do modo de produção. É nesse contexto que se deve entender outra das suas frases emblemáticas, situada desta vez no início do *Manifesto Comunista*:

> A história de todas as sociedades que existiram até nossos dias tem sido a história das lutas de classes. Homem livre e escravo, patrício e plebeu, senhor e servo, mestre de corporação e companheiro, numa palavra, o opressor e o oprimido permaneceram em constante oposição um ao outro, levada a efeito numa guerra ininterrupta, ora disfarçada, ora aberta, que terminou, cada vez, ou pela reconstituição revolucionária de toda a sociedade ou pela destruição das classes em conflito. (Marx, 1998, p. 7)

Essas disputas são pautadas por interesses necessariamente contraditórios – marcadamente econômicos –, o que seria, em última instância, o motor da história.

Estrutura e superestrutura

A economia ocupa um lugar central em todo o conjunto teórico de Marx. Segundo ele, trata-se do alicerce de todo o edifício social. As relações econômicas são, portanto, a estrutura sobre a qual está erguida a sociedade, pois é aí que se dão as relações concretas de trabalho com seus elementos antagonistas. Embora economia seja definida como uma esfera determinante, isso não significa que ela se dê de forma direta e causal sobre todas as demais esferas da sua organização, mas sim que é o motor dos antagonismos que movem a sociedade e constroem sua história. As outras esferas, sobretudo a ordem jurídico-política (o Estado) e a ideológica, ou "formas de consciência social" (as crenças religiosas, filosóficas, políticas e morais), pertenceriam ao que ele chamava de superestrutura.

Relacionado, pois, à superestrutura, está um dos conceitos mais importantes no pensamento de Marx: ideologia. O termo foi originalmente inventado por Destutt de Tracy (1754–1836), filósofo, político e militar francês, discípulo de Etienne Condillac (1715–1780), criador do sensualismo, uma forte corrente filosófica do século XVIII. Tracy, influenciado pelo modelo proposto por Condillac, criou o termo para se referir à ciência das ideias e das sensações. Teria sido Napoleão Bonaparte quem empregou o termo num sentido pejorativo, referindo-se ao pensamento desenvolvido sem contato com a realidade, geralmente para se referir a uma "doutrina mais ou menos destituída de validade objetiva mantida pelos interesses claros ou ocultos daqueles a quem ela serve" (Abbagnano, 1983, p. 506).

Foi exatamente esse sentido que Marx adotou do termo, relacionando-o à superestrutura e ao fundamento do materialismo histórico. A ideologia funcionaria, então, como uma espécie de simulação da realidade, ocultando sua real origem, construindo um terreno para manutenção do poder da classe dominante. Cria-se uma ilusão, uma falsa consciência de que são as ideias que produzem a materialidade do real, e não o contrário.

Alienação

Embora no senso comum este termo tenha a acepção de transferência de posse ou de faculdades mentais, na filosofia de Marx ele tem um significado específico, derivado da filosofia hegeliana. Para Hegel, alienação refere-se à consciência que se alheia de si mesma considerando-se como uma coisa, como uma fase do processo para se chegar à autoconsciência. É aquele exercício de nos distanciarmos de nós mesmos para nos enxergarmos de fora e, com isso, nos percebemos ainda mais; isto seria a autoconsciência. E esta autoconsciência se realiza no trabalho, que Marx entende como uma forma de realização do homem.

Assim concebida, pode-se dizer que ela possui um sentido positivo. Para Marx, ao contrário, tal noção vai adquirir uma conotação negativa, pois ele vai tomar parcialmente a ideia de Hegel, modificando-a para descrever a situação do operário inserido no sistema capitalista. Seguindo a linha de raciocínio do materialismo dialético, é na realidade material do processo de trabalho, em que o operário se produz a si mesmo no objeto que fabrica, que se realiza. Há, portanto, um vínculo estreito entre o trabalhador, o processo e o produto do seu trabalho. Na medida em que esse produto entra para o mercado na condição de mercadoria, é alienado (apartado) do próprio trabalhador e vendido por um valor que, nesse processo, aliena-se de si mesmo. As relações deixam de ser entre pessoas e passam a ser entre coisas distintas, intermediadas por algo que tem que ser comum entre elas, um valor que, por sua vez, é distinto do produzido no trabalho. Um valor inventado, criado de forma totalmente ilusória. Esse mecanismo é o que Marx vai chamar de fetichismo da mercadoria.

Por exemplo, se eu troco trigo por ferro, preciso encontrar algo que seja comum aos dois produtos para viabilizar a troca: quantos X de trigo preciso para equivaler a Y de ferro? No raciocínio de Marx, essas duas quantidades diferentes devem ser igual a uma terceira distinta, ou seja, elas devem ser redutíveis a um mesmo valor de troca (geralmente representado pela moeda), que é, por sua vez, uma abstração do valor de uso dos dois produtos comparados. Até aí, não é difícil de entender. A grande questão é que esse valor é criado fora do processo de trabalho, no próprio mercado, e, portanto, não entra no cálculo daquilo que o trabalhador receberá, contribuindo para a geração da mais-valia.

É nesse sentido que o trabalho no capitalismo, na concepção de Marx, em vez de ser um instrumento para a realização do homem, passa a ser um elemento para dominá-lo ainda mais, pois contribui para aliená-lo de si mesmo.

Mais-valia

Talvez este seja o elemento mais importante de toda a teoria de Marx sobre a sociedade capitalista e não é um conceito assim tão simples de compreender. Antes de mais nada, vamos acertar um equívoco comum: mais-valia não é igual a lucro simples. É um pouco mais complexo que isso.

Um aspecto intrigante do sistema, e que chamou a atenção dos teóricos da virada do século XVIII para o XIX, é o fato de que, de todos os sistemas econômicos inventados pelo homem, o capitalismo foi o sistema que mais riqueza gerou. Porém, ao mesmo tempo, produziu uma enorme massa de pobreza e miséria. E cada vez mais em escala mundial podemos testemunhar. Isso pelo fato de que o sistema é baseado em uma lógica que lhe é intrínseca, capaz de resultar em uma concentração exponencial da riqueza gerada. E é justamente no desvendamento dessa lógica que Marx concebe o conceito de mais-valia.

Todo processo de produção, em qualquer contexto, envolve a transformação de um objeto em outro pela intervenção do trabalho humano gerando um valor. Mesmo nas sociedades caçadoras e coletoras, o simples ato de tirar uma fruta do pé ou caçar um animal transforma aquele recurso natural em alimento por meio de um trabalho, com um valor acrescido: um animal morto, esquartejado e distribuído na aldeia tem um valor a mais do que o simples animal vivo na floresta. Brincando, fazendo um paralelo, com um exemplo da linguagem que simboliza isso: é quando a galinha vira frango; ou, em inglês, um *pig* vira *pork*.

No mundo capitalista não é diferente. A especificidade desse sistema está na maneira como se organiza a produção. De um lado, existe alguém que detém os meios e condições para a produção, mas não consegue produzir sozinho. Do outro, uma força de trabalho para operar esses meios de produção para gerar o produto com fins de mercado e que a vende para o primeiro em troca de salário. A força de trabalho, portanto, gera um valor ao transformar a matéria-prima em produto acabado.

Quando este produto entra para as relações de compra e venda e é consumido (comprado) é que, de fato, se realiza como mercadoria. Assim, no valor da mercadoria está computado, além de todo o processo de produção, o valor gerado nas relações de mercado. Tanto os meios de produção quanto a força de trabalho ou a mercadoria propriamente dita possuem seus respectivos valores específicos. O grande problema acontece quando o trabalhador recebe sua remuneração pelo trabalho empenhado. As práticas econômicas na sociedade capitalista levam em conta aquilo que seriam as necessidades para que o trabalhador reponha suas energias empenhadas no processo de produção. Nesse cálculo, portanto, não entra o valor gerado por ele ao transformar a matéria-prima em produto nem o produto em mercadoria. Foi a essa diferença (em linguagem matemática, um delta) de valor gerado que Marx identificou em sua análise que chamou de mais-valia: um valor a mais, fruto do diferencial entre a mercadoria produzida e a soma dos valores envolvidos no processo de produção (meios de produção e o trabalho).

Na análise de Marx, é exatamente esse delta, gerado em larga escala dadas as condições da produção na sociedade industrial, que constitui a base da geração de riqueza no sistema capitalista. Não indo para o trabalhador, vai para a outra ponta do sistema, que é a classe burguesa, detentora dos meios de produção. Esse mecanismo, intrínseco ao sistema, vai ser o grande responsável pela geração das desigualdades sociais estruturais na sociedade capitalista.

Obras de referência
1. *A miséria da filosofia* (1847).
2. *A ideologia alemã* (1846).
3. *Manifesto do partido comunista* (1848).
4. *Para a crítica da economia política* (1859).
5. *O capital*, v. 1 (1867); Póstumos: v. 2 (1885); v. 3 (1894).

Dicas de filmes
Germinal (França, 1993). Dir.: Claude Berri.
Tempos modernos (EUA, 1936). Dir.: Charles Chaplin.
Oliver Twist (Reino Unido, 1947). Dir.: David Lean.
Daens – um grito de justiça (Bélgica, 1992). Dir.: Stijn Coninx.
Os miseráveis (Reino Unido, 2012). Dir.: Tom Hooper.

Questões para discussão

1. Reveja o caso da greve da polícia no ES e indique os elementos que você considera importantes em uma análise sociológica de acordo com:

    a) Émile Durkheim.
    b) Max Weber.
    c) Karl Marx.

2. Identifique, no cenário do século XIX, que causas e como se articularam para motivar o surgimento da Sociologia como ciência.
3. Explique o que é o Positivismo e que relações esta linha filosófica possui com o surgimento da Sociologia.
4. Explique o que é a "Lei dos Três Estados" no pensamento de Augusto Comte, descrevendo uma síntese de cada um deles.
5. Explique qual era o objetivo primordial de Émile Durkheim e quais os conceitos mais importantes que ele criou para consegui-lo.
6. Explique as distinções entre solidariedade orgânica e solidariedade mecânica e que relações esses dois conceitos podem ter com o universo organizacional.
7. O que é fato social para Durkheim? Explique quais são suas principais características.
8. Identifique e explique qual o principal conceito da análise sociológica em Max Weber. Em que medida este conceito se diferencia e é mais abrangente com relação ao fato social?
9. Faça uma pesquisa mais aprofundada e explique as diferenças entre "sociologia explicativa" (Durkheim) e "sociologia interpretativa" (Weber).
10. Analise os tipos de ação social propostos por Weber por meio da matriz proposta por W. Schluchter (p. 43).
11. Explique o que é tipo ideal e qual seu lugar metodológico no pensamento de Max Weber.
12. Explique o que é dominação e quais os tipos propostos por Weber.
13. Explique em que tipo de dominação se enquadra a burocracia na análise de Weber e que relações ela possui com o universo organizacional.
14. Faça uma pesquisa, aprofunde os conceitos e, em seguida, explique o que é Materialismo Histórico e Materialismo Dialético em Karl Marx.
15. Explique as diferenças entre superestrutura e estrutura em Karl Marx.

16. Explique o que é alienação e qual sua importância na análise sociológica de Marx.
17. Defina, analise e explique a operacionalização da mais-valia no pensamento de Marx.

Referências bibliográficas

ABBAGNANO, Nicola. *Dicionário de filosofia*. São Paulo: Mestre Jou, 1983.

ARISTÓTELES. *Tratado da política*. Texto integral. Sintra: Europa América, 1977.

ARON, Raymond. *As etapas do pensamento sociológico*. Coleção Sociedade Moderna. v. 6. Brasília: UnB, 1982.

_____. *O Marxismo de Marx*.Trad. Jorge Bastos. São Paulo: Arx, 2005.

BOTTOMORE, Thomas B. *Introdução à sociologia*. Rio de Janeiro: LTC, 1987.

DURKHEIM, Émile. *Da divisão do trabalho social*. São Paulo: Martins Fontes, 2010.

_____. *As regras do método sociológico*. São Paulo: Martins Fontes, 2007.

GIDDENS, Anthony. *Sociologia*. Porto Alegre: Artmed, 2005.

LUKES, Steven. *Émile Durkheim, his life and work*: a historical and critical study. Standford: Stanford University Press, 1985.

MARX, Karl; ENGELS, Friedrich. Manifesto do partido comunista. *Estudos Avançados*, v. 12, n. 34, 1998, p. 7-46.

QUINTANEIRO, Tânia. *Um toque de clássicos*: Marx | Durkheim | Weber. Belo Horizonte: UFMG, 2003.

RIGGS, Fred W. Introduction: évolution sémantique du terme "bureaucratie". *Revue Internationale des Sciences Sociales*, n. 4. Paris: Unesco, 1979.

SCHLUCHTER, Wolfgang. *Rationalism, religion, and domination*: a Weberian perspective. Los Angeles: University of California Press, 1989.

WEBER, Max. *Economia e sociedade*: fundamentos da sociologia compreensiva. v. 1. Brasília: UnB, 1999.

Palavras-chave:
Sociologia. Positivismo. Fato Social. Ação Social. Burocracia. Marxismo.

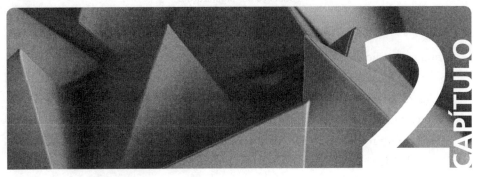

Atores em cena
Análise sociológica da dinâmica interna da empresa

Objetivos do capítulo: Este capítulo apresenta um modelo sociológico para a análise da dinâmica interna da organização. Seu ponto de partida é a ideia de que a organização não é apenas um sistema técnico, voltado para a eficiência e a produtividade. Ela é, sobretudo, um sistema social, marcado por relações entre indivíduos e grupos. O modelo apresentado ajuda o gestor a compreender melhor a dinâmica organizacional. Assim, ele poderá intervir nessa complexa realidade de forma mais qualificada e responsável.

> ### Relato 2: A dinâmica das organizações: relações complexas
>
> Imagine a seguinte cena: você tem menos de 30 anos e foi recém-contratado para ser gerente de marketing de uma empresa de varejo. Na sua equipe, um consultor de vendas com 47 anos, que almejava uma promoção para aquele posto, revela desconfiança. "Como assim esse menino vai ser meu chefe? Ele não tem experiência, nunca atendeu um cliente!", reclamaria ele ao presidente da empresa. "Eu domino as novas tecnologias e estou voltado para a inovação!", retrucaria você. "Ele é egocêntrico e imediatista, só pensa no seu próprio crescimento profissional e não pensará duas vezes antes de deixar a empresa caso se sinta entediado", contra-atacaria ele. "Eu não estou preocupado com tempo de empresa. Meu foco é resultado e crescimento: para mim e para a organização. Estamos juntos enquanto for interessante."
> Os primeiros momentos da relação entre vocês não foram nada fáceis. Mas, após

algum tempo, houve um entendimento. Ele valorizou sua capacidade de inovação e você reconheceu que a maturidade dele era uma grande aliada.

Agora observe esse fato ocorrido três anos atrás. No Salão do Automóvel realizado em 2014 em São Paulo, um grupo de 80 funcionários da fábrica da Nissan nos EUA fez um protesto inusitado. Eles compraram ingressos e entraram no galpão, disfarçados de visitantes para não chamar a atenção dos organizadores do evento. Porém, por baixo da blusa, usavam uma camiseta amarela com os seguintes dizeres: "A Nissan não respeita os direitos dos trabalhadores". Foi a primeira vez na história dos salões do automóvel que um protesto de trabalhadores aconteceu. A manifestação teve grande repercussão, sendo noticiada pela imprensa brasileira e internacional.

Fonte: ROLLI, Claudia e MIOTO, Ricardo. Funcionários da Nissan dos EUA fazem protesto no Salão do Automóvel. *Folha de S.Paulo*, São Paulo, 31 out. 2014. Disponível em: <http://www1.folha.uol.com.br/mercado/2014/10/1541497-funcionarios-da-nissan-dos-eua-fazem-protesto-no-salao-do-automovel.shtml>. Acesso em: 26 out. 2017.

O que as duas situações possuem em comum? Talvez em uma primeira resposta você pense: "Absolutamente nada!". A primeira trata de um conflito de gerações, do prenúncio de um choque entre um ambicioso e arrojado jovem da chamada geração Y e um experiente e cauteloso profissional da dita geração X. A segunda aborda a expressão simbólica de um conflito trabalhista envolvendo demandas dos operários do chão de fábrica de uma multinacional e a imagem da companhia.

No entanto, elas se assemelham em muitas coisas. Ambas falam das complexas relações entre indivíduos e grupos que participam da empresa. Dizem algo sobre os objetivos distintos que eles possuem, os diferentes recursos que são capazes de mobilizar para alcançá-los e, ainda, sobre as estratégias que utilizam no jogo organizacional. Isso pode ser sistematizado em um modelo de análise sociológica da dinâmica interna da empresa, que será apresentado neste capítulo. Mas antes é preciso esclarecer seu ponto de partida e seus fundamentos.

Bases para um modelo de análise sociológica da dinâmica interna da empresa

Segundo o cientista social estadunidense Clifford Geertz (2013), desde os anos 1960 ocorreu um giro interpretativo nas Ciências Sociais e a compreensão da sociedade como se fosse uma máquina ou um organismo cedeu espaço para sua representação como um drama ou um jogo. Pensar a realidade social como um drama é recorrer à metáfora do teatro. Dessa perspectiva, a sociedade é formada por atores que exercem determinados papéis na trama social. A metáfora esportiva, por sua vez, implica imaginar a realidade social composta por jogadores. Em função da posição que ocupam na estrutura social e visando alcançar os seus objetivos, esses jogadores fazem determinados movimentos, estabelecendo ora relações de competição, ora de cooperação com os demais.

No âmbito da Sociologia das organizações, Gareth Morgan (2013) foi, certamente, o pioneiro no uso de metáforas para a compreensão das organizações. Recorrendo a distintos olhares disciplinares, da Engenharia à Biologia, da Antropologia à Ciência Política, das Ciências Cognitivas à Psicanálise, ele sugeriu

Parâmetros do modelo de análise sociológica da dinâmica interna da empresa

O modelo apresentado está voltado para a análise da dinâmica interna da empresa, deixando entre parênteses o contexto societal dentro do qual essa dinâmica está inscrita. A rigor, essa separação é arbitrária, não sendo possível ocorrer na realidade concreta. Procede-se assim apenas para fins didáticos. Tudo se passa como se, analogamente ao que ocorre na ciência econômica, em que os estudos de microeconomia e de macroeconomia são feitos separadamente, ainda que se complementem, pudéssemos falar em uma microssociologia e uma macrossociologia das organizações. Na primeira, a organização, e, para os fins deste livro, mais especificamente a empresa, é pensada como o cenário dentro do qual se desenrola um jogo entre distintos atores. Na segunda, a empresa é vista como um dos participantes do jogo social mais amplo, do qual diversos outros agentes fazem parte, como os fornecedores, os sindicatos, o Estado, as ONGs, os clientes, os concorrentes, as organizações internacionais, a mídia, as universidades etc. Trata-se apenas de uma questão de foco, no sentido da arte da fotografia. No primeiro caso, ao colocarmos em foco a dinâmica interna da empresa, enxergamos de forma imprecisa o contexto societal. No segundo caso, ao centrarmos o foco com referência ao contexto societal, deixamos de enxergar com nitidez detalhes da dinâmica interna da empresa.

que as organizações podem ser vistas como máquinas, como organismos, como culturas, como sistemas políticos, como instrumentos de dominação, como cérebros, como fluxos ou como prisões psíquicas. Ele não utiliza, no entanto, a metáfora do jogo, uma analogia que será explorada neste capítulo.

De toda forma, seja na perspectiva apontada por Geertz (2013) para a interpretação da realidade social, seja no exercício desenvolvido por Morgan (2013) para a análise organizacional, está subjacente a ideia da autonomia relativa dos atores. Esse é o ponto de partida do modelo de análise sociológica da dinâmica interna da empresa apresentado aqui. Trata-se de um exercício de compreensão da sociedade e das organizações como uma rede complexa de interações entre agentes que são portadores de uma margem de liberdade, a despeito dos constrangimentos colocados pelas estruturas sociais e organizacionais.

A Sociologia das organizações no Brasil

As sociólogas Ana Maria Kirschner e Paola Cappellin foram, junto a outros cientistas sociais, umas das principais responsáveis pelo desenvolvimento da Sociologia das organizações no Brasil. Tendo realizado o mestrado, nos anos 1970, e o doutorado no início dos anos 1990, ambos na França, a professora Ana Maria foi influenciada pelo sociólogo Renaud Sainsaulieu. Durante mais de 20 anos foi docente da UFRJ, tendo trabalhado também na Universidade Federal Fluminense. Nesses ambientes universitários, formou alunos que contribuíram para a consolidação de um olhar sociológico sobre as organizações empresariais, tanto em sua dinâmica interna quanto nas suas relações com o conjunto da sociedade. Quanto a essas relações, cabe sinalizar os trabalhos que a professora Ana Maria e um dos seus ex-orientandos, o professor Cristiano Monteiro, da Universidade Federal Fluminense, desenvolveram na fronteira entre a Sociologia da empresa e a Sociologia econômica. Esta última é uma especialidade da Sociologia dedicada ao entendimento dos fenômenos econômicos em seu enraizamento sociocultural, dedicando-se a temas como a construção social dos mercados, o comportamento dos grupos empresariais, as relações entre Estado e empresas etc.

Fonte: Elaborado pelos autores.

O modelo proposto está ancorado em obras que contribuíram para a consolidação da Sociologia das organizações como uma especialidade da Sociologia. Tais contribuições foram buscadas em autores de língua francesa e, dentre eles, recorreu-se sobretudo aos trabalhos de Crozier e Friedberg (2014) e Friedberg (1997), que desenvolveram o que ficou conhecido como o paradigma da análise estratégica das organizações. Nessa abordagem, bem sintetizada por Bernoux (2014), a ideia de estratégia refere-se às relações que se estabelecem entre os atores que compõem a organização, e não à busca de vantagem competitiva pela empresa. Isso será esclarecido mais adiante. Por ora, é necessário destacar que no modelo apresentado aqui a análise estratégica foi enriquecida pelos aportes de Dupuis (2015), Reynaud (1989) e Sainsaulieu (1987 e 2014) para a compreensão da realidade organizacional.

Trata-se, portanto, de olhar para a organização não como um sistema técnico, mas pensá-la como um sistema social a fim de compreender as lógicas de ação presentes em sua trama. Assim, pretende-se fornecer um repertório conceitual que permita uma intervenção mais qualificada na realidade organizacional. O modelo de análise sociológica da dinâmica interna da empresa aqui apresentado possui oito dimensões: atores, objetivos, recursos, estratégias de ação, desafios e disputas, regras e regulações, identidades de grupo e a identidade da empresa. Vejamos, inicialmente, a primeira delas: os atores em jogo nessa dinâmica.

Os atores em jogo na cena empresarial

Quem são os atores em jogo na cena empresarial? Dupuis (2015) argumenta que toda empresa é formada por três tipos de atores: os proprietários, os dirigentes e os trabalhadores. Os proprietários são aqueles que abrem uma empresa ou que aportam capital a um empreendimento já existente. Assim, são os proprietários que, em última instância, financiam e controlam a empresa.

Empresa como cenário de debate de ideias.

Os dirigentes são pessoas contratadas pelos proprietários para organizar e coordenar as atividades da empresa, definindo as diretrizes do negócio e o seu modo de funcionamento. Eles são os principais responsáveis pela gestão empresarial. Os trabalhadores, por seu turno, são encarregados pelas atividades operacionais, embora os novos modelos de gestão também demandem sua participação nos processos de gestão.

Vale ressaltar que esses três tipos de atores não possuem necessariamente uma correspondência com pessoas específicas. Trata-se, antes, de posições lógicas que podem ser ocupadas de diferentes formas por indivíduos ou grupos. Vejamos o exemplo de um hipotético pequeno escritório de contabilidade, formado apenas pelo contador que o fundou e por uma secretária que o ajuda a organizar as atividades. Nesse caso, o contador é simultaneamente o proprietário, que investiu capital para iniciar o negócio, o dirigente, que define as diretrizes do negócio, tais como a formação do preço dos serviços a serem prestados ou a forma adequada de comunicá-los ao público pretendido, e, ainda, o trabalhador responsável pela sua prestação. Se, nesse caso, um único indivíduo ocupa simultaneamente as três posições lógicas, o contrário acontece em uma corporação multinacional. Neste tipo de organização cada uma dessas posições é preenchida por diferentes indivíduos ou grupos. Assim, os proprietários podem ser um ou mais grupo(s) econômico(s); uma equipe de dirigentes é necessária para o planejamento e a gestão dos negócios; e diversos trabalhadores devem tocar as operações.

Ademais, essa classificação dos jogadores não reflete inteiramente a complexidade do jogo organizacional. Dentro de cada uma dessas categorias de atores (proprietários, dirigentes e trabalhadores) existem diferenças. Os proprietários, por exemplo, podem ser acionistas majoritários ou minoritários. Uma empresa de capital aberto (sociedade anônima) possui alguns acionistas majoritários, geralmente grandes grupos econômicos, e uma infinidade de acionistas minoritários, investidores individuais. No caso de uma empresa binacional, esses acionistas podem ser representantes do capital nacional ou do estrangeiro. Nas pequenas e médias empresas (PMEs), os proprietários podem ser de uma mesma família ou de famílias distintas. Quanto aos dirigentes, podem ser classificados levando-se em consideração os níveis hierárquicos. Assim, temos os diretores, os gerentes e os supervisores. Podem também ser divididos em razão do pertencimento às distintas unidades de negócio da empresa (unidade de cosméticos, de produtos de limpeza ou de alimentos, no caso de uma grande empresa de varejo), aos diversos departamentos (marketing, produção, finanças, gestão de pessoas), ou às distintas filiais (as agências de um banco espalhadas por todo o território nacional). Por fim, os trabalhadores. Estes podem ser mais ou menos qualificados; desempenhar tarefas operacionais (em uma linha de montagem industrial ou em um canteiro de obra da construção civil) ou atividades administrativas (nos escritórios dessas empresas). Podem ter mais ou menos tempo de empresa.

Não bastassem essas diferenças internas a cada uma das categorias de atores, existem outras que atravessam as três categorias. Proprietários, dirigentes e trabalhadores podem se diferenciar com relação a idade, gênero, orientação sexual, raça-etnia, origem nacional/regional etc. Enfim, podem ter distintas identidades (Sainsaulieu, 2014) construídas com base em diferentes marcadores sociais da diferença. Questões como essas, que dão uma complexidade ainda maior ao jogo organizacional, serão discutidas no capítulo dedicado à diversidade nas organizações. Todavia, o que se espera ter ficado claro até aqui é que uma empresa pode ser formada por uma multiplicidade de atores, e a primeira tarefa para entender sua dinâmica interna é mapear quem são esses atores em jogo.

Os objetivos que mobilizam os atores

Como esclarecem Bernoux (2014), Crozier e Friedberg (2014) e Friedberg (1997), os diversos atores que compõem a cena organizacional não possuem os mesmos objetivos. Um proprietário, por exemplo, pode pretender deixar um patrimônio para seus filhos. Um gerente talvez aspire a uma promoção, sonhando com um cargo de direção. Já um trabalhador, por sua vez, pode desejar que a empresa apoie sua formação, oferecendo-lhe cursos de qualificação, ou mesmo que subsidie sua formação no ensino superior. Então, o segundo passo do modelo de análise sociológica da dinâmica interna da empresa é identificar os objetivos dos atores.

Como ressaltam Crozier e Friedberg (2014) e Friedberg (1997), os objetivos que mobilizam os atores podem não apenas ser diferentes, como também conflitantes. O aumento do lucro esperado pelos proprietários é dificilmente conciliável com a expectativa de maiores salários e melhores condições de trabalho por parte dos funcionários. Isto porque os salários e os benefícios são itens de custo de uma empresa, e o lucro é resultante das receitas totais subtraídas dos custos totais. É verdade que existe a hipótese de um aumento salarial gerar maior motivação dos trabalhadores, um aumento da produtividade e, em última instância, uma elevação dos lucros. Todavia, as coisas não se passam de forma tão simples assim. As manifestações de trabalhadores e as greves trabalhistas revelam que a equação que envolve aumento do lucro e maiores salários não fecha facilmente.

As divergências de objetivos não se expressam apenas no conflito entre os interesses econômicos dos proprietários e aqueles dos trabalhadores. Há outros exemplos de objetivos dificilmente conciliáveis. Acionistas majoritários podem ter maior propensão ao risco do que os minoritários. Os primeiros provavelmente têm outros investimentos, e a perda em um dos negócios pode ser minimizada com ganhos nos demais. Para os últimos, uma escolha malsucedida pode representar a perda do patrimônio. Gerentes de distintas unidades de negócio ou diferentes departamentos de uma empresa podem ter o mesmo objetivo: aumentar o orçamento da sua área, que passa, então, a ser conflitante, já que os recursos financeiros da empresa não são inelásticos, devendo ser alocados conforme critérios a serem definidos e, portanto, disputados. Vejamos, ainda, outro exemplo de objetivos divergentes. Para manter um maior controle sobre o funcionamento da empresa, a alta direção pode querer centralizar as decisões, ao passo que os gerentes das filiais desejam maior autonomia para a realização das suas atividades. Enfim, atores diferentes, objetivos distintos. E esses atores acionam os recursos de que dispõem para tentar alcançar os seus objetivos. Mas que tipos de recursos eles podem mobilizar?

Atenção!

A palavra "objetivo" não possui, nesse modelo, o mesmo significado que possui no vocabulário tradicional da Administração. Nesse campo, é geralmente associado a uma prática gerencial conhecida como Administração por Objetivos (APO), segundo a qual o desempenho de um profissional deve ser avaliado com base em um conjunto de metas que lhe foram atribuídas. Não é disso que se trata aqui. No modelo proposto, o que se busca é mapear o que mobiliza atores a entrarem e permanecerem no jogo organizacional. Por vezes, esses objetivos são claros, fáceis de perceber. Outras vezes são encobertos, não estando abertamente colocados. Por exemplo: uma pessoa que não tem pretensões de construir uma carreira na empresa, estando no emprego apenas "de passagem", enquanto procura uma melhor inserção no mercado de trabalho, provavelmente não revelará aos seus superiores seu objetivo de sair da organização assim que surja uma oportunidade mais esperada. Ela guardará esse segredo, contando somente aos amigos e/ou alguns colegas mais próximos.

Os recursos acionados pelos atores

Antes de responder à questão "Mas que tipos de recursos eles podem mobilizar?", é necessário explicar o que se entende por recursos. Comecemos com uma conceituação. Podemos definir recurso como tudo sobre o que o ator exerce controle e que é suscetível de se tornar um objeto de interesse para os demais jogadores (Crozier e Friedberg, 2014; Friedberg, 1997). O ator pode, então, acionar esses recursos, utilizá-los nas suas relações com os outros para impor seu ponto de vista, para alcançar seus propósitos, seus objetivos. Os recursos são como "fichas" que cada ator possui para fazer suas apostas no jogo organizacional. Quem tem mais cacife pode fazer jogadas mais arriscadas. Todavia, vale lembrar que quem não tem muito a perder pode se lançar em jogadas "suicidas".

Os recursos mobilizados pelos atores podem ser classificados como materiais, sociais e simbólicos (Dupuis, 2015). Os recursos materiais correspondem a dinheiro, bens e propriedades. Os sociais são constituídos pelas redes de relações, contatos com pessoas ou organizações importantes. Já os simbólicos dizem respeito a competências, conhecimentos, informações. Esses recursos estão distribuídos desigualmente na sociedade, e, consequentemente, dentro da empresa também estão diferenciadamente alocados entre os atores.

Os proprietários, sobretudo os acionistas majoritários, dispõem, em geral, de um maior e mais rico arsenal de recursos. Eles possuem o capital, são os donos da empresa e talvez das suas instalações; contam com uma rede de relações que engloba a classe empresarial e normalmente um acesso privilegiado aos organismos governamentais; têm um acesso privilegiado à informação etc. Quando os principais dirigentes são também os proprietários, como é o caso nas pequenas e médias empresas, eles desfrutam sensivelmente dos mesmos recursos que os primeiros. Já nas grandes empresas, só alguns dirigentes estão nesta situação. São aqueles mais estreitamente ligados aos proprietários e/ou que possuem maior prestígio em função do conhecimento especializado de que dispõem, dos resultados financeiros que trazem para a empresa, da gestão de informações sigilosas sobre questões financeiras ou jurídicas, do contato com parceiros externos, como clientes, instituições de financiamento, órgãos públicos etc.

Os trabalhadores possuem bem menos recursos disponíveis, mas há diferenças entre eles. Os trabalhadores mais qualificados e/ou os que, em função dos departamentos nos quais atuam, possuem acesso a informações confidenciais sobre a empresa têm mais recursos a mobilizar do que aqueles não especializados, que podem ser facilmente substituíveis. Em razão da escassez de recursos, numerosas categorias de trabalhadores procuraram se agrupar. O reconhecimento formal dos sindicatos e o enquadramento jurídico da prática sindical são trunfos que permitem aos empregados negociar com os empregadores de maneira menos assimétrica. Um sindicato forte permite que os trabalhadores exercitem mais plenamente o direito de negociar acordos coletivos de trabalho ou de fazer greve em caso de impasse nas negociações. Assim, ele é um recurso social importante que os trabalhadores podem mobilizar.

Mas os trabalhadores podem acionar também outros recursos. Vejamos um exemplo extraído da Varig, a primeira e uma das mais importantes companhias aéreas da história da aviação no Brasil, que terminou decretando falência. Por ocasião dos debates em torno da sua crise financeira, travados na primeira década deste século, temendo a perda dos empregos os funcionários pressionaram o poder público

Empresa como cenário de diversidade.

para que empreendesse uma intervenção na empresa a fim de saneá-la. Com o propósito de fortalecer essa pressão sobre o Governo Federal, eles realizaram uma passeata no Rio de Janeiro com participação de diversos artistas. A classe artística representou, nessa oportunidade, um importante recurso social e simbólico utilizado pelos funcionários da Varig. Social, pois os funcionários conseguiam acessar os artistas pela via das suas redes de contato. Simbólico, porque a classe artística, dado seu *glamour*, possui muita visibilidade na sociedade contemporânea, podendo, assim, amplificar as demandas dos funcionários da companhia.

Portanto, os recursos são mobilizados porque ajudam os atores a alcançar seus objetivos. Mas, para isso, eles estabelecem relações com outros agentes da dinâmica interna da empresa. E adotam estratégias nessa movimentação.

As estratégias de ação adotadas pelos atores

As posições particulares dos atores na cena organizacional e o acesso maior ou menor aos recursos informam as estratégias de ação que irão adotar nas relações que estabelecem com os outros agentes visando alcançar seus objetivos. Algumas vias de ação serão possíveis ou mais adequadas, outras mais difíceis ou inadequadas. Por estratégia de ação entende-se a escolha de uma ação específica dentro de um conjunto de ações disponíveis para interagir com os outros na empresa.

As estratégias de ação que os atores podem adotar nas interações que estabelecem uns com os outros no jogo organizacional podem ser classificadas como: defensivas, que visam preservar uma posição já conquistada; e ofensivas, que se dirigem à ampliação do espaço de influência (Crozier e Friedberg, 2014; Friedberg, 1997). Também podem ser subdivididas em: colaboração, afrontamento e negociação (Dupuis, 2015). Elas representam modalidades de interação orientadas predominantemente para o entendimento, ou para o conflito.

A colaboração não deve ser entendida como algo "natural". Essa ideia representa o discurso oficial de muitos líderes organizacionais, que afirmam ser a empresa uma "grande família", na qual todos colaboram para o alcance de um objetivo comum. Todavia, nem sempre todos colaboram o tempo todo nem mesmo na família. Isto Lineu, Nenê, Bebel, Tuco e Agostinho já nos mostraram com grande dose de humor num programa de televisão justamente intitulado *A Grande Família*. Assim, a colaboração deve ser encarada como uma escolha dos atores. Vejamos um exemplo: para conseguir um aumento salarial, o balconista de uma pequena empresa do setor comercial pode adotar a estratégia de "suar a camisa",

> **Atenção!**
>
> É importante destacar que, tal como alertado quanto ao vocábulo "objetivo", a palavra "estratégia", neste modelo, não tem a mesma conotação que possui classicamente no campo da Administração. Neste ela está comumente associada a Planejamento Estratégico, Administração Estratégica, Estratégia Empresarial, Estratégia Competitiva, significando as ações adotadas pela empresa que visam garantir um bom posicionamento no seu ambiente de negócios e criam vantagens em relação aos concorrentes. A palavra "estratégia" assume esta conotação quando pensamos a empresa como um ator da dinâmica concorrencial. No modelo de análise sociológica da dinâmica interna da empresa aqui proposto, a palavra ganha outro significado. Esse modelo visa dar conta do complexo jogo entre os atores que compõem a cena interna da empresa. Esses atores, como afirmado no início deste capítulo, possuem sempre uma margem de manobra. Esta margem expressa-se na possibilidade de adotar diferentes estratégias de ação para alcançar os seus objetivos.

"mostrar serviço", esperando que seu esforço seja reconhecido pelos proprietários que, então, lhe concederiam o aumento. Eis uma situação que revela a escolha da colaboração como uma decisão deliberada do trabalhador.

Já a estratégia de afrontamento caracteriza-se pela postura de hostilidade que se exibe abertamente entre certos indivíduos, certos grupos, ou indivíduos e grupos. A depender da intensidade dessa hostilidade, teremos situações mais ou menos graves, tais como espionagem, sabotagem, demissão, greve, fechamento da empresa. Uma situação hipotética pode ajudar a entender melhor essa estratégia. Suponhamos que o balconista da pequena empresa do setor comercial do exemplo dado optou pela estratégia de colaboração para conseguir um aumento salarial em razão dos poucos recursos que tinha disponíveis. Isto porque é um trabalhador com poucas qualificações e foi contratado recentemente pela empresa. Portanto, pode ser facilmente substituído. A escolha da estratégia de colaboração justifica-va-se também em razão do seu objetivo maior no momento: manter o emprego. Ele vinha há dois anos sem ocupação na economia formal, vivendo de pequenos biscates e da ajuda dos pais da esposa, que ademais estava grávida. Porém, nessa mesma PME, outros funcionários, entre balconistas, estoquistas e caixas, estavam dispostos a fazer uma paralisação para arrancar do proprietário, que lhes parecia irredutível, um aumento salarial. Eles tinham dez anos de casa, consequentemente um saldo não negligenciável no Fundo de Garantia do Tempo de Serviço (FGTS), e estavam unidos e decididos a lutar até o fim. Caso o proprietário demitisse todos de uma vez, o pagamento da multa de 50% sobre o saldo do FGTS poderia significar problemas de encaixe financeiro para a empresa, afinal não se tratava de uma grande empresa e, sendo assim, não deveria ter muita folga no seu capital de giro. Esses trabalhadores viam a paralisação, uma estratégia de afrontamento, como algo não apenas viável, mas também mais adequado para a situação, em razão da insensibilidade do proprietário à demanda que colocavam.

Vê-se, assim, que a escolha da estratégia de ação a ser adotada por um ator dependerá dos seus objetivos, dos recursos que é capaz de mobilizar e dos movimentos dos demais atores. Neste sentido, vale ressaltar também que o mesmo ator pode adotar diferentes estratégias no decorrer do jogo em razão das consequências da sua escolha na ação dos demais jogadores. Assim, no caso hipotético aqui descrito, os trabalhadores que iniciaram uma paralisação podem recuar após a abertura do proprietário para negociar o aumento salarial e passar a adotar a estratégia de ne-

Empresa como cenário de reivindicações.

gociação. Trata-se de um curso de ação intermediário em que se aceita colaborar, mas com a condição de barganhar os aspectos da colaboração para que esta não se faça a qualquer preço. Tomemos aqui um exemplo muito comum nas relações trabalhistas recentes no setor automotivo. Em razão de reduções nas vendas de automóveis, muitas montadoras negociam com os trabalhadores a adoção de férias coletivas, por meio das quais eles param de trabalhar por um período, sem deixar de receber salário, mas admitindo uma redução nos valores pagos. Busca-se, assim, evitar demissões. Acordos deste tipo já foram firmados contando com a participação dos sindicatos e de representantes governamentais nas negociações.

Em síntese, são variadas as estratégias de ação utilizadas pelos atores para interagir com os demais membros da organização visando alcançar seus objetivos. Essas estratégias são utilizadas em situações concretas que envolvem desafios e disputas entre eles.

Desafios e disputas entre os atores

Se os diferentes atores da cena organizacional não possuem os mesmos objetivos, conforme apontado anteriormente; se os seus interesses são, por vezes, conflitantes, difíceis de conciliar, tal como também foi ressaltado; então é de esperar que, na busca por alcançar os seus propósitos, os atores se lancem à disputa. É essa a ideia contida nos desafios entre os atores. Eles podem ganhar ou perder nas interações que estabelecem com os outros, em particular em relação às estratégias que utilizam inicialmente. São três os principais tipos de desafios que envolvem os atores organizacionais: econômicos, políticos e simbólicos (Dupuis, 2015).

Os desafios econômicos são aqueles em que se busca orientar as estratégias de ação com vistas a conseguir consequências positivas no plano financeiro. Os proprietários procuram obter os maiores lucros possíveis, optando, segundo as empresas e os contextos socioeconômicos, seja por uma política salarial generosa, seja por uma redução dos custos com mão de obra. Os empregados, por seu turno, querem os melhores salários possíveis, colaborando com os dirigentes ou entrando em conflito com eles para alcançar seus interesses. Maiores lucros *versus* melhores salários, eis o exemplo de uma disputa que visa ganhos financeiros. Outra situação que caracteriza um desafio econômico é a disputa entre gerentes de diferentes departamentos, unidades de negócio ou filiais de uma empresa pela fatia do orçamento alocada para suas áreas.

Desafios políticos são os que se passam quando o que está em jogo é a intenção de exercer ou o medo de perder poder, controle ou autonomia na empresa. Imaginemos a seguinte situação: o gerente de uma agência bancária responsável pelo segmento Pessoa Jurídica pode tomar decisões quanto a conceder ou não empréstimo a um dado cliente, desde que o valor desse empréstimo não exceda o estipulado pelo banco. No caso de montantes acima desse teto, a proposta deve ser encaminhada via sistema à Diretoria de Crédito, para que esta proceda a uma análise mais criteriosa. Esse gerente pode entrar em um desafio político em face da diretoria visando ampliar seu espaço de decisão. Ele considera que conhece bem os empresários que atuam na sua região e deseja mais autonomia para desenvolver o seu trabalho. Maior controle da rede bancária por parte da Diretoria de Crédito *versus* maior poder sobre as operações da agência por parte do gerente. Eis o exemplo de disputa que não visa, ao menos diretamente, ganho no plano financeiro, visto que o salário do gerente não vai necessariamente aumentar se ele tiver maior autonomia. Controle *versus* autonomia é uma expressão clássica de desafio político.

Divisão de recursos

Os recursos financeiros de que dispõe a direção da empresa não são inelásticos. Haverá, portanto, uma disputa para saber quem fica com qual fatia do bolo.

Finalmente, os desafios simbólicos dizem respeito a situações em que ocorrem disputas por prestígio, status, valorização na empresa. Consideremos também aqui uma possível situação. Uma multinacional brasileira publica mensalmente uma revista contendo matérias que tratam das suas operações em diferentes países e nas distintas áreas de negócios. Suponhamos que a revista seja distribuída para todas as unidades da empresa, bem como para fornecedores e clientes, que, neste caso, são outras empresas. Será provável que ocorram disputas entre os gerentes ou diretores dessa empresa para verem os projetos que lideram contemplados nas matérias veiculadas na revista, preferencialmente com reportagens de capa. Para quem conseguir esse espaço, isso significará maior visibilidade, maior prestígio, mais status no jogo organizacional. Eles, então, buscarão mobilizar seus recursos, o acesso privilegiado ao editor da revista ou ao diretor de comunicação, visando alcançar o seu objetivo.

Em poucas palavras: atores distintos, guiados por diferentes objetivos e capazes de mobilizar determinados recursos certamente entrarão em choque. É este o sentido dos desafios econômicos, políticos e simbólicos que caracterizam a realidade organizacional. E, no intuito de resolvê-los, para evitar que as empresas percam completamente a coesão social, um sistema de regulação deverá ser construído.

Regras e regulações coletivas na empresa

Dada toda essa complexidade que representa a dinâmica interna da empresa, regras e regulações coletivas são indispensáveis ao seu funcionamento. Mas a que estamos nos referindo quando falamos em regras e regulações coletivas? As contribuições de Dupuis (2015) e Reynaud (1989) são importantes para responder a esta indagação. Tomando estes autores como referência, no modelo de análise sociológica aqui apresentado, regras são entendidas como dispositivos formais, como as leis; ou informais, como os códigos culturais, que regem as relações cotidianas, a vida em sociedade. No caso da dinâmica organizacional, as regras, sejam formais ou informais, delimitam o jogo entre os atores. Todavia, como são o resultado das relações de força entre os atores, elas estão em contínuo processo de produção. Denomina-se regulação esse movimento de criação, transformação ou mesmo supressão de regras que funcionam como um sistema regulador da ação coletiva.

São três os tipos de regulação em funcionamento nas empresas. A regulação de controle ou formal é aquela composta por regras colocadas em funcionamento pelos proprietários, diretores, gerentes ou supervisores para dirigir e fiscalizar a execução do trabalho pelos empregados. Essas regras estão assentadas em uma estrutura hierárquica que define os graus de responsabilidade e a autonomia de decisão. Como exemplos de regulação de controle podemos citar a necessidade de bater o ponto na entrada e na saída do expediente em algumas empre-

Forma mais tradicional de controle: cartão de ponto.

sas, a exigência de nível superior ou de pós-graduação para a progressão na carreira em outras, ou mesmo a obrigatoriedade de apresentar atestado médico no caso de ausência justificada por problemas de saúde em uma terceira. Trata-se de regras que são impostas, não cabendo nenhum questionamento do trabalhador.

Porém, as empresas não conseguem disciplinar a totalidade da dinâmica social que se passa em seu interior. Conforme afirmado no início deste capítulo, há sempre uma margem de liberdade que resta aos indivíduos. Assim, existe também em funcionamento nas empresas uma regulação autônoma ou informal, composta por regras de comportamento que os executantes, para tornar seu trabalho mais agradável, mais aceitável e/ou mais eficaz, elaboram progressivamente por meio de experiências compartilhadas. Trata-se de regras autoatribuídas pelos próprios agentes, sem que os dirigentes tenham feito qualquer exigência a respeito.

Vejamos um exemplo de regulação autônoma. Sabemos que muitos profissionais de saúde, especialmente aqueles que atuam em hospitais, experimentam uma grande proximidade com a morte. No caso de algumas doenças, os índices de recuperação de pacientes são inferiores às taxas de óbito. Para lidar com a ansiedade que representa esse contato cotidiano com a morte, é comum que esses profissionais evitem se envolver emocionalmente com os pacientes, guardando certa distância. Muitas vezes, procuram mesmo despersonalizar a relação, passando a denominar os pacientes pelo nome da doença ou pelo número do quarto. Ademais, estabelecem um limite no contato com a família, elegendo um representante, para quem traduzem o boletim médico. Nem sempre se trata de regras impostas pelos proprietários ou pelos dirigentes do hospital, mas de uma conduta assumida pelos profissionais da área como forma de criar uma barreira de proteção em face da dolorosa experiência existencial que o contato com a morte representa.

Podemos citar, ainda, outro exemplo de regulação autônoma. É comum que colegas de trabalho que atuam no mesmo setor de uma empresa criem regras próprias para comemorar os aniversários dos funcionários da área. Muitas vezes, essas regras incluem o rateio dos vales-refeição de todos os colegas para que possam comprar um bolo para festejar com o aniversariante. Trata-se de uma prática criada de forma espontânea.

Finalmente, a regulação conjunta diz respeito ao arranjo institucional resultante da negociação das regras da empresa entre os grupos de empregados e os proprietários ou dirigentes. Vejamos um exemplo bem característico. Em muitas empresas da indústria de alimentos, mais especificamente fabricantes de chocolates e doces, os dirigentes negociam com os trabalhadores a flexibilização da jornada de trabalho por meio da criação de um banco de horas. Dessa forma, eles saem mais cedo nos períodos em que ocorre uma queda na produção, mas compensam quando há um aquecimento da demanda, sobretudo nos momentos que antecedem datas comemorativas, como Páscoa, Natal e Dia dos Namorados. Esse tipo de arranjo é comum também na indústria têxtil, com o ritmo de trabalho intensificando-se nos meses que antecedem a entrada das estações do ano. Trata-se de uma regra colocada em funcionamento mediante acordo entre proprietários ou dirigentes e trabalhadores. Outro exemplo da mesma natureza pode ser encontrado no acordo relativo à flexibilização dos horários de entrada e saída da empresa, demandado pelos trabalhadores com o intuito de tornar fácil a compatibilização dos compromissos profissionais com os pessoais, como pegar os filhos na escola.

Por tudo o que foi afirmado anteriormente, fica evidente que a dinâmica interna da empresa não é marcada apenas pela lógica produtiva. As relações sociais estão presentes e atravessam o processo produtivo. Os indivíduos que fazem parte das organizações não são robôs que executam mecanicamente as tarefas. Eles são atores dotados de relativa autonomia e estabelecem relações de colaboração e de conflito. Ademais, eles passam boa parte das suas vidas no ambiente de trabalho, o que consequentemente contribui para lhes conferir uma identidade, a sensação de pertencimento a uma coletividade. Isso nos leva às duas últimas dimensões do modelo de análise sociológica da dinâmica interna da empresa proposto neste capítulo.

As identidades de grupos e a identidade da empresa

Os grupos de trabalhadores que atuam cotidianamente juntos, compartilham o mesmo espaço, são responsáveis pela mesma tarefa, têm a mesma formação profissional, ou vivem a mesma situação, terminam adquirindo uma identidade de grupo fundada em valores, símbolos e histórias próprias (Sainsaulieu, 1987 e 2014; Dupuis, 2015). Trata-se do sentimento de pertencimento a uma coletividade. São os profissionais de marketing, de recursos humanos ou de finanças em uma empresa industrial. As enfermeiras, fisioterapeutas ou nutricionistas em um hospital. A equipe da matriz e o pessoal das agências em uma companhia do setor bancário. Essas comunidades profissionais são portadoras de visões de mundo específicas, vocabulários próprios, objetos que os distinguem, como a máquina HP12C do executivo de finanças ou o estetoscópio dos médicos. Assim, o treinamento de pessoal pode ser visto pelo executivo financeiro como um custo, ao passo que representa um investimento para o gerente de RH. Isto porque esses profissionais enxergam a realidade empresarial por pontos de vista distintos. Esse é o núcleo central de uma piada sobre o mundo empresarial. Segundo essa anedota, à pergunta "Quanto é dois mais dois?", diferentes profissionais darão respostas distintas. O matemático responderá de pronto: "Quatro". O contador fará uma nova indagação: "Você quer para mais ou para menos?". O advogado, por seu turno, sentenciará: "Assine qualquer coisa; depois eu o defendo".

E as identidades coletivas construídas pelos indivíduos nas organizações podem estar baseadas em outros elementos. Os gerentes e os funcionários da agência de Manaus, de Salvador, de Goiânia ou de Blumenau de um banco público ou privado possuem identidades culturais próprias que certamente influenciam suas práticas no trabalho. A empresa é, portanto, um lugar fortemente marcado por identidades de grupo mais ou menos afirmadas. Mas, vale ressaltar que essas identidades são situacionais; referem-se a contextos específicos. Por exemplo: os membros da agência de Salvador, referida acima, possuem uma mesma identidade quando vistos em relação aos representantes da agência de Blumenau. Já, quando observados no interior da própria cidade de Salvador, diferenciam-se em função da classe social, da raça-etnia, do gênero. Esse ponto será explorado mais detidamente no capítulo sobre diversidade nas organizações. O que é importante reter nesse momento, é que as relações sociais em jogo nas empresas são atravessadas por uma multiplicidade de identidades de grupo.

Finalmente, uma breve referência à identidade da empresa. Esta questão também será tratada em um capítulo específico, para que se possa dar conta da sua complexidade. Por ora, é necessário ressaltar que a identidade da empresa é resultante, por exemplo, da interação entre os diversos atores que a compõem, com suas identificações de grupo próprias. Consequentemente, será difícil encontrarmos em uma empresa um consenso absoluto entre os atores. Ou seja, os proprietários, os dirigentes e os trabalhadores não concordam inteiramente nem o tempo todo com as políticas e as decisões da empresa. Da perspectiva sociológica, portanto, a identidade da empresa é marcada por conflitos de interpretação, e não apenas por consensos ou mesmo por acordos.

As identidades empresariais, apesar das suas especificidades, podem ser classificadas em três grandes tipos: integração cultural, confrontação cultural e desintegração cultural (Dupuis, 2015). A integração cultural se dá quando ocorre uma articulação bem-sucedida de todos os atores e grupos. Já a confrontação cultural acontece quando existe uma ausência de adesão dos diferentes grupos a um projeto comum. A desintegração cultural, por sua vez, representa o desmoronamento de uma integração que existia anteriormente.

Vejamos um caso típico de confrontação cultural. Embora tenha sobrevivido por nove anos, a Autolatina, uma associação estabelecida entre a Volkswagen e a Ford, quase não existiu para seus funcionários. Até ser extinta, há mais de 20 anos, no começo de 1995, seus empregados ainda se identificavam como "da Ford" ou "da Volks". A própria direção da Autolatina criou as condições para a construção dessa distinção. O pessoal da Volks dominou as áreas de tecnologia e produção. A Ford assumiu o controle dos setores comercial e financeiro. Essa departamentalização dificultou a criação de uma identidade coletiva, o sentimento de pertencimento a uma coletividade comum.

Mas se a confrontação cultural é uma realidade, não se pode negar a possibilidade de uma organização construir uma integração cultural. Apesar das identidades de grupo marcadas nos distintos cursos que oferece, é comum em uma universidade que seus estudantes se sintam parte de um todo maior. De maneira geral, os alunos de Direito, de Administração ou de Engenharia são muito diferentes

Outros exemplos de confrontação cultural

Situação semelhante pode ser encontrada logo após processos de fusão ou aquisição de empresas. Os funcionários do Banespa não se sentiram pertencentes ao banco Santander em seguida à aquisição do primeiro pelo segundo. O processo de incorporação, que foi doloroso e envolveu demissões e custo humano elevado, não apagou de imediato a identidade de banespianos que os funcionários do banco adquirido possuíam. Tratou-se do caso de um encontro entre um banco espanhol e um brasileiro, paulista; entre um banco privado e um público, cujos membros possuíam diferentes formas de pensar, de sentir e de agir (ver Gussi, 2017). Segundo relatos que ouvimos de alunos, ou comentários que escutamos por ocasião de nossos trânsitos de pesquisa no mundo empresarial, o mesmo aconteceu com a compra do ABN Real, um banco conhecido no mercado brasileiro pela sua cultura assentada em valores relacionados à sustentabilidade, pelo mesmo Santander, considerado portador de uma gestão mais agressiva.

no que se refere à visão de mundo, ou mesmo no jeito de se vestir, dos alunos de Sociologia, de Jornalismo, ou de Teatro. No entanto, é possível que, tanto durante o curso quanto após a formatura, todos eles se sintam pertencentes a uma mesma coletividade. Ao voltarem à universidade por alguma razão sentirão que estão voltando para casa!

Como uma consequência lógica dos tipos anteriores temos a desintegração cultural. Ela estaria presente nos casos em que uma integração inicial se desfez, tendo a organização se fraturado, dando origem a novas entidades ou simplesmente desaparecido. Um exemplo pode ser encontrado no campo das organizações da sociedade civil. Muitas ONGs são criadas como resultado de fissuras em associações anteriores cujas lideranças não mais compartilham as mesmas visões, os mesmos valores, os mesmos ideais.

Síntese e limites do modelo proposto

Que síntese podemos fazer de tudo o que foi exposto neste capítulo? Em primeiro lugar, cabe ressaltar que a abordagem sociológica nos mostra que a empresa não é apenas um sistema técnico, formado por máquinas e equipamentos. Ela é uma realidade social complexa. Os diferentes atores que a compõem possuem distintos objetivos, mobilizam os recursos que dispõem e utilizam variadas estratégias de ação em suas interações e nos desafios econômicos, políticos e simbólicos nos quais se envolvem. Além disso, mais do que um espaço de trabalho, a empresa é um lugar de vida. Os indivíduos que dela fazem parte procuram dar sentido a suas experiências. Eles constroem significados sobre a realidade organizacional e estabelecem laços de colaboração e conflito, assim como desenvolvem um maior ou menor envolvimento com a empresa.

Desenvolver habilidades e competências que permitam uma compreensão dessa dinâmica social é fundamental para que o gestor possa intervir de forma mais qualificada nessa complexa realidade. Sua prática gerencial será tanto mais responsável quanto maior for a sua capacidade de considerar o alcance e as consequências dos seus atos para todos os atores em jogo na cena organizacional.

Modelo de análise sociológica da dinâmica interna da empresa

Questões para discussão

1. Qual é o ponto de partida do modelo de análise sociológica da dinâmica interna da empresa apresentado no capítulo?
2. Quem são os atores centrais da dinâmica interna da empresa e em que aspectos eles podem se diferenciar?
3. Defina os tipos de recursos que os atores podem mobilizar para alcançar seus objetivos e dê exemplos de cada um deles.
4. Explique, recorrendo a situações concretas da realidade organizacional, as principais estratégias de ação que os atores podem colocar em prática nas suas interações.
5. Quais são os principais fatores que levam determinado ator a adotar uma dada estratégia de relação?
6. Conceitue regras e regulação no modelo apresentado e dê exemplos de cada um dos tipos de regulação que podem existir na dinâmica organizacional.
7. O que são identidades de grupo e quais as principais classificações apresentadas no capítulo quanto à identidade da empresa?

Dicas de filmes

Wall Street – poder e cobiça (EUA, 1987). Dir.: Oliver Stone.
Spotlight: segredos revelados (EUA, 2015). Dir.: Thomas McCarthy.
A grande virada (EUA, Reino Unido, 2010). Dir.: John Wells.
O que você faria? (Espanha, Itália, Argentina, 2005). Dir.: Marcelo Pineyro.
Obrigado por fumar (EUA, 2005). Dir.: Jason Reitman.

Referências bibliográficas

BERNOUX, Philippe. *La sociologie des organisations*. Paris: Seuil, 2014.
CROZIER, Michel; FRIEDBERG, Erhard. *L'acteur et le système*. Paris: Seuil, 2014.
DUPUIS, Jean-Pierre. Une approche sociologique de la dynamique interne de l'entreprise. In: ARCAND, Sébastien et al. (dir.). *Sociologie de l'entreprise*. Montréal: Chenelière Education, 2015.
FRIEDBERG, Erhard. *Le pouvoir et la règle*. Paris: Seuil, 1997.
GEERTZ, Clifford. Mistura de gêneros: a reconfiguração do pensamento social. In: *Saber local*: novos ensaios em antropologia interpretativa. Petrópolis: Vozes, 2013.
GUSSI, Alcides. *Vidas narradas:* bancários em tempo de privatização. Curitiba: CRV, 2017.
MORGAN, Gareth. *Imagens da organização*. São Paulo: Atlas, 2013.
REYNAUD, Jean-Daniel. *Les régles du jeu*: l'action collective et la régulation sociale. Paris: Armand Colin, 1989.
ROLLI, Claudia; MIOTO, Ricardo. Funcionários da Nissan dos EUA fazem protesto no Salão do Automóvel. *Folha de S.Paulo*, São Paulo, 31 out. 2014. Disponível em: <http://www1.folha.uol.com.br/mercado/2014/10/1541497-funcionarios-da-nissan-dos-eua-fazem-protesto-no-salao-do-automovel.shtml>. Acesso em: 26 out. 2017.
SAINSAULIEU, Renaud. *Socilogie de l'organisation et de l'entreprise*. Paris: Presses de la Fondation Nationale des Sciences Politiques et Dalloz, 1987.
_____. *L'identité au travail*. Paris: Presse de Sciences Po, 2014.

Palavras-chave:
Dinâmica organizacional. Atores. Recursos. Estratégias de relação.

ESTUDO DE CASO

RELAÇÕES DE TRABALHO NA HIGIENEX[1]

Higienex é uma fábrica localizada no interior do estado de São Paulo que pertence a um Grupo Empresarial anglo-holandês com destacada participação na área química. Ela fabrica produtos de uso pessoal, e suas linhas de produção recebem as seguintes denominações: Deo (desodorantes), Hair (xampus), Oral Care (creme dental) e Skin (hidratantes). Os trabalhadores da Higienex são hierarquizados nas seguintes categorias: horistas, os que recebem por hora (área produtiva); mensalistas, os que recebem por mês (área administrativa); e gerentes.

A partir de 1994, respaldados por uma empresa de consultoria inglesa, os dirigentes da Higienex realizaram mudanças no sistema de gestão da produção, que passou a ser denominado "modelo por processo". O novo sistema desloca o foco, que anteriormente estava centrado na produção, para o consumidor. Tal mudança, que pretendia atingir as metas de produtividade e qualidade, maximizando os lucros, resultou em uma série de implicações sobre o cotidiano dos trabalhadores. A reestruturação empreendida pelos dirigentes não se deu apenas com a implantação de novas tecnologias, que já estavam sendo implantadas desde o final da década de 1980, mas, principalmente, pela implementação de um novo modelo de organização do trabalho. Muitas empresas, no Brasil como em vários outros países, também estavam passando por reestruturações produtivas que tinham por finalidade fabricar produtos com menor custo e maior qualidade. A Higienex não poderia ficar fora dessa tendência.

Foram implantados programas de qualidade e de Total Perfeição da Manufatura (TPM), além de grupos semiautônomos[2] e técnicas para evitar perdas e quebra das máquinas. Tais programas e técnicas visavam uma melhoria na produtividade que tornasse a Higienex mais competitiva no mercado, uma vez que a base da competi-

---

[1] Caso elaborado por meio de reescrita com base em um artigo no qual Cátia Muniz, doutora em Ciências Sociais pela Unicamp, descreve a experiência real de uma fábrica situada no estado de São Paulo, cujo nome aqui apresentado é fictício. Ver: MUNIZ, Cátia. O impacto das mudanças do modelo de gestão nas relações de trabalho em uma empresa privada. Uma visão etnográfica. In: *Ideias*, ano 11, edição especial. Campinas, IFCH-UNICAMP, 2004. Agradecemos fortemente à autora pela disponibilização do artigo que serviu de inspiração para este caso.

[2] A organização do trabalho em grupos semiautônomos possui sua origem nas práticas adotadas pela Volvo, na Suécia. De acordo com esse modelo, os trabalhadores possuem certa autonomia para a realização das tarefas, assim como para a escolha dos integrantes do grupo de trabalho.

tividade no atual cenário de reestruturação produtiva está assentada na qualidade e na inovação.

Apesar de todo esse esforço, prevalecia na Higienex o comportamento informal, inclusive quando os trabalhadores lidavam com questões técnicas. Certo dia, por exemplo, houve uma auditoria de TPM, técnica utilizada para obter uma produção com um número nulo de perdas e melhor manutenção das máquinas, de forma a evitar sua quebra e consequentemente a parada na produção. Tal auditoria foi realizada por auditores japoneses do Japan Institute of Plant Maintenance com o intuito de observar como a empresa estava implantando as normas desta técnica. Nesse dia, os empregados da fábrica agiram de maneira muito diferente do que era habitual, principalmente os encarregados da produção, que estão ligados diretamente a essas normas. Os procedimentos se encaminharam para que tudo funcionasse exatamente como ditam as regras japonesas de implantação do sistema. Os trabalhadores passaram por um rígido controle: não podiam conversar, e as linhas estavam extremamente limpas, o que não ocorria diariamente. Alguns dias antes, funcionários ligados à Cipa (Comissão Interna de Prevenção de Acidentes) realizaram uma inspeção e encontraram várias irregularidades, tais como diversas tampas de produtos no chão, que poderiam vir a causar graves acidentes. Todavia, no dia da auditoria tudo se encontrava na mais perfeita ordem, pois era necessário levar os japoneses a acreditar que os procedimentos estavam de acordo com as normas. Apesar de não estarem no Japão, e muito menos ser japoneses, os trabalhadores tiveram que se comportar como tais, simulando uma disciplina rigorosa. Porém, no cotidiano de trabalho na fábrica as atividades estavam longe de ser realizadas precisamente como recomenda a TPM.

O intuito dos proprietários e dos dirigentes da Higienex foi alcançado, tendo a empresa conseguido a certificação. Além disso, altos índices de produtividade têm sido atingidos. No entanto, a direção não tem oferecido muitos benefícios aos trabalhadores em virtude do esforço empreendido para cumprir as metas estabelecidas. Por esse motivo, pouco tempo depois da auditoria, houve uma discussão entre os dirigentes da empresa e os representantes do sindicato da categoria sobre o acordo coletivo de aumento de salários. Como não chegaram a um consenso, com a concordância dos trabalhadores da fábrica o sindicato resolveu promover uma paralisação na área produtiva.

A paralisação foi de apenas um dia, com duração de uma hora, nas trocas dos turnos da manhã, da tarde e da noite. Segundo um dos representantes sindicais, que é também operário da Higienex, na parte da manhã o gerente da manufatura se recusou a liberar os operários que trabalharam no turno da noite enquanto os operários do turno da manhã não entrassem para trabalhar. Para ele, o gerente citado não pensou nos trabalhadores que haviam cumprido seus horários à noite, considerados bastante cansativos, e queriam ir embora descansar. A preocupação estava concentrada no prejuízo que a empresa teria com a parada das máquinas por uma hora. Foi necessária a intervenção do diretor de RH para que houvesse a liberação. Na troca do turno da tarde houve nova paralisação e nova ameaça do gerente de manufatura de não "liberar" os trabalhadores. Outra vez foi necessária a interferência do diretor de RH, que permitiu a saída dos operários. Esse episódio evidencia que os gestores da Higienex possuem diferentes visões sobre as condutas adequadas às situações que envolvem manifestações sindicais e paralisações do processo produtivo. Todavia, eles concordam que a parada prolongada da produção pode ter consequências negativas, dificultando o cumprimento das metas estabelecidas pelos proprietários e pela direção geral da fábrica. Por essa razão, as paralisações deveriam ser evitadas.

Com a sua liberação finalmente autorizada, os trabalhadores permaneceram nos portões da fábrica durante uma hora, junto com os sindicalistas, que lhes distribuíram panfletos a fim de colocá-los a par do conflito com a direção da empresa. Os folhetos afirmavam que os dirigentes da Higienex alegavam que a empresa estava "no vermelho", por isso não poderia conceder aumentos de salários. A excessiva reclamação dos trabalhadores quanto às condições de trabalho poderia levar os proprietários a fechar a unidade. Os dirigentes ameaçavam, apontando que, se o sindicato não aceitasse a proposta da Fiesp (Federação das Indústrias do Estado de São Paulo), não seriam concedidos aumentos, o que comprometeria a convenção coletiva. Ainda segundo os panfletos, os dirigentes da Higienex alegavam também que, em virtude de dificuldades financeiras, a empresa teria que reduzir o quadro de pessoal, demitindo alguns trabalhadores. Na visão dos representantes sindicais, no entanto, os proprietários e os dirigentes da Higienex estavam preocupados apenas com os lucros que teriam "à custa do suor dos trabalhadores". Porém, estes não suportavam mais trabalhar no ritmo intenso que era imposto. Por isso reivindicavam que parte dos lucros fosse reinvestido para garantir melhoria salarial e condições dignas de trabalho.

Em uma das reuniões entre dirigentes da Higienex e representantes do sindicato foi discutido o aumento do número de coordenadores na produção, fato que teve interpretações diferenciadas. Para os dirigentes, esse aumento iria melhorar o relacionamento entre trabalhadores e coordenadores, pois estes poderiam dividir o trabalho com os novos colegas, conseguindo, assim, mais tempo para dar atenção aos problemas dos operários. Os representantes do sindicato, por sua vez, viram o aumento de coordenadores como uma forma de pressionar os trabalhadores a atingir um nível ainda maior de produtividade. Na reunião, um dos sindicalistas, que também trabalha na Higienex, afirmou que, no dia da paralisação, o gerente de manufatura mencionou que o aumento da produtividade se deveu à nova tecnologia implementada pela empresa, e não ao esforço da equipe.

A manifestação do sindicato na porta da fábrica foi descrita pelo diretor de RH como uma prova de que os trabalhadores da Higienex podem expressar suas insatisfações livremente. O diretor ressaltou, no entanto, que havia no corpo dirigente uma preocupação com um possível tumulto que poderia resultar da manifestação. Por isso, alguns gestores queriam que a polícia fosse comunicada. A decisão de não chegar ao extremo teria sido sua. Para ele, o sindicato tinha apenas a intenção de conversar com os trabalhadores sobre as negociações com a empresa, que haviam chegado num impasse. Ele afirmou respeitar que os trabalhadores lutem por aquilo que consideram um direito. Entretanto, ressaltou que se a luta prejudicar a organização é necessário estabelecer um limite. "Não será tolerado nenhum tipo de abuso", disse. Com abuso quis dizer paradas muito prolongadas da produção, que trariam prejuízos aos proprietários. Finalmente, enfatizou em seu relato que, agindo diferentemente do que se vê em outras organizações, cuja direção em situações semelhantes recorre a autoridades locais, os gestores da Higienex caracterizavam-se por uma postura mais moderada, lançando mão desse expediente apenas na ocorrência de algum tumulto.

Toda essa situação ocorreu no período em que os representantes dos sindicatos das Indústrias Químicas e Metalúrgicas realizavam negociações salariais com as lideranças empresariais do setor. Segundo informações passadas por esse diretor, as negociações estavam sendo feitas em conjunto por várias fábricas de produtos químicos do Estado de São Paulo, e na maioria das empresas de menor porte já se havia chegado a um desfecho, com a aceitação da proposta de aumento salarial. Contudo, nas organizações com um número maior de trabalhadores, como é o caso da Higienex, permanecia o impasse: os proprietários e dirigentes eram irredutíveis em sua proposta, que não era aceita pelo sindicato e pelos trabalhadores. Ainda segundo o diretor, o impasse estava se arrastando porque o sindicato da categoria na cidade procura "batalhar" mais pelos direitos dos trabalhadores, e os proprietários e dirigentes da Higienex respeitavam isso. Além do aumento de salários, o sindicato reivindicava melhorias nas condições de trabalho, algo que, de acordo com o referido diretor, não estava contemplado na pauta da negociação coletiva, sendo específico à Higienex. Por isso, do seu ponto de vista, deveria ser objeto de discussão posterior. Em sua opinião, se persistisse o impasse, o caso seria julgado pelo Tribunal Superior do Trabalho. Assim, aguardava os acontecimentos, dizendo respeitar os sindicalistas que atuavam nos portões da fábrica. No entanto, alertava que se a situação fugisse ao controle teriam que tomar providências, visando não apenas zelar pelo patrimônio da empresa, mas pelo direito de as pessoas trabalharem, produzirem.

No final da tarde daquele dia, os proprietários e dirigentes da Higienex apresentaram nova proposta, que foi aceita pelo sindicato e pelos trabalhadores da fábrica. Na negociação, as reivindicações dos representantes sindicais diziam respeito ao aumento salarial e à redução do ritmo intenso de trabalho. Conseguiram apenas um acordo em relação à primeira. Apesar de terem conhecimento de que os problemas dos trabalhadores envolvem as condições de trabalho, o sindicato só teve sucesso na pauta referente às perdas salariais. Mas não se pode esquecer que foi levantada a questão da intensificação do trabalho provocada pela automação do processo produtivo. Proprietários, dirigentes, trabalhadores e sindicato haviam selado um acordo de paz. Porém, os conflitos resultantes do novo modelo de organização do trabalho implementado na Higienex estavam longe de ter chegado ao fim.

Questões sobre o caso

1. Identifique os atores que participam desse jogo organizacional, seus objetivos, recursos e estratégias de relação.
2. Apresente exemplos de diferentes tipos de desafio e de regulação presentes nessa cena organizacional.
3. Na condição de gestor da Higienex, que medidas você adotaria para solucionar os conflitos presentes na situação descrita?

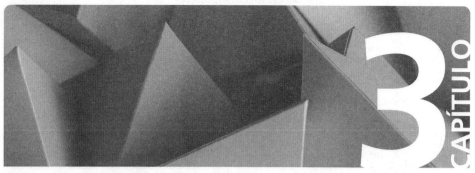

Para além do ator estratégico
Sujeito, trabalho e organizações

Objetivos do capítulo: Este capítulo vai além do modelo de análise da dinâmica interna da empresa apresentado no precedente. Ele parte do pressuposto de que existe uma assimetria de poder entre os indivíduos que participam do jogo organizacional. Com isso, alguns deles têm acesso a bem menos recursos e estão submetidos a situações de sofrimento no trabalho. De toda forma, podem refletir criticamente sobre as situações de subordinação que marcam suas experiências nas organizações, constituindo-se, assim, como sujeitos.

Relato 3: O jogo organizacional – um jogo assimétrico

1. "Lembro de uma vez que passei por um processo seletivo com um *headhunter*. Tudo aconteceu como costuma acontecer: foi feita uma abordagem muito discreta por telefone, para não melindrar a relação do profissional com a empresa na qual trabalhava, e, então, fui convidado para uma entrevista. Cheguei ao local indicado, e a recepcionista me recebeu muito bem. Aguardei alguns minutos e fui chamado à sala onde ficava o entrevistador. Logo que entrei percebi que alguma coisa não bateu. Senti pelo olhar, pela maneira de o cara me cumprimentar, sabe? Alguma coisa não lhe agradou e não podia ser meu currículo, que havia recebido previamente. Nele estavam registrados cargos importantes em grandes empresas, a maioria multinacionais. Estava bem-vestido, tinha saído direto da agência de publicidade onde era diretor financeiro e fui com

o terno que minha posição exigia. Meu carro na época era um Santana CD, e o Santana era "o Santana". Então, os sinais externos de riqueza ou de postura que porventura poderiam intervir estavam dentro do protocolo esperado. E eu tinha qualificações técnicas e experiência, senão ele não teria me chamado para a entrevista. O que o fez ficar com aquele semblante de decepção? Ora, o fator racial pesou. Se da parte dele ou da empresa que estava representando naquele instante e que definiu um perfil para a posição que excluía o negro eu não sei. Mas senti a decepção na sua face. E aí a entrevista não andou. Nesses casos, geralmente pedem para o candidato reservar uma ou duas horas na agenda, mas a entrevista não durou quinze minutos. Ele se limitou a perguntar coisas que estavam no currículo, e que, portanto, já sabia. Eu havia participado de outros processos semelhantes, e, normalmente, a pessoa te testa da seguinte forma: ela vai puxando conversa sobre determinados assuntos para avaliar seu raciocínio lógico, sua capacidade de argumentação, seu vocabulário, sua segurança, sua postura diante de um estranho. Então, pergunta sobre a economia, crise financeira, temas que estão na mídia, coisas que aparentemente não fazem parte da entrevista, como se fosse um preâmbulo, um simples bate-papo, mas, na verdade, você já está sendo avaliado ali. Depois é que se entra em questões mais técnicas da carreira e do cargo. Pois bem, nesse dia ele não fez essas preliminares. Foi direto para perguntas como: 'Há quanto tempo você trabalha nesta agência?', como se estivesse entrevistando um analista, sabe? Logo percebi que não ia dar certo, e eu tinha razão, porque a conversa terminou rapidamente."

2. "Naquela época o assédio sexual era muito comum. A lógica dos supervisores da linha de produção era a seguinte: 'ou você sai comigo, ou não recebe promoção!'. A maioria deles era branca, mas havia alguns negros. Eles gostavam das meninas brancas, então, felizmente isso não acontecia comigo. Mas, em consequência, me colocavam nos piores lugares, em setores em que havia mais problemas. Bom, quando a produção baixava, a matriz nos Estados Unidos ordenava que fossem feitas demissões. Então, num determinado momento, disseram que iam cortar não sei quantas pessoas da produção e recolheram os crachás dos funcionários para fazer a avaliação. Ao pegar a minha carteira de identificação,

um supervisor – Afonso era o nome dele, branco – disse o seguinte para um dos diretores: 'Pode cortar essa, porque isso daí é bagulho e além do mais é preta!'. E não aconteceu absolutamente nada com ele. Eu só não fui demitida porque outro supervisor, com quem tinha trabalhado e que me considerava uma boa funcionária, acabou me aproveitando. Mas ouvi esse supervisor falar isso e me abalou. [...] Perguntei a Vanda qual foi sua reação ao ouvir o comentário do supervisor que selecionava as pessoas pelo crachá. Simplesmente ela fingiu que não estava escutando. Indaguei, então, se ouvir calada foi a melhor maneira de agir naquela circunstância. 'Era a única saída possível. Naquela época, as empresas não prestavam atenção a essa história de racismo.' "

3. "'Certa vez', disse-me, 'esperava o elevador e, quando chegou no seu andar, estava lotado. Alguém gritou lá de dentro: 'O cipó das doze e meia passa ao lado'. E veio aquela gargalhada. Vê se tem cabimento uma coisa dessas num ambiente empresarial!'. A reação de Roberto se restringiu a um sorriso sem graça. Perguntei-lhe se considerava que essa 'técnica' era a única estratégia possível naquele momento. Ele respondeu: 'Era difícil! Eu tinha que arranjar uma forma de sobrevivência...'. Refiz, então, meu questionamento: 'Essa era a única estratégia a ser adotada quando você começou sua trajetória profissional? Gostaria de ter adotado outra? Era possível agir de outra forma naquele momento?'. Roberto me respondeu: 'Eu não parei para pensar se gostaria de ter agido de outra forma. O que posso te afirmar é o seguinte: certamente não era a única estratégia possível [...], foi como me adaptei mais facilmente. Escolhi um caminho mais fácil: levar na brincadeira, na gozação. Talvez pudesse ter encontrado outro caminho. Talvez. Não sei. Cada um se adapta de um jeito. Eu não ficava me matando por conta disso. Mas é complicada essa história. Falar disso é complicado'. Roberto vivia um drama perverso: levava as situações de racismo na gozação, aceitava o gozo do outro, ainda que este trouxesse sofrimento. Aquilo era mais que uma estratégia defensiva utilizada pelo ator que possui menos recursos num jogo organizacional. Era a tragédia de um sujeito submetido à sujeição."

Fonte: JAIME, Pedro. *Executivos negros*: racismo e diversidade no mundo empresarial. São Paulo: Edusp/Fapesp, 2016.

As três cenas antes descritas falam do racismo e do sexismo no mundo empresarial. Elas dizem respeito a um tema que será tratado em capítulo específico: Diversidade e organizações. Ao trazê-las aqui o objetivo foi mostrar que os indivíduos que participam do jogo organizacional não têm acesso aos mesmos recursos. Estes são distribuídos de forma assimétrica na sociedade e nas organizações. Em alguns casos, os indivíduos que possuem poucos recursos para lidar com a opressão de que são vítimas nas empresas podem vivenciar experiências de sofrimento no trabalho. Mas podem também enfrentar as situações de submissão engajando-se num processo de construção de si mesmos como sujeitos, encontrando saídas para os dramas vividos.

De indivíduo a sujeito

Como ficou evidente no primeiro capítulo, Émile Durkheim, um dos fundadores da Sociologia, considerava a sociedade como uma coisa irredutível aos indivíduos. Ela existiria fora das consciências individuais. O sociólogo contemporâneo Alain Touraine (2005), por sua vez, afirmou que os sociólogos estão empenhados não mais na compreensão da sociedade fundada sobre si mesma, mas na produção de si pelos indivíduos. Mas a ideia de indivíduo, que passou a ganhar centralidade na reflexão sociológica, está associada, no pensamento de Touraine, a dois outros conceitos: ator e sujeito.

Touraine (1992, p. 243-44) defende que "sujeito e ator são noções inseparáveis". E faz mais: argumenta que essas noções são capazes de fazer uma contraposição a um individualismo que reduz o ator "à procura racional – portanto calculável e previsível – de seu interesse". Para ele, o indivíduo é "a unidade particular em que se misturam a vida e o pensamento, a experiência e a consciência".

No entanto, há em sua abordagem uma visão excessivamente heroica do ator-sujeito. Isso porque, segundo ele, o sujeito emerge, sobretudo, quando se engaja na luta pela transformação social. Assim, "é em termos de ator e de conflito social que se deve definir o sujeito", uma vez que este "existe somente como movimento social, como contestação da lógica da ordem" (Touraine, 1992, p. 272-73). Dessa forma, ele termina por reduzir o sujeito, esse personagem misterioso, tão difícil de definir (Morin, 1995), a ator coletivo. A bem da verdade, Touraine (2005) dá sinais de que concorda com essa ideia de que existe um mistério envolvendo a formação do sujeito. Ele afirmou que a vida do sujeito pessoal é tão dramática quanto a história do mundo. Mas quem é então esse personagem misterioso?

Controvérsias em torno das ideias de ator e sujeito

O sociólogo Alain Touraine critica uma visão que limita o indivíduo à racionalidade instrumental, presente nos trabalhos de Crozier e Friedberg (2014) e Friedberg (1997) e consequentemente no modelo de análise sociológica da dinâmica interna da empresa apresentado no capítulo anterior. Para Touraine (1992 e 2005), o indivíduo é muito mais do que isso. Ele é vontade de ser sujeito, de ser ator da sua própria história. Esta é certamente uma crítica importante, e Touraine procura por meio dela restituir a complexidade do humano.

Uma posição mais matizada é apresentada por Gaulejac (2009, p. 130-31) em uma apreciação crítica sobre a reflexão de Alain Touraine sobre a ideia de sujeito. Segundo ele, houve uma evolução no pensamento de Touraine a esse respeito. Nos seus primeiros trabalhos sobre a produção da sociedade e os movimentos sociais, Touraine teria enxergado a mobilização coletiva como motor das mutações sociais. Posteriormente, passou a enfatizar as potencialidades do sujeito individual em face do colapso das colunas sociais. Em outras palavras, Gaulejac acredita que na obra de Touraine "a referência a um Sujeito Maiúsculo, decidido a mudar a sociedade, se perde em favor de uma multiplicidade de sujeitos minúsculos e singulares que, incapazes de ordenar o mundo, buscam construir o sentido de suas próprias existências". Ele acrescenta que os sujeitos já não mais esperam que a mudança venha de um vasto movimento social portador da revolução, mas sim de invenções cotidianas, iniciativas múltiplas, individuais e coletivas. Isto porque não se trataria mais de mudar a ordem social, mas de encontrar um lugar em uma ordem cada vez mais volátil e instável.

François Dubet (1994 e 2009) também procurou ampliar a visão do indivíduo reduzida à ação estratégica. Sua formulação parte da noção de experiência social. Com essa ideia ele busca enfatizar ao mesmo tempo o caráter subjetivo e a face objetiva da experiência. Segundo ele, "a experiência social engendra necessariamente uma atividade dos indivíduos, uma capacidade crítica e uma distância em relação a si mesmos". Entretanto, "essa distância de si [...] é socialmente construída" (1994, p. 92), uma vez que "a experiência mais pessoal não se desfaz das categorias sociais" (p. 102). Trata-se de uma combinação subjetiva realizada pelos indivíduos, a partir de elementos que lhes precedem, sendo próprios do contexto sociocultural.

Do ponto de vista de Dubet, a noção de experiência, formulada nesses termos, tem sentido porque o indivíduo nunca é totalmente socializado, sua ação não pode ser vista simplesmente como uma versão subjetiva do sistema. Dizer que a socialização não é total não significa, ressalta ele, que o indivíduo escape ao social. Trata-se de pensar a experiência como algo que se estrutura no limite entre subjetividade do indivíduo e objetividade da realidade social. Consequentemente, é necessário atribuir grande importância à reflexividade do ator, isto é, a capacidade que este apresenta de dominar conscientemente, em certa medida, sua relação com o mundo.

Dotado dessa capacidade reflexiva, aponta Dubet (1994 e 2009), cada indivíduo constrói sua experiência combinando de maneira singular três lógicas de ação que caracterizam a vida social: integração, estratégia e subjetivação.

Na lógica da integração o ator é definido pelos papéis que desempenha. Neste caso estamos diante do indivíduo que, por meio da socialização, interioriza os valores institucionalizados. Na lógica da estratégia, o ator é visto como um jogador que faz movimentos em função de seus objetivos e do contexto no qual o jogo se desenrola. Ele busca realizar seus interesses diante das oportunidades abertas pela situação. Sabendo que possui adversários e rivais, procura conquistar aliados. No registro da subjetivação, por fim, o ator é representado como um sujeito crítico. Ele

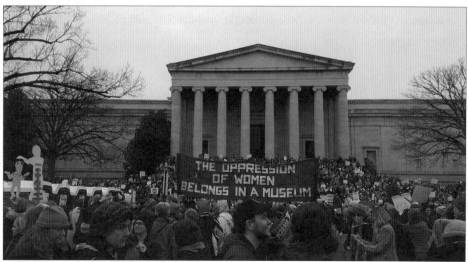

Marcha das mulheres em Washington, DC (2017).

> ### A influência de Weber sobre François Dubet
> François Dubet reconhece a influência weberiana em seu raciocínio. Ele retoma os quatro tipos de ação social que remetem à obra de Max Weber, um dos fundadores da Sociologia, apresentados no primeiro capítulo: ação tradicional, ação racional com relação a fins, ação racional com relação a valores e ação emocional. Mas reformula essa tipologia, retendo apenas a ideia de que cada um desses tipos de ação se caracteriza por uma lógica própria, relativa aos objetivos buscados pelos atores.

não pode ser reduzido aos seus papéis ou interesses. Nem personagem, nem atleta, mas autor de sua própria história, capaz de escrevê-la a despeito dos obstáculos que encontra.

Portanto, de acordo com Dubet (1994 e 2009) o indivíduo é pensado como um ator capaz de construir e dar sentido a sua experiência articulando, de maneira singular, diferentes lógicas de ação, ou seja, combinando subjetivamente elementos da realidade objetiva. Assim, a experiência social é pensada por ele como um trabalho, e o indivíduo como o artesão da sua existência. Um artesão que não pode construir sua ação sobre uma única lógica, posto que isso significaria mutilar parte de si mesmo. Ao definir o centro de interesse da Sociologia que pratica como "a experiência de indivíduos particulares, construindo seus mundos e suas subjetividades dentro de uma história particular", Dubet (1994, p. 258) desenvolve uma abordagem que vai além da visão heroica do sujeito presente na obra de Alain Touraine. No entanto, é possível dar uma complexidade ainda maior a essa abordagem. Se o sujeito se manifesta na capacidade e no desejo de controlar sua própria experiência, o que se pode dizer do desejo de ser sujeito? Essa pergunta, lançada por Gaulejac (2009), abre novas avenidas à reflexão sobre esse misterioso personagem. Avenida que é explorada pela chamada Sociologia Clínica (Gaulejac, 2007).

Para Vincent de Gaulejac (2009), um dos principais representantes dessa corrente da Sociologia francesa contemporânea, a figura do sujeito está relacionada à singularidade de cada indivíduo, portador de uma existência própria, um ser responsável por suas escolhas e atos. Essa abordagem procura ultrapassar a visão do indivíduo como encarnação da sociedade. Para tanto, não é necessário negar o peso da sociedade e da cultura na formação do sujeito. O que se pretende é destacar que cada indivíduo é, ao mesmo tempo, semelhante e diferente de todos os outros que partilham o mesmo contexto societal. É produto desse contexto, mas é também um ser cuja existência é incomparável. É incomparável, pois o indivíduo é atravessado tanto pelos processos sociais quanto por uma dinâmica psíquica.

A fim de realçar a importância dos processos sociais na construção do sujeito, Gaulejac (2009) afirma que as atitudes, as condutas, os comportamentos não podem ser entendidos independentemente das condições sociais que os tornam possíveis. Ele recorre a Pierre Bourdieu, para quem é necessário descrever e compreender a estrutura social e o lugar que o indivíduo ocupa nela para analisar as condições de produção das suas aspirações e de seus modos de realização.

Porém, Gaulejac (2009) ressalta que é fundamental buscar a imbricação desses processos sociais com a dinâmica psíquica. Ele adverte que, mesmo que se considerem as maneiras de pensar e de agir do indivíduo como disposições socialmente construídas, deve-se constatar que ele não se reduz jamais ao conjunto das determinações sociais que o constituem. Lança, então, a seguinte indagação: Como explicar as diferenças de trajetória entre indivíduos que possuem a mesma posição social e condições de existência similares sem integrar na explicação a existência de fatores psíquicos?

A fim de responder a essa pergunta recorre, dentre outros, à Filosofia Existencialista de Jean-Paul Sartre, expressa na formulação: Eu sou o que faço com aquilo que fizeram de mim. O sujeito indeterminado presente na expressão "aquilo que fizeram de mim" diz respeito, para Gaulejac (2009, p. 37-38), ao depósito no indivíduo da educação, da cultura, dos processos de socialização, mas também a "situações vividas, contingências múltiplas às quais ele é cotidianamente confrontado". "Em face desses eventos biográficos, ao que lhe acontece", acrescenta ele, "o sujeito é convidado a fazer escolhas, a 'se' determinar".

Há quem possa considerar que existe uma grande dose de ingenuidade na defesa da capacidade de autoprodução do sujeito. Mas não é essa a trilha aberta pela Sociologia Clínica. A abordagem sociológica não considera que o indivíduo possui uma liberdade plena. Ao contrário! Ela ressalta que, para se construir, o sujeito deve levar em consideração "o que o determina". É preciso, assim, ter em mente o "conjunto complexo de linhas de força que informam as condutas possíveis". Esse conjunto é formado por "múltiplas coerções, externas e internas", "predisposições interiorizadas", "aspirações mais ou menos contraditórias", "influências diversas", "desejos conscientes e inconscientes, os seus e aqueles dos quais ele é objeto" (Gaulejac, 2009, p. 38).

Mas, se o indivíduo é inegavelmente marcado por esse conjunto complexo de linhas de força, ele possui um espaço de liberdade relativo no interior pelo qual efetua escolhas. Como aponta Gaulejac (2009), sendo socialmente produzido, o indivíduo pode se tornar sujeito, estabelecendo uma negociação entre o que fizeram dele e o que pretende fazer de si mesmo. Essa negociação, no entanto, não se estabelece sem alguma angústia, uma vez que compreender a trama que o produziu para que possa se tornar produtor de si mesmo não é algo evidente. Em outras palavras, para escrever sua própria história, é preciso primeiro saber ler a parte dela que foi escrita (e que continua sendo) por outros sujeitos, individuais ou coletivos, afinal, todo bom autor é antes de tudo um bom leitor.

Mas existem pistas que ajudam o indivíduo a enfrentar essa leitura? Gaulejac (2009) sinaliza alguns caminhos. Para isso, retoma a etimologia do vocábulo sujeito. Etimologicamente, o termo "sujeito" vem do latim *subjectus*, que quer dizer submetido, sujeitado, ou de *subgicere*, que significa submeter, subordinar. Portanto, trata-se de uma palavra que remete inicialmente à ideia de submissão ou subjugação, aplicando-se a uma pessoa submetida à autoridade de outra, ou que impõe a esta a sua força. Diz-se, por exemplo, que "Fulano está sujeito a um chefe autoritário", ou que "Sicrano sujeitou sua equipe a uma situação de humilhação". Foi somente no século XIX, com o Racionalismo, que teve em René Descartes um dos principais expoentes, que o vocábulo adquiriu contornos filosóficos passando a designar o ser pensante, senhor do conhecimento, por oposição ao objeto.

O indivíduo está, portanto, submetido a todo o peso de sua história. Uma história da qual ele não é originalmente proprietário. Dessa forma, o sujeito se constrói ao se

Sujeito e sujeição

Por meio da reconstrução etimológica, Gaulejac (2009, p. 21) busca explorar os sentidos da relação entre sujeito e sujeição. Ele ressalta então que o sujeito é inicialmente sujeitado à sua família, às normas do seu meio, aos códigos sociais, à cultura, à sua história em síntese. Assim, o indivíduo não nasce sujeito. Existe uma potencialidade, uma mola psíquica que o empurra a se tornar sujeito. Porém, essa virtualidade pode, segundo os contextos, ser valorizada, inibida ou contrariada.

desvencilhar dessa sujeição inicial. Querer ser sujeito é, antes de tudo, compreender a que se está originalmente submetido, confrontar suas contradições existenciais. O sujeito advém, portanto, quando o indivíduo atua sobre as forças que agem sobre ele (Gaulejac, 2009). É isso o que significa ler melhor sua própria história e empreender o trabalho de construção de si mesmo como sujeito. Afinal, como bem aponta Gaulejac (2009, p. 197): "se o indivíduo não pode mudar a história, na medida em que o que se passou não é modificável, ele pode modificar a maneira como essa história age sobre ele". Ou ainda: "o indivíduo é o produto de uma história da qual ele busca se tornar o sujeito" (Gaulejac, 1999, p. 11).

Para a Sociologia Clínica, cuja construção teórica se baseia, entre outros saberes, na Psicanálise, realizar o trabalho sobre si mesmo é aceitar entrar em um labirinto. Esse percurso labiríntico é destacado por Herreros (2007). Segundo ele, o sujeito é atravessado por contradições. Ser de desejo, em busca do prazer, ele é também tomado por angústias, a maior parte delas gerada pelo confronto com a sua impotência. Não sendo um todo-poderoso, não sendo capaz de concretizar todos os seus desejos, recorre a mecanismos de defesa para aceitar o que freia suas aspirações. Mas não controla inteiramente esse processo, uma parte lhe escapa. O sujeito existe assim na tensão entre sua pretensão consciente e reflexiva e a ilusão sobre si mesmo.

A reflexividade do indivíduo na busca por se tornar sujeito.

A complexidade tanto da dinâmica societal quanto a do seu aparelho psíquico atravessa o caminho do seu trabalho de autoconhecimento para se tornar sujeito. Consequentemente, tornar-se sujeito implica um esforço para ultrapassar a superfície desse aparelho. Este certamente não é um processo fácil. Isto porque esse aparelho é formado por uma parte inconsciente, cujo acesso, embora não seja impossível ao indivíduo, não é evidente. "A confrontação com essa parte escondida de si mesmo", afirma Herreros (2007, p. 140), "é essencial ao sujeito não somente para ele mesmo, mas também para sua relação com os outros". A questão pode ser colocada então nos seguintes termos: ou bem o indivíduo permanece um joguete do seu inconsciente, e se condena a ser um imbecil feliz, uma casca viva, ou bem se lança em um trabalho eternamente inacabado sobre si mesmo. Retomando o saber psicanalítico, Herreros (2007) afirma que o inconsciente representa uma espécie de *outro* que habita o indivíduo e a quem, para se tornar sujeito, ele não deve ignorar, o que lhe traria sofrimento e desequilíbrio; e menos ainda amputar, o que seria ilusório, ou mesmo destruidor. O que lhe resta é negociar, pactuar com esse *outro*.

Trata-se de um caminho tortuoso e sem fim. A esse respeito, Gaulejac (2009, p. 100) nos adverte que "o sujeito não para de se construir no movimento que o conduz a se interrogar sobre sua vida, sua história, seu futuro". Ele ressalta também que o trabalho de subjetivação, de construção de si mesmo como sujeito, depende em parte do próprio indivíduo, que pode ou não se colocar em questão e buscar tornar-se autor de sua própria história; mas há também uma parcela importante relativa ao contexto societal, que pode favorecer ou inibir sua construção enquanto sujeito.

Sujeito e organizações

Desse contexto societal participam as empresas que emolduram parte das vidas de muitos indivíduos e nas quais estes constroem suas trajetórias profissionais. Para a Sociologia Clínica, as empresas são espaços nos quais se desenrolam jogos complexos, de poder e de desejo. Esses jogos atravessam a sua história e não poupam nenhum dos seus membros (Enriquez, 1997).

Enriquez (1997) aponta que mesmo sociólogos clássicos das organizações, como Michel Crozier, autor que é uma referência central para o modelo de análise sociológica da dinâmica interna da empresa apresentado no capítulo precedente, não se enganaram quanto a isso. Eles caracterizaram as empresas pelas suas relações de poder e admitiram que as estratégias elaboradas pelos atores fazem parte da dinâmica do jogo empresarial. Contudo, Enriquez ressalta que a corrente clássica da Sociologia das Organizações começou a estudar as relações de poder e as dinâmicas estratégicas na empresa, mas não levou a análise até o fim. Isso porque para esta corrente os sentimentos não participam plenamente da vida organizacional, apenas dão um lastro suplementar à conduta racional. Ela considerava que, ao rivalizar com os outros e apresentar manifestações de inveja, os indivíduos estavam apenas expressando uma reação em face de um reconhecimento insuficiente de sua competência. Ele considera essa abordagem reducionista e propõe outra via de análise dos jogos de poder e de desejo nas empresas. Sua proposta é bem sintetizada na passagem transcrita a seguir.

> Então se pretendemos verdadeiramente compreender as organizações, e não cair numa visão racional delas (mesmo apoiada sobre sentimentos), nem rejeitar as paixões ditas inexplicáveis, é preciso admitir que a empresa se encontra na encruzilhada de projetos conscientes, fantasmas e desejos; que a cena da vida voluntária fala uma parte da "verdade", e que a exploração da outra cena nos diz outra parte. E mais: que as duas cenas, se elas são por vezes cindidas, estão mais frequentemente em interdependência e em complementaridade. Os interesses nutrem as paixões e as paixões nutrem os interesses. (Enriquez, 1997, p. 10-11)

Uma visão das empresas como espaços constituídos por jogos de poder e de desejo; por atores que constroem seus percursos profissionais por meio de projetos conscientes, mas que também fazem movimentos cujo acesso à consciência não é evidente; sujeitos cujas interações nas organizações são marcadas por paixões e angústias. E essas angústias por vezes estão associadas não apenas aos projetos desenhados pelos sujeitos, seus desejos de desenvolvimento pessoal e profissional. Elas podem estar atreladas às práticas de gestão, capazes de resultar em sofrimento no trabalho, tal como nas situações apresentadas na abertura deste capítulo.

Ademais, como aponta Gaulejac (2014 e 2015), vivemos num contexto histórico-social em que os modelos de gestão pressionam cada vez mais o indivíduo a fazer mais com menos, a alcançar níveis elevados de produtividade e performance, mesmo com equipes reduzidas. Um contexto em que o indivíduo se vê em uma relação de competição acirrada não só com aqueles que atuam em empresas concorrentes, mas com seus próprios colegas de trabalho. Portanto, um contexto caracterizado por uma sociedade que está doente dos seus modelos de gestão, ampliando significativamente as situações de sofrimento no trabalho. Sofrimento que

Elevados níveis de exigência provocam desgaste emocional.

O advir do sujeito em indivíduos submetidos ao sofrimento no trabalho

Fruto da sua participação no Grupo de Pesquisas em Culturas Empresariais, coordenado na Universidade Estadual de Campinas pelo professor Guilhermo Ruben, e resultante de uma adaptação da sua tese de doutorado defendida na mesma instituição sob a orientação da antropóloga Neusa Gusmão, o livro *Vidas Narradas: bancários em tempos de privatização*, de Alcides Gussi, traz uma abordagem bem próxima daquela discutida neste capítulo. Nele, o autor apresenta, com muita sensibilidade, os sentimentos, afetos, sofrimentos, desejos e sonhos de bancários afetados pelas mudanças no seu contexto de trabalho resultantes da compra de um banco público por uma grande corporação global. Gussi nos brinda com relatos que deixam claro como os indivíduos por ele entrevistados vivenciaram experiências trágicas no mundo empresarial resultantes da intensificação dos processos de acumulação de capital que marcam o estágio atual do capitalismo financeiro transnacional. Mas as narrativas reconstruídas por ele nos mostram, também, como esses mesmos indivíduos podem advir como sujeitos, reconstruindo suas trajetórias sociais, vale dizer suas vidas, depois do banco e para além dele.

se expressa pela redução brusca do bem-estar no trabalho e por uma ampliação dos casos de doenças físicas e psíquicas como consequência da atividade laboral.

Essa é uma via interessante para alargar a compreensão da dinâmica interna da empresa. Ela permite ir além da imagem do ator como um estrategista que calcula racionalmente na direção do encontro com o sujeito. Um sujeito que, da perspectiva da Sociologia Clínica, é pensado, simultaneamente, como estando subordinado a uma história que o produziu, e disposto a apropriar-se dela para construir-se a si mesmo; ser de desejo e de sofrimento; atravessado por contradições, tanto no registro psíquico quanto na esfera social. Estamos, portanto, distantes da visão heroica que vê o sujeito como alguém que prioritariamente se engaja nos movimentos sociais. Chegamos mais perto desse personagem misterioso, difícil de definir.

Síntese do capítulo

O propósito deste capítulo foi alargar a visão sobre o mundo do trabalho e as organizações presente no modelo de análise da dinâmica interna da empresa apresentado no capítulo precedente. Tal modelo parte de uma compreensão reducionista do indivíduo nas organizações. Esse é pensado como um ator estratégico, um ser cujas ações no cotidiano organizacional, inclusive nas relações com os colegas de trabalho, são calculadas a todo o tempo a fim de que seus objetivos sejam alcançados. Ora, como vimos neste capítulo, o ser humano não é movido apenas pela racionalidade instrumental. Ele é o produto de um processo de socialização, na família, na escola, na cultura, na sociedade. Tal processo exerce forte influência no seu agir. Ele é também um ser de desejo, que está em busca da satisfação, ao mesmo tempo que é tomado por angústias, geradas pelo encontro com sua impotência, sua incapacidade de concretizar todas as suas aspirações. Enfim, é um personagem misterioso (Morin, 1995), cuja vida pessoal é tão dramática quanto a história do mundo (Touraine, 2005).

É fundamental que o gestor esteja atento à complexidade da trama que enreda o indivíduo em um processo sempre inacabado de construção de si mesmo como sujeito. Isto porque uma parte importante dessa trama se passa no mundo do trabalho, na dinâmica das organizações. Organizações nas quais passamos parte significativa do nosso dia. Elas garantem as condições materiais que precisamos para realizar parte dos nossos desejos, que, ademais, podem estar associados à nossa vida no trabalho: à ambição de liderar um novo projeto, à expectativa de uma promoção, ao sonho de transferência para outro país.

Um gestor mais humanizado deverá ser capaz de agir atento a essa complexidade. Essa atenção dará um caráter ainda mais responsável a sua prática gerencial. E não se pode esquecer que o gestor é também um indivíduo em busca de tornar-se sujeito. Da mesma forma que os demais atores que compõem a cena organizacional, ele faz parte dos jogos de poder e de desejo nas empresas. Sendo assim, terá igualmente que lidar com o prazer e o sofrimento que marcam o mundo do trabalho.

Questões para discussão

1. Qual é o aspecto central da crítica feita por Alain Touraine ao trabalho de Crozier e Friedberg e, consequentemente, ao modelo de análise sociológica da dinâmica interna da empresa?
2. A que se deve a visão excessivamente heroica do sujeito apresentada por Touraine?
3. Na visão de Gaulejac, de onde viriam as mudanças sociais pretendidas pelos sujeitos se não mais de um movimento social portador da revolução?
4. Quais são as três lógicas de ação a partir das quais, segundo François Dubet, cada indivíduo constrói a sua experiência? Defina cada uma delas.
5. De que forma, para Gaulejac, a construção do sujeito se liga à singularidade de cada indivíduo?
6. Qual é a relação que existe entre sujeito e sujeição para a Sociologia Clínica, especialmente na formulação de Gaulejac?
7. Qual a visão que a Sociologia Clínica possui da empresa? Em que ela alarga a compreensão das organizações fornecidas pelos autores clássicos da Sociologia das Organizações?

Dicas de filmes
Um dia de fúria (Estados Unidos, 1993). Dir.: Joel Schumacher.
O sucesso a qualquer preço (Estados Unidos, 1992). Dir.: James Foley.
O informante (Estados Unidos, 2000). Dir.: Michael Mann.
O corte (Bélgica, Espanha, França, 2005). Dir.: Costa-Gavras.
Carne e osso: o trabalho no setor de frigoríficos (Brasil, 2011). Dir.: Caio Cavechini e Carlos Juliano Barros.

Referências bibliográficas

CROZIER, Michel; FRIEDBERG, Erhard. *L'acteur et le système*. Paris: Seuil, 2014.

DUBET, François. *Sociologie de l'expérience*. Paris: Seuil, 1994.

_____. *Le travail des sociétés*. Paris: Seuil, 2009.

FRIEDBERG, Erhard. *Le pouvoir et la règle*. Paris: Seuil, 1997.

ENRIQUEZ, Eugène. *Les jeux du pouvoir et du désir dans l'entreprise*. Paris: Desclée de Brouwer, 1997.

GAULEJAC, Vincent de. *L'histoire en héritage*: roman familial et trajectoire sociale. Paris: Desclée de Brouwer, 1999.

_____. Aux sources de la sociologie clinique. In: GAULEJAC, Vincent de et al. (dir.). *La sociologie clinique*. Enjeux théoriques et méthodologiques. Ramonville Saint-Agne: Érès, 2007.

_____. *Qui est "je"*: sociologie clinique du sujet. Paris: Seuil, 2009.

_____. *La société malade de la gestion*: idéologie gestionnaire, pouvoir managérial et marcélement social Paris: Seuil, 2014.

_____. *Travail, les raisons de la colère*. Paris: Seuil, 2015.

HERREROS, Gilles. L'advènement du sujet. In: GAULEJAC, Vincent de et al. (dir.). *La sociologie clinique*. Enjeux théoriques et méthodologiques. Ramonville Saint-Agne: Érès, 2007.

JAIME, Pedro. *Executivos negros*: racismo e diversidade no mundo empresarial. São Paulo: Edusp/Fapesp, 2016.

MORIN, Edgar. Le concept de sujet. In: DUBET, François e WIEVIORKA, Michel (orgs.) *Penser le sujet*. Autour d'Alain Touraine. Paris: Fayard, 1995.

TOURAINE, Alain. *Critique de la modernité*. Paris: Fayard, 1992.

_____. *Un nouveau paradigme pour comprendre le monde d'aujourd'hui*. Paris: Fayard, 2005.

Palavras-chave:
Sujeito. Subjetividade. Sofrimento psíquico. Dinâmica organizacional.

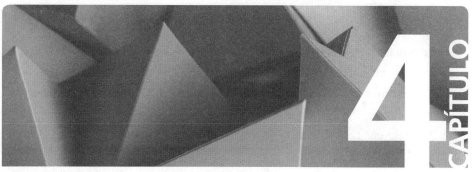

Um jogo complexo
Análise sociológica da dinâmica externa da empresa

Objetivo do capítulo: Neste capítulo é feita uma reflexão sobre a dinâmica externa da empresa. Tal reflexão está fundamentada no pressuposto de que a empresa é, simultaneamente, produto e produtora da sociedade. Ela é produto da sociedade, uma vez que o que se passa no seu interior é influenciado pelo contexto societal, por questões econômicas, tecnológicas, demográficas, culturais. Mas é também produtora da sociedade que a produz, já que está no centro das inovações tecnológicas, e desempenha um papel importante na cultura contemporânea criando hábitos e comportamentos. O capítulo discute essas conexões entre empresa e sociedade. Seu objetivo central é evidenciar como a empresa participa do jogo social estabelecendo relações com uma série de outros atores. Tais relações são marcadas por cooperação, mas também por conflitos e pela construção de acordos.

Relato 4: Consequências da ação empresarial na dinâmica social

Dia 5 de novembro de 2015. A cidade de Mariana, situada no Estado de Minas Gerais, é palco central do maior desastre socioambiental da história mundial nos últimos 100 anos, segundo estudo feito pelo geofísico David Chamber, em parceria com a Bowker Associates, uma consultoria de gestão de riscos relativos à construção pesada, sediada nos Estados Unidos. Foi na tarde desse dia que a barragem de Fundão, de propriedade da companhia mineradora Samarco, se rompeu. Consequentemente, houve o vazamento de 50 a 60 milhões de metros cúbicos de lama formada por rejeitos de minério. Para se ter uma ideia da magnitude do desastre, vale ressaltar que, até então, somente cinco desastres com barragens de rejeitos em todo o mundo haviam ultrapassado a marca de 10 milhões de m³ de lançamentos. Tais rejeitos perfizeram um trajeto de 600 quilômetros, o que representa o dobro do percurso feito num desastre anterior, ocorrido na Bolívia, em 1996, e que até então era considerado a pior referência. O estudo apontou ainda que o investimento necessário para a reposição das perdas foi estimado em 5,2 bilhões de dólares, mais de cinco vezes superior ao 1 bilhão contabilizado em um evento semelhante ocorrido após os anos 1990 na China. O passivo socioambiental totaliza 7 comunidades e subdistritos, 35 cidades em Minas Gerais e 4 no Espírito Santo direta ou indiretamente atingidas; ao menos 17 mortes confirmadas e 02 desaparecidos; 1.265 indivíduos e 329 famílias desabrigadas; 1.249 pescadores afetados. Em razão dos protestos de ONGs ambientalistas, de denúncias feitas pelo Ministério Público e da mobilização de outros atores governamentais ou da sociedade civil, sem dúvida a reputação da Samarco e das suas controladoras, a brasileira Vale do Rio Doce e a anglo-australiana BHP Billiton, foi fortemente abalada com esse evento.

Dia 4 de fevereiro de 2004. Quatro alunos da Universidade de Harvard, nos EUA, Mark Zuckerberg, Dustin Moskovitz, Chris Hughes e o brasileiro Eduardo Saverin, criam um site para dinamizar o relacionamento entre jovens universitários. No final daquele mesmo mês, muitos dos seus colegas da prestigiosa instituição de ensino haviam se registrado no site. No mês seguinte, foi a vez de alunos de Stanford, Columbia e Yale aderirem. Em 2005, o Facebook contava com 5 milhões de membros ativos. Em outubro de 2012 este número saltou para 1 bilhão de usuários, tornando o Face a maior rede social do mundo. Em meados de 2017, Zuckerberg, presidente-executivo da empresa, anunciou que o total de usuários havia dobrado, atingindo o patamar de 2 bilhões. Em sua meteórica história, o Facebook influenciou radicalmente a cultura

Botões de manifestação de emoções no Facebook.

Distrito de Bento Rodrigues, Mariana (MG) destruído pelo rompimento da barragem da Samarco.

contemporânea, alterando as formas como nos comunicamos com nossos amigos, expressamos nossas alegrias e indignações. E se tornou uma empresa admirada por muitos e criticada por outros tantos. Sua sede na Califórnia representa o lugar de trabalho dos sonhos de muitos jovens, mas a companhia tem sido questionada pela suposta colaboração com o programa de monitoramento da agência de segurança dos Estados Unidos. Ela também é alvo de críticas relativas à privacidade dos usuários e ao uso comercial de seus dados. Seja como for, é inegável que, ao lado de gigantes da tecnologia, como a Apple e a Microsoft, o Facebook representa para a cultura empresarial do mundo contemporâneo aquilo que empresas do setor automotivo, como a Ford e a General Motors, significavam no início do século passado.

Fontes: PORTAL TERRA. Desastre em Mariana é o maior acidente mundial com barragens. Disponível em: <https://www.terra.com.br/noticias/brasil/desastre-em-mariana-e-o-maior-acidente-mundial-com-barragens--em-100-anos,874a54e18a812fb7cab2d7532e9c4b72ndnwm3fp.html>. Acesso em: 17 nov. 2017. PORTAL G1. Rompimento de barragem da Samarco, em Mariana, completa um mês. Disponível em: <http://especiais.g1.globo.com/minas-gerais/2015/desastre-ambiental-em-mariana/1-mes-em-numeros/>. Acesso em: 17 nov. 2017. SANTANA, Ana Lucia. História do Facebook. InfoEscola. Disponível em: <https://www.infoescola.com/internet/historia-do-facebook/>. Acesso em: 17 nov. 2017. PORTAL G1. Facebook alcança 1 bilhão de usuários ativos mensais. Disponível em: <http://g1.globo.com/tecnologia/noticia/2012/10/facebook-atinge-1-bilhao-de-usuarios-ativos-mensais.html>. Acesso em: 17 nov. 2017. PORTAL G1. Facebook atinge os 2 bilhões de usuários. Disponível em: <https://g1.globo.com/tecnologia/noticia/facebook-atinge-os-2-bilhoes-de-usuarios.ghtml>. Acesso em: 17 nov. 2017. CARTA CAPITAL. EUA têm acesso direto aos servidores de Google, Facebook e Apple, dizem jornais. Disponível em: <https://www.cartacapital.com.br/internacional/eua-tem-acesso-direto-aos-servidores-de-google-facebook-e-apple-diz-jornal-5976.html>. Acesso em: 17 nov. 2017.

No Relato temos duas empresas com consequências concretas das suas ações na dinâmica social. Consequências que podem ser positivas, mas também bastante destrutivas. Não se pode imaginar a vida contemporânea sem as mineradoras. Os materiais que elas extraem com suas operações são matéria-prima de muitos dos produtos que consumimos, inclusive dos computadores e dos dispositivos móveis por meio dos quais acessamos o Facebook. Mas o desastre de Mariana deixou evidente que empresas como a Samarco estão no centro do que o sociólogo Ulrich Beck (2013) chamou de sociedade de risco. Isso porque a atuação de mineradoras, assim como de usinas nucleares e de companhias de outros setores, amplia significativamente os perigos de acidentes socioambientais que desconhecíamos antes do advento da sociedade industrial. As consequências da atuação das empresas na dinâmica social fazem que as suas relações com outros agentes da sociedade sejam um tema extremamente relevante para a Sociologia das organizações.

Antigo Mercado no País de Gales.

Antigo mercado de escravos convertido num centro comercial (Charleston, Carolina do Sul, EUA).

Empresas e sociedade: uma relação complexa

As informações apresentadas no Relato deixam evidente como as empresas se tornaram um ator central das sociedades contemporâneas. Diversas de suas ações, como investimentos, lançamento de novos produtos, demissões, litígios jurídicos, publicação de resultados financeiros etc., são fartamente anunciadas pela imprensa, já que repercutem em nossas vidas. Isso porque tanto as Pequenas e Médias Empresas (PMEs) quanto grandes companhias, ou, ainda, as corporações transnacionais, são um reflexo da sociedade, mas também participam da sua construção. Suas atividades, suas lógicas de funcionamento, suas práticas de gestão, seus valores estão no coração da dinâmica social nos dias de hoje (Chanlat, 1998; Giddens (2011). Como já argumentaram Chanlat (1998) e Morgan (2013), as empresas são simultaneamente criadoras de riquezas, lugar de experimentação e inovação, provedoras de integração social e senso de pertencimento, produtoras de cultura, financiadora de atividades artísticas; mas também espaços de exploração e sofrimento no trabalho, instrumentos de dominação, responsáveis por exclusão e por desigualdades.

A reflexão feita a seguir sobre as relações entre a empresa e a sociedade possuem em sua base muitas semelhanças com o modelo apresentado no segundo capítulo para a análise da dinâmica interna das organizações. A diferença é apenas de escala. No segundo capítulo, o foco estava regulado para captar a complexa trama que se tece no interior da empresa, abstraindo o que se passa ao seu redor. Neste momento o movimento será invertido. A dinâmica interna da organização será colocada entre parênteses, para que maior atenção seja dada às relações estabelecidas pela empresa com o Estado e o conjunto da sociedade.

Se a empresa possui sua lógica própria de funcionamento, ela não está sozinha, entretanto, no jogo social. Para atingir os seus objetivos precisa estabelecer relações

> ### Brevíssimo histórico da empresa moderna
>
> O modelo de empresa, tal como o conhecemos atualmente, originou-se sobretudo no século XIX, com os avanços da Revolução Industrial, tornando-se predominante no século XX. Foi nesse período que assistimos à transformação das antigas corporações de ofícios em organizações capazes de concentrar grandes investimentos e se dedicar a processos de produção ou operações de serviço em grande escala. Foi assim que a empresa se transformou em um ator central da dinâmica social. Sua lógica própria de funcionamento, marcada pela preocupação com a elevação da produtividade e dos lucros, bem como com a redução dos custos, por meio de estratégias de gestão cada vez mais complexas, modificou o mundo do trabalho e transformou o nosso cotidiano (Chanlat, 1998; Vindt, 2009).

complexas com uma série de outros agentes, portadores de padrões distintos de organização. Essas relações não se processam sempre de forma harmônica. Elas são marcadas pela cooperação, mas também pelo conflito e pela construção de acordos. Mas quem são, então, esses atores? Quando lançamos o olhar para a dinâmica externa da empresa, talvez os primeiros atores que visualizamos sejam os fornecedores, os consumidores e os concorrentes. Facilmente percebemos que as relações estabelecidas com esses atores possuem uma importância fundamental para o sucesso ou fracasso da organização. Essas relações nem sempre são harmônicas. Muito ao contrário, a realidade empresarial está plena de exemplos que mostram que elas podem ser tensas, dando origem a diversos conflitos.

Competição e colaboração nas relações com os concorrentes

Disputa é a tônica da relação com os concorrentes. Em uma sociedade marcada pela economia de mercado, as empresas que atuam em um mesmo setor se veem como competidores. Assim, a metáfora esportiva e mesmo a bélica são utilizadas muitas vezes para descrever as relações entre firmas que disputam posições em um segmento específico. Elas buscam os melhores métodos de organização do trabalho e gestão empresarial, competem pelos melhores preços, desenham estratégias de distribuição e logística que garantam o acesso dos clientes aos seus produtos e/ou serviços; enfim, disputam a preferência do consumidor. Trata-se de conquistar uma vantagem competitiva sobre os concorrentes.

Todavia, por mais paradoxal que pareça, a relação com os concorrentes pode tomar a forma de cooperação. Isso parece algo contraditório, mas faz parte do jogo empresarial. Por vezes, duas organizações que atuam em um mesmo setor de atividade se associam para desenvolver uma nova empresa a fim de operar em um segmento específico. Um exemplo fácil de ser visualizado é fornecido pelo portal de notícias Universo Online (UOL). Como é amplamente conhecido no mercado de comunicação, ele foi fundado em abril de 1996 pelo Grupo Folha, tendo se unido sete meses mais tarde ao portal Brasil Online, da Editora Abril. Esses dois grupos econômicos disputavam posições na indústria midiática. Porém, em face do desenvolvimento das tecnologias da informação e da comunicação, que alteraram radicalmente o mercado da informação, elas resolveram somar forças para explorar o mundo digital. No entanto, o Grupo Abril não possui mais participação no controle acionário do UOL.

Esse exemplo representa uma aliança estratégica entre duas empresas que, originariamente, são concorrentes em um mesmo setor da atividade econômica. Mas a cooperação pode envolver um número maior de empresas e até mesmo todas as organizações que pertencem a um segmento específico. Tal é o sentido da criação dos Sindicatos Patronais ou das Associações Empresariais. Esses organismos reúnem as empresas de um mesmo setor. A Federação Brasileira de Bancos (Febraban) e a Federação das Indústrias do Estado de São Paulo (Fiesp) são dois casos bastante conhecidos. Por intermédio dessas associações as empresas do setor podem trocar informações, produzir conhecimentos de necessidade comum, defender seus interesses

A ética na relação concorrencial

Em certas situações, visando suplantar os concorrentes, algumas empresas realizam jogadas desprovidas de base ético-moral. Para reduzir seus custos e consequentemente conseguir comercializar seus produtos ou serviços a preços mais baixos, podem adotar uma postura de descaso com o meio ambiente, não assumindo a responsabilidade pela destinação adequada dos resíduos dos seus processos produtivos. Caso possuam reservas financeiras, podem também abaixar os preços cobrados por seus produtos ou serviços a um patamar abaixo do mínimo necessário para cobrir os custos. Assim procedendo, comprometem a capacidade dos concorrentes de permanecerem na disputa, prática conhecida como *dumping* e proibida pela legislação comercial de diversos países.

na relação com os demais atores, a exemplo de sindicatos e do governo etc. Quando o governo está discutindo uma política que afeta diretamente as empresas de um determinando segmento, uma nova política de câmbio, por exemplo, que possui impactos diferentes em empresas importadoras e em empresas exportadoras, não adiantaria muito que cada empresa se pronunciasse individualmente. A força da pressão é maior se todas que pertencem àquele setor reivindicam conjuntamente. Percebe-se, portanto, que a dinâmica econômica é mais complexa do que parece à primeira vista e que os concorrentes também podem estabelecer relações de cooperação.

Exploremos um pouco mais o tema das associações empresariais. Elas não são construídas apenas entre as organizações que pertencem a um mesmo setor da atividade econômica, a exemplo dos setores industrial e financeiro. As possibilidades de articulação em associações são tão diversas quanto os interesses em jogo, sendo possível que uma mesma empresa participe de distintas entidades. Um exemplo dessa natureza é o Instituto Ethos de Empresas e Responsabilidade Social, que não é exatamente uma associação empresarial, mas uma entidade que agrega empresas que estão preocupadas com a agenda socioambiental. Tal instituto produz pesquisa, dissemina informações, realiza eventos e capacitações voltados para temas como sustentabilidade e diversidade. Outro exemplo é o Grupo de Institutos, Fundações e Empresas (Gife), que congrega organizações empresariais que realizam ações de ordem social ou comunitária, praticando o que a associação define como investimento social privado. Essas iniciativas serão abordadas mais adiante.

Há, ainda, o caso das câmaras de comércio. No contexto de globalização, cada vez mais os países buscam estreitar suas transações econômicas. Esse movimento deu origem à criação de organismos que funcionam como indutores dessa cooperação entre agentes econômicos de diferentes nacionalidades. No caso brasileiro existem a Câmara de Comércio Americana (Amcham), a Câmara Britânica de Comércio e Indústria no Brasil, a Câmara de Comércio e Indústria Brasil-Alemanha (AHK), a Câmara de Comércio e Indústria Japonesa do Brasil, entre outras. Nessas associações estão agrupadas as empresas estrangeiras que atuam no Brasil e as empresas brasileiras que possuem relações comerciais com esses outros países. Em tais fóruns podem surgir tensões quando se discute a questão da taxação (impostos) ao ingresso dos produtos de um país no outro. Tensões dessa ordem nem sempre são resolvidas facilmente, demandando a mediação de profissionais, como embaixadores e diplomatas, para que as negociações cheguem a bom termo. Voltemos agora nossa atenção para as relações que as empresas estabelecem com seus fornecedores.

As relações com os fornecedores

Também as relações com os fornecedores podem tomar a forma de cooperação ou de conflito. A depender do número de fornecedores de determinado produto ou serviço existente em dado setor da economia, a capacidade de barganha da empresa por preço e prazo de entrega será maior ou menor. Se um número muito pequeno de fornecedores controla o mercado, a empresa não tem muita margem de negociação. Por essa razão, os governos devem atuar no sentido de evitar que determinada empresa monopolize a oferta de um produto ou a prestação de um serviço. De toda maneira, mesmo que exista um número razoável de fornecedores, é comum que as empresas disputem com eles em torno de preços mais baixos, prazos de entrega menores, maior qualidade do produto ou serviço. Há organizações, entretanto, que consideram que a melhor estratégia de relação com os fornecedores é a cooperação. Elas procuram estabelecer uma parceria de longo prazo com seus fornecedores, acordando preços e prazos de maneira transparente, alinhando tecnologias e visando ganhos para ambas as partes. Em alguns casos, o sucesso advém da capacidade de todas as empresas envolvidas naquela cadeia produtiva sentarem-se à mesa e negociar suas margens de lucro a fim de atender satisfatoriamente o consumidor final. Trata-se do que se convencionou chamar de *clusters* produtivos.

Por vezes essas negociações vão além dos interesses dos agentes empresariais envolvidos com a questão, ou seja, dos jogadores que participam diretamente do *cluster*. Elas podem incorporar também representantes governamentais, sindicatos, ONGs etc. É o caso de projetos que possuem repercussão no desenvolvimento

As dificuldades da produção social do acordo

É possível imaginar que essas negociações não são fáceis, e chegar a acordos, mesmo que provisórios, não é algo evidente. Isso porque esses atores e os indivíduos que os representam não apenas possuem interesses que se chocam, como pertencem ao que a chamada escola das convenções da Sociologia francesa definiu como diferentes mundos, regidos por distintos princípios. Logo, encontrar um princípio superior comum que seja capaz de pôr fim à controvérsia entre eles não é tarefa fácil (Amblard et al., 2005).

socioeconômico de certas regiões. Ou seja, tal como ocorre na relação com os concorrentes, a relação da empresa com seus fornecedores é marcada pela cooperação e pelo conflito. E quanto ao relacionamento com os consumidores?

A empresa e seus consumidores: uma zona de tensões

No que se refere à relação da empresa com seus consumidores, novamente nos encontramos em uma zona de tensões. As estratégias de marketing desenvolvidas pelas empresas sinalizam para técnicas cada vez mais sofisticadas para captar os desejos e as necessidades dos potenciais clientes a fim de modelar produtos e serviços para atender as suas expectativas. O resultado pode ser uma forte identificação dos consumidores com certos produtos e/ou determinadas marcas. Todavia, nem sempre as coisas se passam de forma tão simples assim. Por vezes a empresa negligencia questões de qualidade, assistência técnica ou outros pontos para os quais os consumidores são sensíveis. Os jornais televisivos constantemente anunciam testes feitos pelo Inmetro que denunciam casos de empresas que comercializam quantidades menores do produto do que está especificado na embalagem. Da mesma forma, órgãos governamentais, como a Vigilância Sanitária ou o Ministério Público do Trabalho, diversas vezes autuam empresas cujos produtos não são produzidos de acordo com as normas de higiene ou de segurança no trabalho definidas em legislação. Quando esses casos acontecem, os consumidores, individual ou coletivamente, reagem a esse comportamento empresarial. Dessa reação podem

Relembrando!

No segundo capítulo, quando a dinâmica interna da empresa foi objeto de análise, observou-se que os sindicatos se constituem em importantes recursos que podem ser acionados pelos trabalhadores na busca pelos seus objetivos. Quanto mais forte o sindicato de uma categoria, maiores as possibilidades de os funcionários de uma empresa obterem sucesso nas negociações dos acordos coletivos de trabalho. Argumentou-se também que o reconhecimento formal dos sindicatos e o enquadramento jurídico da prática sindical permitem aos empregados negociar com os empregadores de maneira menos assimétrica. Portanto, uma empresa não pode evitar o contato com os sindicatos.

resultar processos judiciais, manifestações em frente à sede da empresa, boicote aos seus produtos e/ou serviços, entre outras ações.

A fim de solucionar os casos individuais e evitar que os conflitos tomem proporções maiores, muitas empresas criam Centrais de Atendimento ao Cliente, que funcionam como vias de expressão para os consumidores apresentarem suas insatisfações e serem informados das possíveis soluções. Quando o motivo do conflito está relacionado com o preço cobrado pelo produto ou serviço, os consumidores podem agir coletivamente, demandando a apresentação da planilha de custos e reivindicando uma negociação. Nos casos em que a ingestão do produto (alimentos ou remédios, por exemplo), ou a prestação do serviço (transporte aéreo ou terrestre, por exemplo) resulta em consequências mais graves, como a morte de um ou vários consumidores, além de a imagem da empresa sair arranhada, os processos judiciais serão bem mais complexos, podendo resultar em vultosas indenizações. Enfim, trata-se de mais um caso de relações de cooperação e conflito.

Mas as interações da empresa com a sociedade não se esgotam nos contatos estabelecidos com os fornecedores, os consumidores e os concorrentes. O mapa das relações sociais da empresa é bem mais complexo, envolvendo conexões com outros atores. Quem são eles? Como se processam suas relações com a empresa?

A empresa e as organizações sindicais

Um primeiro olhar para a relação entre empresas e sindicatos nos levaria a apontar que se trata de uma relação unicamente conflituosa; afinal de contas, estes são atores com objetivos claramente distintos. De um lado, os proprietários e a direção da empresa, visando obter lucros cada vez maiores e/ou ampliar o patrimônio dos acionistas. De outro, as lideranças sindicais, com o objetivo de defender os propósitos dos trabalhadores. De fato, essa é uma relação tensa, pois, em uma sociedade capitalista, os proprietários e os trabalhadores constituem classes sociais antagônicas, com interesses em disputa. Todavia, também nesse aspecto as coisas se passam de maneira mais complexa do que poderiam parecer à primeira vista.

Há sindicatos mais combativos e aqueles com menor capacidade de atuação. Isso pode depender do número de filiados, da importância do serviço prestado por determinada categoria para o conjunto da sociedade, bem como da própria história de formação da entidade sindical e da inclinação política das suas principais lideranças. Assim, existem os sindicatos que assumem uma postura de radicalidade na defesa dos interesses dos seus associados; aqueles que assumem atitudes mais negociadoras; e, ainda, os que não possuem expressão política na defesa dos interesses de classe e terminam pendendo para o lado dos empresários, funcionando com apaziguadores dos conflitos trabalhistas.

A força de uma entidade sindical depende também do contexto histórico-social. A sociedade contemporânea é marcada, de forma geral, por um enfraquecimento dos sindicatos.

Trabalhadores em greve geral na Espanha (março de 2012).

Um dos grandes problemas que enfrentamos atualmente é o chamado desemprego estrutural, causado pelos processos de automação, bem como pelas reestruturações que as empresas empreenderam visando reduzir custos para enfrentar uma concorrência mais acirrada, resultado de uma economia globalizada. Nas fábricas, boa parte das atividades desempenhadas pelos operários foi substituída por robôs. Uma visita em uma fábrica de automóveis nesse início de século XXI nos mostra uma realidade completamente diferente daquela dos anos 1980, berço do surgimento do chamado novo sindicalismo no Brasil (Sader, 2001). As empresas de serviço também automatizaram processos, lançando mão dos recursos da telemática e das novas tecnologias da informação e da comunicação. Basta observarmos o que aconteceu com o setor bancário, que trocou milhões de operadores por caixas de autosserviço, e mesmo pelo acesso às operações bancárias pelo telefone ou via internet. As centrais de atendimento ao cliente também utilizam cada vez mais a automação, e lá se vão muitos postos de trabalho, forçando muitas pessoas a entrar na economia informal, ou a ter que empreender seu próprio negócio.

Essa reconfiguração do mundo do trabalho levou a um enfraquecimento dos sindicatos. Uma vez que milhares de pessoas buscam desesperadamente um emprego, elas estão dispostas a trabalhar em condições precárias e por salários mais baixos. Ademais, como o quadro de pessoal das empresas é bem menor hoje do que há alguns anos, os sindicatos encontram dificuldades para filiar associados, arrecadar contribuições que garantam um orçamento capaz de arcar com suas despesas administrativas, bem como os custos das suas ações de reivindicação. Finalmente, cabe destacar que muitas entidades sindicais perderam contato com as suas bases. Suas lideranças se distanciaram dos trabalhadores, e a organização passou a representar

O surgimento das ONGs

Após 20 anos de ditadura militar, entre 1964 e 1984, com a abertura democrática a sociedade brasileira viu emergir um novo sujeito político: as ONGs (Organizações Não Governamentais). A rigor, a origem das ONGs se deu a partir dos anos 1970, e elas tiveram uma importante participação no processo de redemocratização do país. Contando com o apoio de setores progressistas da Igreja Católica, sobretudo as Comunidades Eclesiais de Base, e das agências de cooperação internacional, essas organizações congregaram profissionais de diferentes formações, sociólogos, educadores, assistentes sociais, e se estruturaram a partir do desenvolvimento de projetos voltados para a promoção social em diversas temáticas, como meio ambiente, educação, saúde, gênero, relações raciais (Landim, 1998).

Dia 27 de fevereiro é o Dia Mundial das ONGs.

os interesses da cúpula dirigente. Dito de outra forma, muitos sindicatos se burocratizaram, gerando um desinteresse dos trabalhadores em se associar.

O certo é que vivenciamos uma era de enfraquecimento dos sindicatos. Quando comparamos o poder das entidades sindicais de hoje com a força que possuíam na grande São Paulo, especialmente na região do ABC, nos anos 1980, a distância é muito grande. Os sindicatos do ABC entraram na história política brasileira pela força das suas mobilizações, das suas lutas por maiores salários e melhores condições de trabalho. Eles representam um momento em que, na negociação com os empresários, os trabalhadores possuíam uma força muito maior.

Mas, se os sindicatos perderam nos últimos 20 anos a força que possuíam no jogo social, outros atores conquistaram um importante espaço, passando a estabelecer complexas relações com as empresas. Trata-se das ONGs.

As empresas e as ONGs: crítica radical e estabelecimento de parcerias

No final dos anos 1980 e início da década de 1990, as ONGs já possuíam uma visibilidade ampla e um reconhecimento significativo na sociedade brasileira.

Elas representavam o amadurecimento da sociedade civil organizada no país e inseriam no jogo social novos sujeitos políticos, a exemplo das associações de bairro, dos grupos ambientalistas, das organizações de defesa dos direitos das mulheres, dos negros, dos homossexuais, das pessoas com deficiência. O empresariado percebeu que seria impossível virar as costas para esse ator social. Ele teria que ser incorporado ao diálogo que vinha sendo exercitado com os sindicatos.

Assim, a agenda sociopolítica para a qual a empresa deveria dar atenção se tornou mais complexa. Na sua pauta, além de discussões sobre problemas trabalhistas, passavam a fazer parte questões relacionadas ao meio ambiente, às comunidades locais situadas em seu entorno, ao trabalho infantil, à discriminação racial e de gênero nos processos de recrutamento e seleção e desenvolvimento de carreira dos seus profissionais, entre outras temáticas. Ignorar essas questões poderia representar um alto custo no que diz respeito a danos à imagem institucional, uma vez que a atuação das ONGs, muitas delas articuladas em redes transnacionais, pode mobilizar a opinião pública, estimulando os consumidores a boicotar empresas cujas práticas de negócios apresentem danos ao meio ambiente e/ou ao conjunto da sociedade. Grandes empresas transnacionais tiveram experiências desagradáveis nesse sentido.

Um caso paradigmático é fornecido pela Nike. Como se sabe, o núcleo central do negócio dessa empresa é estruturado hoje sobretudo pelo design de novos produtos e pela publicidade para reforçar a imagem da marca. A produção em si é terceirizada entre empresas subcontratadas espalhadas por diferentes regiões do mundo, geralmente aquelas que representam menores custos de mão de obra. Em virtude desse modelo de organização da produção, a Nike foi acusada pelos movimentos sociais, ONGs que atuam com questões relacionadas a direitos humanos e associações de consumidores na Europa e na América do Norte de estar explorando, ainda que indiretamente, a população de países pobres, e mesmo utilizando mão de obra infantil (Bakan, 2008).

Outro caso que pode ser citado é da M5 Têxtil, detentora da grife M. Officer. Em 2014 ela foi condenada por exploração de trabalho escravo. De acordo com a sentença proferida pela juíza da 2ª Região do Tribunal Regional do Trabalho, a M5 é responsável pelas condições análogas à escravidão em que se encontravam seis trabalhadores bolivianos (entre os quais estava um casal com um bebê de dez meses) nas oficinas de costura subcontratadas pela empresa. Os trabalhadores recebiam por peças produzidas, cumpriam jornada extensa, bem superior ao permitido pela legislação trabalhista, e estavam submetidos a condições degradantes de trabalho no que se refere à higiene, saúde e segurança. A sentença informa também que os bolivianos ganhavam entre R$ 4,00 e R$ 6,00 pela produção de cada peça, que era comercializada por valores até 50 vezes mais altos (Belley, 2014). Os casos de uso do chamado trabalho escravo moderno por grandes empresas têm sido denunciados por ONGs que atuam com direitos humanos em várias partes do mundo.

Uma parcela das elites empresariais entendeu que esse movimento de fortalecimento da sociedade civil traz, ao mesmo tempo, um desafio e uma oportunidade. O desafio se expressa pelo risco que significaria ignorar os novos atores que lutavam por uma sociedade mais justa e mais democrática. A oportunidade se manifesta da seguinte forma: a redução da atuação do Estado no campo da ação social abre a possibilidade de as empresas prestarem serviços desta natureza. Ademais, ao monitorarem as reivindicações das ONGs, as empresas podem rever seus processos de produção e seus produtos/serviços, antecipando-se às tendências futuras (Yazigi, 2004). Assim, o investimento social privado e a responsabilidade social empresarial passaram a fazer parte do discurso e da prática das empresas.

A ideia de investimento social privado diz respeito à participação da empresa na resolução dos problemas sociais. Essa participação pode se dar por meio do apoio financeiro à atuação de determinadas ONGs, do repasse de tecnologias gerenciais, tais como capacitações em planejamento estratégico ou gestão financeira, ou mesmo da criação de parcerias estratégicas para o desenvolvimento de projetos conjuntos. Como afirmado anteriormente, no Brasil as empresas que desenvolvem ações dessa natureza constituíram, em 1995, uma associação para a troca de experiências e o desenvolvimento de conhecimentos específicos nesse campo. Trata-se do Grupo dos Institutos, Fundações e Empresas (Gife), que congrega os braços sociais de determinadas organizações, como Boticário, Bradesco, Itaú, entre outras.

Já o conceito de responsabilidade social empresarial faz referência ao compromisso das empresas em adotar condutas éticas nas relações estabelecidas com todos os seus públicos interessados. Dessa perspectiva, não adiantaria a empresa desenvolver trabalhos sociais na comunidade que fica no entorno da sua sede quando contrata fornecedores que utilizam trabalho infantil, assume posições desleais na relação com os concorrentes, adota práticas antiéticas na relação com o governo, ou quando seu processo produtivo possui impacto destrutivo no meio ambiente. Nesse sentido, o investimento social privado deveria ser visto como uma dimensão da responsabilidade social empresarial. Como igualmente foi assinalado, a temática da responsabilidade social resultou em um novo associativismo empresarial em nosso país. Trata-se do Instituto Ethos de Empresas e Responsabilidade Social.

A associação das empresas em torno de questões como responsabilidade social empresarial e investimento social privado, também conhecido como filantropia corporativa, evidencia o peso dessas temáticas na dinâmica empresarial contemporânea. Todavia, Paoli (2002), analisando esse movimento das empresas de uma perspectiva sociológica, fez algumas críticas pertinentes quanto à filantropia corporativa.

O argumento central dessas críticas refere-se ao fato de que a filantropia corporativa contribui para o desmonte das políticas sociais regidas por princípios universais dos direitos e da cidadania, transformando o cidadão de direitos em mero beneficiário de favores e generosidades da caridade privada. Dessa forma, ela retira da arena política os conflitos distributivos e a demanda coletiva por cidadania e igualdade. Isso acontece porque, em regra, a ação social das empresas se move longe do debate público que deve caracterizar a decisão democrática sobre a alocação dos recursos de uma sociedade.

Observa-se, ainda, que a prática da filantropia corporativa é, muitas vezes, marcada por uma aleatoriedade no tempo e no espaço, intervindo de forma pulverizada ao arbítrio das preferências privadas de financiamento. Ou seja, uma empresa que desenvolve ou apoia um trabalho social em uma comunidade localizada

A crítica da filantropia empresarial

Em sua crítica, Paoli (2002) destaca ainda o fato de as empresas silenciarem sobre os retornos mercantis das suas práticas filantrópicas. Tal retorno se dá tanto no reforço da imagem da marca, com a consequente agregação de valor aos produtos e serviços, quanto no apaziguamento de insatisfações trabalhistas e na criação de sensações de pertencimento e de orgulho entre os trabalhadores. Ou seja, seriam na verdade mais uma estratégia de marketing.

Sustentabilidade como principal agregador à marca de uma empresa.

no seu entorno pode suspender esse projeto em função de redução de custos, ou mesmo em razão do deslocamento da sua sede ou das suas operações para outra área geográfica. Por essas razões, para Paoli (2002), em que pesem o caráter humanitário e a relevância diante das necessidades e carências da população pobre brasileira, a filantropia empresarial não representa uma alternativa de verdadeira superação das desigualdades sociais, em pouco se diferenciando do velho modo de fazer caridade.

Essa crítica lançada à atuação das empresas no campo social nos leva a mais um ator que faz parte da complexa trama que caracteriza a dinâmica externa da empresa: o Estado.

O Estado e a regulação da atividade empresarial

Não é possível pensar as sociedades contemporâneas sem fazermos alusão ao Estado com um mediador da vida coletiva. Ele estabelece limites para a conduta dos indivíduos, grupos e organizações; realiza a arbitragem no caso da eclosão de conflitos; desenha e implanta políticas sociais em áreas como economia, educação, cultura, lazer, saneamento, saúde, segurança; faz obras de infraestrutura capazes de fomentar investimentos no setor produtivo, gerando emprego e renda. Em síntese, cabe ao Estado, dentre outras funções, atuar como árbitro diante dos conflitos sociais, regular a atividade econômica, promover o bem-estar da população.

Tendo isso em mente, pode-se dizer que as empresas se relacionam com o Estado de diversas formas. Para fazer face aos gastos públicos, o Estado cobra impostos das empresas, tais como ICMS, IPI, IRPJ, dentre outros. Todavia, para atrair investimentos para o país ou mesmo para determinadas regiões dentro do país, o mesmo Estado pode oferecer às empresas subsídios fiscais, abrindo mão da arrecadação de impostos por um determinado período de tempo visando estimular a

Atenção!

Vale ressaltar que Estado refere-se ao poder público nas diferentes esferas de governo: federal, estadual e municipal. Da mesma forma, diz respeito não apenas ao executivo, responsável pela implementação das políticas, mas também ao legislativo, a quem cabe a elaboração das leis, e ao judiciário, que deve garantir sua execução. É com todo esse aparato estatal que as empresas interagem.

instalação de uma nova unidade da empresa em determinada localidade. O Estado pode também garantir às empresas deduções sobre o IR devido desde que financiem projetos na área cultural.

As empresas, por sua vez, não apenas respondem às propostas apresentadas pelos setores governamentais. Elas podem apresentar posturas ativas na relação com o Estado. Conforme afirmado no início deste capítulo, organizações que atuam em um mesmo segmento da atividade econômica, por exemplo, costumam se articular em associações visando à defesa dos seus interesses. Assim, podem pleitear a redução de impostos que incidem sobre sua atividade, ou demandar políticas de incentivo à exportação de certos produtos. Podem também influenciar a participação pública na capacitação da mão de obra, por exemplo, quando cobram a ampliação dos cursos de formação técnica, ou quando buscam direcionar o escopo do ensino universitário. Enfim, são muitos os interesses que podem entrar nesse complexo jogo.

Ademais, como vimos na seção precedente, desde os anos 1990 as empresas passaram a desempenhar um papel importante no campo das políticas sociais, empreendendo parcerias com ONGs para o desenvolvimento de projetos sociais. Parte desses projetos pode ser financiada com recursos públicos, provenientes de fundos destinados a ações relativas ao meio ambiente, à saúde, à educação, à cultura etc. E caso sejam bem-sucedidos na resolução dos problemas que pretendem enfrentar, podem ser transformados em políticas públicas de caráter universal, vindo

Congresso Nacional em Brasília, DF.

a ser incorporados como uma responsabilidade do Estado, seja no nível federal, estadual ou municipal. O Estado é o único ator capaz de garantir a extensão dos benefícios daquela ação social a todos os indivíduos que representam a população-alvo, sejam jovens, idosos, moradores de rua, ou outro segmento da população do país, do estado ou da cidade.

Finalmente, cabe destacar que, no contexto de um mundo globalizado, a atuação das empresas ultrapassa as fronteiras nacionais. Os grandes grupos econômicos, através de processos de fusão e incorporação que muitas vezes integram empresas originárias de distintos países, transformaram-se em corporações transnacionais. Muitos deles acumularam um poder maior do que muitos Estados. Seus faturamentos são equivalentes ao PIB dos países desenvolvidos (Dowbor, 2011). Nesse cenário, os organismos multilaterais e as organizações internacionais possuem um importante papel a desempenhar no sentido de regular a atividade econômica global. Sendo assim, as empresas são obrigadas a atentar também às regras definidas por agências ligadas ao sistema das Nações Unidas, como a Organização Mundial do Comércio (OMC), a Organização Internacional do Trabalho (OIT), entre outras. Muitas empresas globais são inclusive chamadas para rodadas de negociação promovidas por esses órgãos.

O objetivo deste capítulo foi mostrar que a dinâmica externa da empresa revela uma complexidade ainda maior do que a sua dinâmica interna. Foram privilegiadas aqui as relações estabelecidas pela empresa com os concorrentes, os fornecedores, os consumidores, os sindicatos, as ONGs, o Estado e os organismos multilaterais. Mas a trama social na qual a empresa está envolvida não acaba aí. Poderíamos ter apontado também os vínculos das empresas com as universidades, as igrejas, a mídia, entre outros atores sociais. O importante a destacar, para concluir este capítulo, é que representa algo fundamental para o administrador desenvolver conhecimentos, habilidades e competências que lhe permitam ler os acontecimentos macrossociais, isto é, que lhe possibilitem uma análise qualificada do ambiente econômico, social, cultural e político que envolve a organização. Essa compreensão permitirá que participe de forma mais qualificada nesse complexo jogo social, dando mais consistência à sua ação gerencial.

Análise sociológica da dinâmica interna da empresa

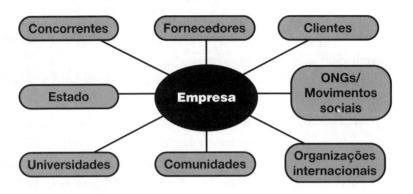

Questões para discussão

1. Por que as empresas se tornaram atores centrais da dinâmica social contemporânea?
2. Como surgiu o modelo de empresa que conhecemos hoje? Qual foi o formato organizacional que a antecedeu?
3. Dê exemplos de relações de cooperação que as empresas podem estabelecer com seus concorrentes.
4. De que formas as empresas podem estabelecer relações de cooperação com seus fornecedores?
5. Quais são os fatores que explicam a postura mais ou menos combativa que um sindicato pode assumir nas relações com as empresas?
6. Por que razões as empresas perceberam que precisavam levar em conta as ONGs como um ator importante da dinâmica social contemporânea?
7. Quais são as principais críticas que se podem fazer à ideia de filantropia corporativa, ou investimento social privado?
8. Como se dão as relações entre as empresas e o Estado?

Dicas de filmes

A corporação (Estados Unidos, Canadá, 2003). Dir.: Mark Achbar, Jennifer Abbott.
A rede social (Estados Unidos, 2010). Dir.: David Fincher.
Peões (Brasil, 2004). Dir.: Eduardo Coutinho.
Jobs (Estados Unidos, 2013). Dir.: Joshua Michael Stern.
Chatô, o rei do Brasil (Brasil, 2015). Dir.: Guilherme Fontes.

Referências bibliográficas

AMBLARD, Henri et al. Conventions et accords. In: *Les nouvelles approches sociologiques des organisations*. Paris: Seuil, 2005.

BAKAN, Joel. *A corporação:* a busca patológica por lucro e poder. Ribeirão Preto: Novo Conceito, 2008.

BECK, Ulrich. *Sociedade de risco*: rumo a uma outra modernidade. São Paulo: 34, 2013.

BELLEY, Mariana. M5 Têxtil, dona da M. Officer, é condenada por trabalho escravo. *O Estado de S. Paulo*, 26 de novembro de 2014.

CHANLAT, Jean-François. La logique de l'entreprise et la logique de la société: deux logiques inconciliables? In: DUPUIS, Jean-Pierre et KUZMINSKI, André (dir.). *Sociologie de l'économie, du travail et de l'entreprise*. Montréal: Gaetan Morin, 1998.

DOWBOR, Ladislau. A rede do poder corporativo mundial. *Revista Fórum*, n. 105, 2011.

GIDDENS, Anthony. *Sociologia*. Porto Alegre: Artmed, 2011.

LANDIM, Leilah. Experiência militante: histórias das assim chamadas ONGs. In: LANDIM, Leilah (org.). *Ações em sociedade*: militância, caridade, assistência etc. Rio de Janeiro: NAU, 1998.

MORGAN, Gareth. *Imagens da organização*. São Paulo: Atlas, 2013.

PAOLI, Maria Célia. Empresas e responsabilidade social: os enredamentos da cidadania no Brasil. In: SANTOS, Boaventura de Sousa (org.). *Democratizar a democracia*: os caminhos da democracia participativa. Rio de Janeiro: Civilização Brasileira, 2002.

SADER, Eder. *Quando novos personagens entraram em cena*: experiências, falas e lutas dos trabalhadores da Grande São Paulo, 1970-1980. Rio de Janeiro: Paz e Terra, 4 ed, 2001.

VINDT, Gérad. Du négociant à la multinationale. *Alternatives Economiques*, n. 79, 2009.

YAZIGI, Michael. Transforme as ONGs em aliadas. *Harvard Business Review*, fev. 2004.

Palavras-chave:
Empresas. Sociedade. Sindicatos. ONGs. Estado.

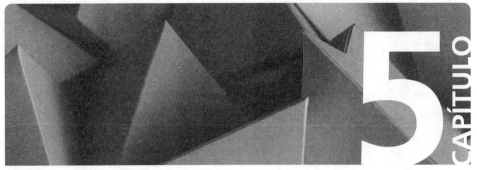

A globalização como desafio para as Ciências Sociais

Objetivo do capítulo: Este capítulo pretende identificar e definir conceitos relacionados ao fenômeno da Globalização e suas consequências para o mundo contemporâneo. Ele apresenta também posições favoráveis e contrárias à Globalização. Por fim, situa as relações da Globalização com o campo econômico, cultural e da comunicação, ressaltando, ainda, as conexões entre Globalização e Sustentabilidade.

Relato 5: Barreiras globais

Em 1989, o mundo comemorava a Queda do Muro de Berlim, conhecido como "Muro da Vergonha", um marco que teria posto fim – pelo menos em tese – à chamada Guerra Fria e inaugurado uma nova etapa da história do século XX. Naquele momento acreditava-se na possibilidade de que os povos se tornassem mais tolerantes e que, em um contexto globalizado, as fronteiras, não só físicas, mas culturais, do planeta seriam finalmente diluídas. Ao contrário, o que se constatou é que novos muros foram e estão sendo construídos. Exemplos são fartos: a polêmica barreira, erguida no governo de Donald Trump, na fronteira EUA-México; o muro em torno de palestinos na Cisjordânia e Gaza; aquele entre a Índia e Bangladesh; os construídos nos enclaves espanhóis no Marrocos etc. Apesar da ideia corrente de que a globalização levou a uma crescente interdependência das sociedades, na contramão desse movimento, uma das características mais marcantes da paisagem global contemporânea é justamente a proliferação de travas físicas ou invisíveis, dificultando o trânsito entre povos. São muitas as interpretações que tentam dar conta do por quê da ascensão desse fenômeno e como ele afeta populações pelo globo. As justificativas oficiais para sua construção geralmente se pautam por argumentos em nome da segurança nacional e das questões de defesa. Entretanto, há diversos críticos que afirmam que esses muros também refletem estratégias neoliberais de exclusão socioeconômica entre ricos e pobres. São muitos os registros de conflitos étnico-culturais que alimentam (e são alimentados) por crises econômicas e políticas, o que tem gerado um constante movimento migratório das mais variadas feições. Assim, um outro objetivo da construção desses muros seria estancar o fluxo de pessoas que saem de seus países de origem em busca de uma vida melhor nos grandes centros desenvolvidos do mundo capitalista. Ou, como se tem observado nos últimos meses, fugindo de guerras e conflitos que têm posto suas vidas em risco (a tragédia das milhares de mortes no Mediterrâneo é um forte exemplo). Para os críticos, os muros refletiriam tentativas neocolonialistas de manter afastadas as populações indesejadas, contrariando a ideia, notabilizada pelo sociólogo polonês Zygmunt Bauman, de que as fronteiras estariam se liquefazendo no mundo globalizado. Parece que a cada ano elas se tornam mais evidentes, vigiadas e cercadas.

Selo alemão dedicado ao primeiro aniversário da queda do muro, 1990.

Polícia fiscaliza a fronteira México/USA no estado do Arizona.

Capítulo 5 – A globalização como desafio para as Ciências Sociais

Os momentos finais do século XX foram marcados por uma aceleração nas grandes transformações que já vinham sendo experimentadas pela humanidade desde o fim da Segunda Grande Guerra e que levaram a alterações significativas nas esferas tecnológica, cultural, política, social e econômica em escala planetária. Esse forte entrelaçamento entre distintas dimensões da sociedade foi acentuado por uma série de fatores importantes, como a reconfiguração geopolítica do mundo no pós-guerra, a consolidação de instituições transnacionais (em particular no âmbito das relações de mercado, em que as Corporações Multinacionais são o maior exemplo), o barateamento dos custos de transporte, e, certamente, um dos mais influentes fatores: o avanço e difusão das chamadas Tecnologias de Informação e Comunicação (TICs). Essas transformações, carregando o peso histórico dos conflitos do pós-guerra e da nova cara do Capitalismo, revelou uma dupla face de Jano: se, de um lado, trouxe muitas conquistas, do outro, evidenciou e, em muitos casos, acentuou desigualdades, exclusões e conflitos, provocando um intenso debate em busca da sua compreensão.

Todo esse movimento, um dos mais debatidos pelas Ciências Sociais contemporâneas, deu-se de tal maneira que colocou o mundo todo em uma malha complexa de interconexões que, em linhas gerais, vem sendo chamado, não consensualmente, como se verá neste capítulo, Globalização.

Muitos críticos, inclusive, afirmam que, na verdade, não se trata de uma realidade propriamente nova, mas de um novo conceito (como uma nova roupagem) para questões que são relativamente antigas. Invertendo a parábola cristã do vinho novo em odre velho, poderíamos afirmar que se trata de um vinho velho num

Jano foi um deus latino das mudanças. Representado por um homem de duas faces, uma olhando para a frente e outra para trás, como quem liga, pelo presente, o passado ao futuro, o começo ao fim das coisas. Concebido como uma divindade de passagem, ele é cultuado como um deus do princípio, daí seu nome ser dado ao primeiro mês do ano no calendário romano (janeiro). Metaforicamente, a expressão "as duas faces de Jano" tem o sentido de uma realidade que se apresenta de modo duplo, ambíguo.

Escultura de Jano, Jardim de Verão em São Petesburgo.

125

odre novo. É por isso que, ao analisar o fenômeno, o cientista social Otávio Velho indica que o debate sobre globalização, na verdade, tende a ser percebido como não adicionando nada de particularmente novo a controvérsias que são antigas. À visão de Velho contrasta a do sociólogo estadunidense George Ritzer, para quem, a despeito de trazer temáticas que nem sempre são recentes, a globalização é uma realidade que as articula de uma forma inédita e desafiadora para as Ciências Sociais. Com ele concordam muitos sociólogos brasileiros, como Octavio Ianni (1926–2004) e Renato Ortiz (1947–), e o geógrafo Milton Santos (1926–2001), que, por sua vez, fizeram reflexões bem críticas a respeito do fenômeno, mais apontando suas limitações e problemas do que louvando suas virtudes.

Nesse sentido, o mesmo Otávio Velho nos lembra também que as Ciências Sociais podem fornecer elementos interessantes para se compreender a globalização, a exemplo do que fizeram temas como o processo de descolonização, as questões ligadas às construções contemporâneas de identidades culturais, a intensificação da eclosão de movimentos de caráter nacionalista, a irrupção dos vários fundamentalismos religiosos, as tensões entre tribalismos e globalismos, a reconfiguração das relações econômicas e de trabalho em escala mundial etc. Fatos históricos, como a "Queda do Muro", a formação da sociedade em rede, a liquefação de fronteiras identitárias e nacionais, a criação da União Europeia e dos demais blocos econômicos continentais, o "11 de Setembro", a "capitalização" e mercantilização da China comunista são marcos históricos importantes desse processo que, segundo muitos autores, definiriam esta nova era. Nos anos mais fortes em que se debatia o fenômeno (na virada dos anos 1980 para 1990), Octavio Ianni chegou a afirmar que estava acontecendo algo tão novo que as Ciências Sociais deveriam desenvolver um novo instrumental de ferramentas teóricas e analíticas para dar conta de compreendê-lo.

O que chamamos de globalização?

Para motivar o debate, iniciamos este tópico com uma conceituação preliminar do que seja globalização, a partir do que afirma um de seus grandes estudiosos, o sociólogo George Ritzer (2008). Ele propõe uma definição ampla e genérica que possa contemplar a extensão e as divergências do debate sobre o tema: "[...] globalização é um conjunto acelerado de processos envolvendo fluxos que abrangem cada vez mais os espaços mundiais, levando a uma crescente integração e interconectividade entre esses espaços" (Ritzer, 2008, p. 1).

Capítulo 5 – A globalização como desafio para as Ciências Sociais

Ancorados nos trabalhos de cientistas sociais como Appadurai (2005), Hannerz (1998) e Rosaldo e Inda (2002), gostaríamos de propor uma conceituação similar. Pode-se entender globalização como a intensificação dos fluxos de capitais, mercadorias, pessoas, informações, imagens e ideias em nível planetário. Esse processo remete à complexa mobilidade e interconexão que caracteriza o mundo desde o início dos anos 1990, graças ao desenvolvimento sem precedentes das novas tecnologias da informação e da comunicação, bem como ao aumento da velocidade e ao barateamento dos custos dos meios de transporte de longa distância. Isso resultou no que David Harvey (2008) sintetizou como uma compressão espaço-tempo, isto é, uma reorganização do tempo e do espaço, alterando nossas percepções de duração e distância.

Entretanto, é importante ter claro que a definição do que seja globalização não é nada consensual nas Ciências Sociais. Para muitos autores, como se verá, a globalização simplesmente não existe; para outros, os mecanismos chamados globais referem-se apenas à esfera da interdependência econômica; ainda para outros, no entanto, é uma realidade contumaz e um caminho sem volta.

A despeito das controvérsias conceituais e desses posicionamentos nada uniformes, o fato é que não somente o fenômeno em si se consolidou como muitos foram os paradigmas teóricos que começaram a surgir em meio ao debate para tentar dar conta de sua complexidade, propondo novas e desafiadoras leituras do mundo.

O resultado disso é que, embora haja cientistas sociais para os quais o fenômeno não seja unanimemente aceito, o fato é que, para o mundo real e concreto do cidadão comum – com sua dinâmica econômica, cultural, social e política –, essa realidade se firmou com muito mais prontidão, e suas repercussões se fazem sentir sob esses vários recortes.

Seguindo a interpretação de Otávio Velho (1999), isso ocorre de modo muito forte no universo simbólico e no imaginário das pessoas, o que o leva a pensar a globalização também como uma construção cultural, como um grande "mito", não no sentido de fantasia (como no senso comum), mas no sentido antropológico do termo: uma atribuição de significado a uma realidade que se pauta por construções que operam por meio de mecanismos lógicos e racionais do pensamento, apenas seguindo uma arquitetura diferente daquela operada pela ciência. Em outras palavras: ainda que muitos cientistas sociais não concordem em reconhecer a globalização como um fenômeno único e uniforme, as pessoas acreditam nela e lidam como se ela fosse uma realidade consolidada. E isso, óbvio, tem suas repercussões nos vários campos da realidade cultural, política, social e econômica. Os empresários falam sobre ela e organizam seus negócios pautando-se por princípios globais partilhados por convenções internacionais que criam um cenário em escala mundial; no campo político, os Estados nacionais constroem suas políticas com base também em tratados em uma perspectiva global; no campo da cultura, a tecnologia permite que os meios de comunicação produzam mensagens que atinjam cada vez mais lugares remotos do planeta, propiciando um diálogo entre culturas.

Considerações sobre as origens da globalização

Se não existe consenso entre os autores quanto à definição da globalização, o mesmo vale para falar sobre suas origens. Quando ela teria começado? Alguns autores insistem em remontar a globalização às origens do próprio Homem, outros falam em ondas cíclicas de expansão de grupos pelo globo (como as invasões bárbaras no final da Idade Antiga ou as Grandes Navegações no início da Era Moderna) como sendo as raízes desse fenômeno contemporâneo. Entretanto, para sermos mais precisos na análise, sugerimos que se identifiquem marcos um pouco mais próximos e conectados mais diretamente com o fenômeno. Ao fim e ao cabo, concordamos com os céticos que sempre houve uma circulação de pessoas, coisas e ideias pelo mundo, mas consideramos que houve uma intensificação, sem precedentes, desses fluxos desde o final do século XX.

Um aspecto importante que é preciso sempre ter em mente é que o fenômeno jamais teria a cara que apresenta hoje se não tivesse ocorrido uma grande invenção no alvorecer da Era Moderna, que se consolidou por volta do século XV: o sistema capitalista e a economia de mercado. Embora essa nova forma de racionalidade econômica (como diria Weber) tenha se originado nesse momento, as raízes mais diretamente ligadas à globalização como a conhecemos hoje podem remontar às consequências da Revolução Industrial e ao expansionismo imperialista e colonialista que surge aí. Ainda que as Grandes Navegações representem um momento e um passo importantes rumo à sua realização, foi somente com o neocolonialismo e os neoimperialismos iniciados no século XIX que o mundo começou a ficar conectado efetivamente.

Não obstante essas considerações, a maior parte dos especialistas no assunto entende que a globalização, no sentido mais preciso do termo, está muito mais vinculada a mudanças estruturais ocorridas no mundo na segunda metade do século XX e que foram provocadas por quatro grandes fatores:

Capítulo 5 – A globalização como desafio para as Ciências Sociais

1. A emergência dos Estados Unidos como potência mundial nos anos subsequentes à Segunda Guerra.
2. O surgimento e a consolidação das grandes corporações multinacionais.
3. O desmantelamento do império soviético e o fim da Guerra Fria, cujo símbolo é a Queda do Muro de Berlim.
4. O desenvolvimento de novas Tecnologias de Informação e Comunicação.

Entender as origens da globalização requer uma compreensão de seu caráter transdisciplinar. A variedade de perspectivas que determinam esse debate vem do fato de que seus estudos estão marcados por uma grande mescla de orientações teóricas. Dessa forma, o debate resultante foi – e continua sendo – realizado em um ambiente de grandes mudanças nas áreas de conhecimento que o investigam (Economia, Sociologia, Antropologia, Ciência Política). É importante localizar, na história mais recente do Pós-Guerra, essas raízes nos diferentes campos, pois não é possível analisar e compreender o fenômeno sem essa mescla de perspectivas.

O campo da comunicação

Antes da eclosão desse debate, que efetivamente começa a partir dos anos 1980 (Ortiz, 2009), o problema dos fenômenos decorrentes da integração dos vários sistemas nacionais em um amplo sistema mundial já vinha sendo trabalhado por vários autores de diferentes áreas do saber. No campo da comunicação é clássica a referência a um dos principais antecessores desse debate e da ideia de globalização: um teórico da comunicação, o canadense Marshall McLuhan, que, ao publicar *Understanding media*: the extensions of man (McLuhan, 1964), formula e introduz a expressão (posteriormente transformada em conceito) "aldeia global". Embora a reflexão de McLuhan estivesse voltada para a compreensão de um eventual processo de unificação dos meios de comunicação e seu papel na construção de um mundo suposta e relativamente uniforme e padronizado em seus códigos e valores, é no campo da Economia que esse conceito vai encontrar um terreno fértil para grandes debates e formulações, principalmente com relação aos efeitos do Pós-Guerra.

Rede de comunicação global.

Entretanto, nas Ciências Sociais propriamente ditas (em particular, na Sociologia), segundo Renato Ortiz, é somente na década de 1960 que a globalização começa a ser vislumbrada de maneira mais concreta – com análises políticas, econômicas e sociais. Nasce aí a ideia dessa integração, tendo sido possivelmente Wilbert E. Moore um dos primeiros autores a fazer referência ao "mundo como um sistema social". Essa reflexão aparece em um pequeno artigo publicado no *American Journal of Sociology*, em 1966, intitulado Global sociology: the world as a singular system (Moore, 1966). Ao analisar o tratamento dado pela história à ideia de "Civilização", ou mesmo ao falar de uma "Humanidade" (*mankind*) – tema tratado mais pela Antropologia –, no que se refere à compreensão da dinâmica das sociedades humanas e sua integração cada vez maior, Moore propõe uma reflexão sobre quais seriam os princípios conceituais a serem construídos para se pensar a dialética "particularismo"/"universalismo" (posteriormente traduzida pela dialética local/global).

Para Moore, a Sociologia estava acostumada a pensar a dinâmica da economia capitalista segundo parâmetros nacionais (dos estados-nação), como unidades políticas e econômicas autônomas nas suas relações entre si. No entanto, já se fazia necessário construir categorias epistemológicas que dessem conta da análise de um fenômeno cada vez mais holístico e sistêmico. Com isso concordará, anos mais tarde, o sociólogo brasileiro Octavio Ianni.

A Sociologia deveria se tornar uma "Sociologia global", o que, para Moore, significaria uma Sociologia da humanidade (Moore, 1966, p. 475). Embora, neste trabalho, Moore esteja discutindo avanços epistemológicos a serem conquistados pela Sociologia para uma compreensão de uma sociedade em escala global, o que fica evidente é justamente a consolidação do próprio conceito generalista, universalista e, mais concretamente, internacional de sociedade. Finalmente, senão o conceito, mas uma ideia seminal de globalização em uma perspectiva sistêmica aparece na conclusão do seu artigo:

O mundo, então, é um sistema único [...]: em um grau crescente, a vida de um indivíduo onde quer que ele esteja é afetada por fatos e processos de qualquer parte. Isto é tão verdadeiro para pequenas e novas nações, quanto para aquelas já estabelecidas como grandes potências. (Moore, 1966, p. 481)

O cenário econômico

Da mesma maneira que, segundo McLuhan, os meios de comunicação trabalhariam para a construção de uma tendência (às vezes questionada) de uma padronização da comunicação (e, consequentemente, dos valores) da sociedade global, o sistema econômico capitalista contribuiu para a padronização das relações de produção e consumo. Ao perpetrar seu avanço no cenário internacional, o capitalismo se consolidou, com sua lógica de mercado e consumo, como parâmetro hegemônico das relações econômicas, sociais e culturais. Ao longo das últimas cinco décadas isso foi gerando um sistema econômico fortemente interdependente, em escala cada vez mais mundial.

Se a economia ainda se apresentava bastante polarizada no período da chamada Guerra Fria, essa interdependência em escala global passou a ser mais forte e definida a partir dos anos 1990.

A "Queda do Muro" assume um papel significativo porque representaria simbolicamente o fim da polarização e a construção, pelo menos no campo da Economia, de um "sistema-mundo", para usar a conhecida expressão do sociólogo estadunidense Immanuel Maurice Wallerstein (Wallerstein, 1991), outro nome

Globalização reconfigura fronteiras monetárias.

A queda do muro e o cinema

Considerado um marco da detonação do processo mais intenso da globalização e uma reviravolta na história contemporânea, a Queda do Muro de Berlim (um marco da constituição da Guerra Fria, lógica geopolítica e econômica que preponderou em toda a segunda metade do século XX) proporcionou muitas histórias belamente levadas às telas de cinema.

Dois filmes, nessa produção, merecem destaque:

Kolya, uma lição de amor (República Tcheca, 1996. Dir.: Jan Sverák). O cenário é Praga, na antiga Tchecoslováquia (atualmente República Tcheca), nos dias que antecedem a Queda do Muro. A película conta a história do relacionamento entre um garoto e um músico cinquentão, violoncelista de uma orquestra. A mãe entrega o garoto ao músico e foge para a Alemanha Ocidental (rumo a Paris). A partir desse drama pessoal, o filme mostra uma sociedade dominada pelo Estado soviético, enquanto traça os antecedentes que levam à Queda do Muro.

Adeus Lenin (Alemanha, 2003. Dir.: Wolfgang Becker). A história se passa em Berlim, exatamente no momento da Queda do Muro. Na história, um jovem vai visitar a família que vive no lado oriental e se junta a um grupo para protestar contra o governo. Sua mãe, alinhada e extremamente devotada ao regime socialista, tem um colapso cardíaco e entra em coma ao vê-lo no protesto, ficando assim por meses. Nesse momento, ocorrem a Queda do Muro, a unificação e a entrada da Alemanha Oriental no sistema capitalista. Quando ela acorda, o jovem monta um cenário simulando que a Alemanha Oriental ainda existia, para preservá-la do choque ao ver a mudança. De maneira bastante criativa, o cineasta coloca como pano de fundo, na história, personagens reais da vida política da Alemanha e da União Soviética.

Da esquerda para a direita: o ator Zdeněk Svěrák, o diretor Jan Svěrák, o ator mirim Andrey Kha-limon e o ator Ondřej Vetchý recebendo o Oscar de melhor filme estrangeiro (1997) por *Kolya, uma lição de amor*.

importante neste debate precursor sobre a globalização. É assim que, a partir da década de 1970, fortemente influenciado pela perspectiva marxista da predominância do sistema econômico sobre o político-ideológico, ele desenvolve suas reflexões críticas sobre o sistema capitalista criando dois conceitos importantes: "sistema-mundo" (que aparece na trilogia *The modern world system*, iniciada em 1974), e de "economia-mundo" (no livro *The capitalist world-economy*, de 1979). Em sua obra, além da introdução e desenvolvimento desses dois conceitos pioneiros, Wallerstein antecipa-se ao próprio movimento real e concreto na economia mundial (e, consequentemente, na sociedade como um todo). Ele se consolida, então, como um grande crítico do processo de exclusão construído pela economia capitalista (e, por conseguinte, pela própria globalização).

A análise de Wallerstein se coloca como herdeira da tradição inaugurada pela *École des Annales*, a mais importante escola de História no século XX, cujo nome mais conhecido é o historiador francês Ferdinand Braudel (1902-1985). Entre outras contribuições, Wallerstein irá propor uma fusão entre os métodos das Ciências Sociais e da História. Com isso, ele consolida os princípios da própria globalização como conceito por meio de seu paradigma do "sistema mundial".

Globalização na Sociologia brasileira

No Brasil, um dos pioneiros nessa discussão foi o professor Octavio Ianni, para quem a globalização é um fenômeno que "está presente na realidade e no pensamento, desafiando grande número de pessoas em todo o mundo" (Ianni, 2001, p. IX). Por isso mesmo, como já visto acima, trazendo grandes desafios para as Ciências Sociais, em especial no campo epistemológico. Isso porque, concordando com vários autores que o antecederam, Ianni assinalou que, embora a chamada "sociedade global" não seja um fenômeno novo, o momento de constituição da globalização "é um momento epistemológico fundamental: o paradigma clássico, fundado na reflexão sobre a sociedade nacional, está sendo subsumido formal e realmente pelo novo paradigma, fundado na reflexão sobre a sociedade global" (Ianni, 1994, p. 148).

No campo prático, um desses desafios é justamente o de repensar o ressurgimento e a subsistência de movimentos como "nacionalismos, provincianismos, regionalismos, etnicismos, fundamentalismos e identidades" (1994, p. 148).

Herdeiro de uma tradição filosófica diretamente vinculada ao Marxismo, Ianni abre caminho para um debate que se tornou necessário e presente nas Ciências

> ### A lógica da economia global e a exclusão social
> "O contínuo avanço tecnológico global não parece estar garantindo que as sociedades futuras possam gerar, unicamente por mecanismos de mercado, postos de trabalho – ainda que flexíveis – compatíveis em qualidade e renda com as necessidades básicas da população mundial. A lógica da globalização e do fracionamento das cadeias produtivas incorporou parte dos bolsões de mão de obra barata mundiais sem necessariamente elevar-lhes a renda. Os postos de trabalho formal crescem menos que os investimentos diretos. Se, por um lado, surgem oportunidades bem remuneradas no trabalho flexível, por outro, o setor informal também abriga o emprego muito precário e a miséria. E, especialmente nos países da periferia, os governos – comprometidos com a estabilidade – não têm orçamento suficiente e estruturas eficazes para garantir a sobrevivência dos novos excluídos. O paradigma do emprego está em definitiva mudança, e há inúmeras razões para preocupação quanto ao futuro da exclusão social no novo século" (Dupas, 1998).

Sociais no Brasil: a crítica ao sistema capitalista, interpretações sobre as relações entre política, economia, sociedade e cultura, a intensificação, em escala mundial, dos mecanismos de exclusão social. E é justamente a partir das suas contribuições que vários estudos se desenvolvem no Brasil, ora pensando a globalização e suas inter-relações com a cultura de massa e de consumo (Ortiz, 1996), ora pensando os aspectos da exclusão e desigualdade social gerados pela dinâmica da economia global, como é o caso das análises feitas pelo cientista social Gilberto Dupas (1995–2001) e do geógrafo Milton Santos (2001).

Globofobia e globofilia

O debate acerca da globalização está longe de chegar a conclusões unânimes entre os cientistas sociais (sobre sua natureza, características, estratégias de análise etc.). Na verdade, ele instaurou mais dúvidas e questões do que propriamente certezas. No entanto, este debate confirmou, ao longo de sua realização, que efetivamente "algo" passou a ocorrer de forma intensa, sistemática e sistêmica nos últimos 40 anos em escala mundial. E isso é um fato: globalização é uma realidade.

É notável que, a despeito da falta de consenso na tentativa de defini-la, a maioria das definições construídas nas Ciências Sociais e Econômicas parte de ideias

Capítulo 5 – A globalização como desafio para as Ciências Sociais

Símbolo da exclusão social: morador de rua dorme em frente a uma loja da Chanel em Seul, Coreia do Sul.

mais ou menos semelhantes, tais como: tempo, espaço, aceleração, interconectividade, processos, integração. Com base nisso, George Ritzer aponta dois grandes grupos dessas posturas divergentes, mais comumente encontradas entre os teóricos que a estudam. De um lado, o que ele vai chamar de "globofobia", ou seja, aqueles autores também chamados de *céticos*, por serem bem críticos quanto à aceitação de que realmente existe algo novo que se possa chamar de globalização. Aqui, podem ser colocados também os autores que, embora entendam que exista algo novo em escala global, acentuam, em suas análises, os efeitos perversos e excludentes da globalização. Do outro lado, o que ele chama de "globofilia", ou seja, aqueles autores que não só o aceitam como uma realidade (por isso são também nominados como *globalistas*), como acentuam seus ganhos e as benesses. Vejamos uma pequena síntese das duas posturas na análise do autor.

Globofilia (ou globalistas)

Segundo Ritzer (2011), esses autores assumem que existe algo que se pode chamar de globalização e que ela abrange, de fato, a totalidade do Globo. Mesmo com relação àquelas sociedades que não estão envolvidas diretamente no processo (por exclusão digital, social, econômica, cultural etc.), os globalistas defendem a ideia de que não há como elas não estarem, de alguma forma, enredadas e envolvidas por ele. Eles argumentam que é impossível encontrar alguma parte do mundo que ainda não tenha sido afetada, ainda que de forma indireta, pela globalização. Para parte dos autores identificados com essa corrente, até é possível que se fale (como muitos advogam) em múltiplos processos de globalização (ou globalizações). Mas isso não compromete o fenômeno em si, muito pelo contrário: dá-lhe as características de multiplicidade e intercontextualidade, típicas do mundo pós-moderno.

Um ponto importante na visão dos globalistas é a consolidação da supremacia da esfera econômica sobre a política na virada do século XX para o XXI. Isso porque o Estado-Nação teria perdido, para o mercado, o protagonismo que tinha desde o século XIX. Um exemplo disso é a fluidez de fronteiras dos blocos econômicos (como a Comunidade Europeia) e a consolidação do poder determinante das grandes Corporações Multinacionais no jogo político internacional. Embora reconheçam que, apesar de ter contribuído para a perda de sua importância como unidade de poder, a globalização não decretou o fim do Estado-Nação (muito menos dos governos).

Um dos principais elementos que caracterizam a consolidação da globalização na visão dos globalistas é justamente a força das grandes corporações multinacionais, da economia transnacional e do surgimento de uma nova divisão internacional do trabalho.

Globofobia (ou céticos)

Postura cética é aquela que envolve dois grupos de autores com relação à análise do fenômeno da globalização. De um lado estão os que negam a sua existência. Do outro, aqueles que lhe fazem uma severa crítica, apontando-a como essencialmente negativa. Os dois têm em comum alguns aspectos. Segundo eles, uma parte considerável do Globo com uma parcela significativa de sua população estaria (total ou parcialmente) excluída do processo. Para alguns, uma vez que o termo deveria se referir à totalidade do Globo, essa exclusão seria o fundamento para negar-lhe a existência.

Concordando com os globalistas, parte dos que adotam a postura cética afirma ainda que o que existem são múltiplos processos distintos (econômico, político, cultural, tecnológico), além de diferenças entre os processos vividos por nações ricas e pobres. A diferença em sua postura, no entanto, é que isso também seria um outro elemento que lhe negaria a essência de universalidade que o conceito de globalização requer.

As barreiras (físicas – como os muros descritos no início do capítulo – ou burocráticas) estão mantidas e até reforçadas pelos Estados-nação para evitar ou dificultar fluxos globais, o que tornaria o termo uma simplificação excessiva, obscurecendo uma gama de processos que estão afetando o mundo de diferentes mo-

Zygmunt Bauman e a crítica à globalização

Um dos nomes mais significativos da crítica à globalização é o do sociólogo polonês Zygmunt Bauman (1925-2017). Em *Globalização: as consequências humanas* (1999), Bauman dirige seu olhar agudo para a sociedade contemporânea e chama a atenção para os louvores com que o fenômeno da globalização vinha sendo aclamado. Sua crítica é elaborada a partir das várias perspectivas das ciências humanas e sociais: a perspectiva de classe, os Estados-Nação, o mercado, a velocidade da circulação da informação, a fluidez das relações etc. Para Bauman, os atores que levariam mais vantagem sobre o processo seriam as grandes corporações multinacionais e seus acionistas, sobretudo no que se refere à dinâmica econômica que acontece na dimensão local: levam o trabalho mais extenuante e mal remunerado para os países de Terceiro Mundo, maximizando seus lucros. No campo da comunicação, sua críti-

Bauman palestra no Salão do Livro em Turim, maio de 2015.

ca vai em direção ao excesso de informação que, por ter-se tornado bastante acessível, sufocaria a memória e o raciocínio das pessoas, em vez de nutri-las com repertório para estimular a produção de conhecimento. Esse mecanismo seria um poderoso instrumento nas mãos de uma elite para manter ainda mais as pessoas dominadas pela ilusão de um conhecimento efêmero e fluido. Na esfera política, Bauman é partidário da ideia de que o Estado-Nação esteja bastante desgastado e entrando em colapso, o que pode levar a uma desordem mundial. Este seria um dos sintomas da pós-modernidade no campo político: a descentralização do Estado geraria uma ruptura entre a esfera econômica e a política, com predominância da primeira.

Por fim, Bauman encerra o livro com uma visão de que a globalização precariza relações e as torna efêmeras, nas suas várias esferas, além da política e da economia.

dos. Segundo os céticos, isso pode ser evidenciado nas políticas protecionistas que muitos países (como os Estados Unidos) adotam para preservar seus mercados.

Os céticos afirmam ainda que, embora reconhecendo que o Estado-nação tenha perdido protagonismo para o mercado, nos últimos anos assistimos à sua retomada (a questão do Brexit, os controles de imigrações em muitos países, ou a polêmica envolvendo o muro na fronteira Estados Unidos-México podem ser bons exemplos). Ademais, lançam uma crítica às grandes corporações multinacionais, assinalando que elas, na verdade, seriam agentes da defesa de interesses dos Estados nacionais de sua origem. Para eles, seriam nações específicas – por trás das multinacionais – que se engajam em novas formas de imperialismo econômico. Esses conglomerados de Estados nacionais (Nafta, UE, o recente Tratado Transpacífico) seriam os grandes organizadores do processo.

Crise mundial 2008

Instituições financeiras estadunidenses confiaram de modo excessivo em clientes que não tinham bom histórico de pagamento de dívidas nos últimos anos. Esse tipo de financiamento, de alto risco, é chamado "subprime" (traduzido como "de segunda linha"). Os clientes davam como garantia suas casas, mas o mercado imobiliário entrou em crise em meados do ano passado. Os preços dos imóveis caíram, reduzindo as garantias dos empréstimos. Com medo, os bancos dificultaram novos empréstimos. Isso fez cair o número de compradores de imóveis, agravando ainda mais a crise no setor, que começou a ser observada em julho de 2007. O problema afetou o nível de emprego e o consumo, causando uma recessão geral na economia dos EUA. Bancos transformaram esses empréstimos hipotecários em papéis e venderam a outras companhias, que também acabaram sofrendo perdas.

Alguns dos maiores bancos dos Estados Unidos anunciaram prejuízos bilionários, como o Citigroup e o Merril Lynch, que perderam quase US$ 10 bi cada um. Como os EUA estão entre os maiores consumidores do mercado global, todo o mundo foi afetado. Países que exportam para lá, como o Brasil, passaram a vender menos. As Bolsas mundiais, incluindo a brasileira, sentiram o baque e tiveram perdas fortes nos três primeiros meses daquele ano. Na Europa e na Ásia, os índices de ações regionais tiveram na oportunidade o pior desempenho trimestral desde 2002.

No plano nacional, falou-se em "blindagem" da economia brasileira. O raciocínio era de que a demanda de países emergentes, principalmente a China, por matérias-primas (setor em que o Brasil é forte) e o consumo interno que estava aquecido ajudariam contrabalançar uma eventual redução de exportações para os EUA. No plano financeiro, considerava-se que o inédito volume de reservas internacionais do Brasil, à época próximo de US$ 200 bilhões, ajudaria os investidores a manterem a confiança na capacidade do país de honrar suas dívidas.

Desdobramentos

No início de setembro de 2007, o Tesouro americano anunciou intervenção nas gigantes do setor hipotecário Fannie Mae e Freddie Mac. Pelo plano, as duas companhias ficaram sob o controle do governo por tempo indeterminado, com a substituição dos executivos chefes de ambas e um investimento de US$ 200 bilhões nas duas financiadoras de empréstimos imobiliários para mantê-las solventes.

Efeito dominó: metáfora para a crise econômica de 2008.

Alguns dias depois, o quarto maior banco de investimentos dos EUA, o Lehman Brothers, anunciou que pretendia pedir concordata na Corte de Falências do Distrito Sul de Nova York. A organização informou que seu conselho de administração autorizou o pedido de concordata a fim de proteger seus ativos e maximizar seu valor. O Bank of America, por sua vez, fechou um acordo de compra do banco de investimentos Merrill Lynch, que estava sob risco de quebrar. A transação, da ordem de US$ 50 bilhões, criou a maior companhia de serviços financeiros do mundo. Em 17 de março, o quinto maior banco de investimento dos Estados Unidos, o Bear Stearns, recebeu uma proposta de compra, por parte do JPMorgan, de US$ 2 por ação, preço irrisório, 90% inferior ao do pregão anterior. O motivo se ligava ao fato de que a instituição quase entrara em colapso justamente por conta de problemas com o crédito de alto risco. Dois dias depois, um novo golpe para os investidores: o preço de commodities sofreu forte queda no mercado internacional, derrubando a cotação das ações das duas maiores empresas de capital aberto do Brasil: a Petrobras e a Vale.

Fonte: Atualizado com base em Entenda a crise financeira dos Estados Unidos. *Folha de S.Paulo*, 31 mar. 2008. Disponível em: <https://economia.uol.com.br/ultnot/2008/03/31/ult4294u1176.jhtm>. Acesso em: 16 out. 2017.

Tensões e ambiguidades

Mais do que um mero formalismo ou a expressão de posturas dicotômicas, essa polêmica revela, pois, uma tensão sobre o próprio fenômeno em si, disseminando duas interpretações em uma dinâmica tensa e antagônica. Uma envolve a formação de processos e instituições globais explícitas, como a ONU, a Organização Mundial do Comércio (OMC), a Organização para a Cooperação e o Desenvolvimento Econômico (OCDE), mercados financeiros globais, os tribunais internacionais ou os grupos específicos de países (G5, G8, G20, BRICS etc.). A maneira como esses organismos ou instâncias funcionam e operam é o que se poderia chamar de uma expressão global. Embora sejam parcialmente atuantes na escala nacional, são, em grande medida, formações novas, e evidentemente globais, se não em sua instituição, mas em suas consequências. A segunda interpretação de dinâmicas envolve processos que não necessariamente acontecem no nível global, mas ainda assim são parte da globalização. Ainda que esses processos aconteçam na dimensão nacional, eles transbordam as suas próprias fronteiras envolvendo redes e entidades, conectando múltiplos atores e processos nacionais, interligando, assim, cada vez mais países. Estariam incluídas aqui as redes de ativistas, as agendas particulares com apelo internacional (como a questão da Amazônia ou o Fórum Social Mundial, por exemplo), as políticas monetárias e fiscais (como o FMI ou o Banco Mundial), as regulamentações da Organização Internacional do Trabalho etc.

Isso tudo tem revelado que, se de um lado há grande divergência na definição do fenômeno, por outro há uma grande convergência sobre os seus efeitos, em particular os mais nocivos e críticos. É certo que há o reconhecimento de muitas conquistas trazidas pela globalização, sobretudo no campo tecnológico, da informação, no incremento da dinâmica das relações comerciais e da economia como um todo, na relativa facilitação da mobilidade em escala mundial. No entanto, há também, de maneira muito acentuada, a consciência de que tudo isso aumentou as fragilidades do sistema, tornando muito tênues os limites que o protegem da instabilidade, como atestaram várias crises econômicas ao longo das últimas duas décadas e, em particular, a crise global em 2008.

Por isso, outro aspecto curioso quando se fala da globalização é que, a despeito das tensões e divergências, pode-se perceber certa consonância entre os seus críticos: tão fortes quanto o ufanismo propagado sobre suas conquistas são as denúncias e as preocupações sobre os problemas relacionados às ameaças de várias naturezas e as mazelas sociais por ela produzidas. Entre elas, talvez a principal seja a evidenciação sempre crescente, em escala mundial, do antagonismo intrínseco ao sistema capitalista: é provável que nunca antes em sua história o capitalismo tenha gerado tanta riqueza e, simultaneamente, tanta pobreza.

O antropólogo e professor da Universidade da Califórnia, o colombiano Arturo Escobar, afirma que o desenvolvimento não se faz sem o subdesenvolvimento. Em sua crítica contundente à globalização, ele afirma que uma das grandes produções do capitalismo do século XX foi algo chamado "Terceiro Mundo".

Globalização e meio ambiente: a perspectiva da sustentabilidade

Desde as teorias sociais e econômicas dos séculos. XVIII e XIX (especificamente o Liberalismo e o Socialismo utópico e científico), o capitalismo vem sendo interpretado como um sistema cuja geração de riqueza está baseada na exploração de recursos que se concretiza no processo de produção, a saber: recursos naturais e humanos (isto é, matéria-prima e energia, de um lado; mão de obra, do outro). Embora isso seja reconhecido desde os primórdios das primeiras análises econômicas, praticamente todo o esforço de compreensão, tanto de economistas quanto de sociólogos, esteve concentrado nas interpretações sobre os efeitos da exploração dos recursos humanos na configuração do jogo de forças na sociedade sob forma de luta de classes (nomeadamente na relação capital/trabalho). A outra ponta, a exploração dos recursos naturais, o modo como se deu, sua intensificação e as ameaças em escala planetária – não apenas em seu aspecto ecológico, mas, em particular, econômico –, a possibilidade de exaustão desses recursos etc. levaram a reflexões sobre a relação do homem com a natureza e seu esgotamento. Embora essa discussão já esteja presente desde os escritos de Thomas Malthus (1766–1834) e John Stuart Mill (1806–1873), ela ficou praticamente adormecida até o final do século XX. Segundo Stephens (2009), o exemplo mais precoce de preocupações com a sustentabilidade e o esgotamento dos recursos naturais, pelo menos no pensamento econômico, está em Stuart Mill, no Livro IV do seu *Princípios de economia política*, de 1848. O autor teria se inspirado na teoria do crescimento populacional de Malthus e sua relação com os limites dos recursos naturais oferecidos pelo planeta para analisar esse esgotamento.

Entretanto, a demora em se refletir mais séria e densamente sobre o tema aconteceu muito provavelmente porque as preocupações da civilização ocidental estavam muito mais voltadas para a sedução tecnológica, as conquistas da Revolução Industrial e as condições para expansão do capitalismo proporcionada pelo neocolonialismo europeu do século XIX. A natureza demora mais a protestar do que o ser humano. Certamente, os protestos deste último foram ouvidos mais prontamente, desencadeando fortes movimentos sociais e políticos, em ondas revolucionárias que varreram o mundo ocidental, com repercussões definitivas para a história contemporânea. Talvez, por isso, já no século XIX e por todo o XX, o debate sociológico sobre as consequências nocivas da Revolução Industrial e da expansão do capitalismo tenha se concentrado sobre a relação capital/trabalho, enquanto as questões ambientais (consideradas, em uma visão mecanicista, como secundárias e distantes) demoraram a ser entendidas como parte integrante do mesmo todo (em uma visão holística e sistêmica) e, como tal, incorporadas na agenda estratégica de debates sobre os rumos do capitalismo.

Coincidência ou não, esse debate se tornou mais intenso no final do século XX, exatamente no mesmo momento do acirramento das questões relacionadas à expansão da reflexão sobre as consequências da globalização. Isso não é difícil de ser constatado pela intensa e substantiva produção de teorias e interpretações que se consolidou como uma parte robusta das Ciências Sociais e Econômicas na virada do milênio. O fato é que, no início do século XXI, essas duas questões se unem. Estabelece-se, então, uma agenda tanto no debate acadêmico/científico nas Ciências Sociais e na Economia quanto como pauta política das relações internacionais. A questão fundamental que se coloca é a de como pensar o desen-

Um dos maiores desafios do desenvolvimento sustentável é a harmonização da cidade e o meio ambiente.

Capítulo 5 – A globalização como desafio para as Ciências Sociais

volvimento econômico realizado com inclusão social (e consequente melhoria de qualidade de vida das populações), ao mesmo tempo que se garante a perpetuação dos recursos naturais, a fim de assegurar a própria sustentação da economia capitalista. Surge daí o conceito de desenvolvimento sustentável.

Como conceito, sua primeira formulação explícita apareceu em um documento elaborado pela Comissão Mundial sobre Meio Ambiente e Desenvolvimento, um relatório intitulado "Nosso Futuro Comum". Publicado originalmente em 1987, esse documento ficou conhecido como Relatório Brundtland, nome da primeira ministra da Noruega, Gro Harlem Brundtland, então chefe daquela Comissão, que elaborou a seguinte definição do conceito:

> Desenvolvimento sustentável é aquele que atende às necessidades do presente sem comprometer a possibilidade de as gerações futuras atenderem a suas próprias necessidades. Ele contém dois conceitos-chave:
>
> a. o conceito de "necessidades", sobretudo as necessidades essenciais dos pobres do mundo, que devem receber a máxima prioridade;
> b. a noção das limitações que o estágio da tecnologia e da organização social impõe ao meio ambiente, impedindo-o de atender às necessidades presentes e futuras. (Brundtland, 1991, p. 46)

O documento, além de inaugurar, pelo menos oficialmente, uma nova visão de desenvolvimento, insere também no panorama político, econômico e acadêmico o conceito de sustentabilidade. A despeito da variação de significados que o termo pode adquirir, suas definições orbitam em torno da ideia da manutenção de sistemas, processos, bens ou um conjunto determinado de itens necessários a uma boa qualidade de vida por um período relativamente prolongado de tempo (quiçá perpétuo).

Outro aspecto importante a respeito da ideia de sustentabilidade é que ela foi recentemente formulada de maneira a assumir mais explicitamente a integração sistêmica do processo de desenvolvimento. Tal formulação ficou conhecida como *"tripple bottom line"* (ou tripé da sustentabilidade, uma versão para o já conhecido *people, planet, profit* no jargão empresarial). O desenvolvimento econômico só é sustentável se forem garantidas as condições para a perpetuação da exploração racional do meio ambiente e asseguradas as condições que garantam a qualidade de vida das populações: desenvolvimento econômico, desenvolvimento social e preservação ambiental. Em outras palavras, o próprio conceito de desenvolvimento sustentável é ampliado, mas mantém-se a sua essência.

Embora remontem aos anos de 1980 as primeiras referências não acadêmicas exortando empresários a se preocuparem com questões ambientais, sociais e financeiras, a expressão em si (*tripple bottom line*) é atribuída a John Brett Elkington, um executivo que publicou, em 1997, um livro que lança as bases contemporâneas para que o empresariado incorporasse os princípios do desenvolvimento sustentável: *Canibais de garfo e faca*. A ideia central de Elkington é que não se trata apenas de uma opção (ser ecologicamente correto e socialmente justo), mas que essa postura, além de estratégica no sentido de possibilitar uma melhoria nos indicadores de avaliação do desempenho empresarial, é também lucrativa no longo prazo (Elkington, 1997). Suas ideias muitas vezes são discutidas de forma superficial, o que revela uma má compreensão do seu ponto principal: ou os empresários encaram de frente o problema do esgotamento de recursos ou o sistema como um todo entrará em colapso (como, aliás, as grandes crises do século XX e início do XXI já bem mostraram). É por isso que, inicialmente vista e tratada no mundo empresarial como um modismo, a sustentabilidade se fixou e vem tendo cada vez mais importância na agenda das organizações (sejam elas pequenas empresas ou grandes corporações multinacionais).

Globalização e cultura

No âmbito da cultura, o debate sobre globalização também assume contornos altamente complexos. Ela se liga a fenômenos como a consolidação e o avanço da economia de mercado para os mais distantes rincões do planeta, a Primavera Árabe, a consolidação da internet como um novo espaço de sociabilidade, o aumento da mobilidade em escala global etc.

Podemos pensar, em linhas gerais, dois aspectos do impacto da globalização na dimensão cultural. De um lado, todos os efeitos das TICs sobre a difusão e a troca de valores culturais em escala global e suas consequências. Do outro, o choque, cada vez mais evidente e crescente, entre a lógica local (pequenas comunidades tradicionais, tribos, grupos rurais etc.) e a global. Assim, a veiculação e a troca de valores não acontecem apenas no sentido das grandes sociedades urbanas e industriais em direção às pequenas e mais tradicionais; o contrário também se passa. Certamente, um dos eventos mais significativos nos últimos anos que congrega todos esses fa-

Primavera Árabe

Movimento que teve início na Tunísia, em janeiro de 2011, rapidamente se alastrando por vários países do norte da África e da Ásia (Egito, Líbia, Iêmen, Barein e Síria), a Primavera Árabe é o que se convencionou chamar a onda de protestos, revoltas e revoluções populares contra os governos autoritários e pouco democráticos do mundo árabe. Dois fatores são importantes para a compreensão do fenômeno:

a) O agravamento da situação econômica (desemprego, alto custo de vida) e política (falta de democracia).

b) O amplo uso das mídias sociais como elemento que catapultou a mobilização, levando as pessoas às ruas e inflamando os protestos.

Pode-se dizer que, em linhas gerais, três consequências foram altamente relevantes para a geopolítica mundial:

a) O endurecimento da ditadura síria, com o fortalecimento político de Bashar al-Assad, levando aquele país a um dos mais sangrentos conflitos do mundo contemporâneo, que já dura mais de 6 anos.

b) O crescimento e a consolidação do Estado Islâmico.

c) Colocação em xeque da política externa estadunidense com relação aos países árabes.

Protestos em Alexandria, junho de 2013.

tores seja a Primavera Árabe, ocorrida no início de 2011, cuja consequência mais dramática foi a Guerra da Síria. No âmbito do mundo dos negócios, é possível também pensar este impacto tomando como referência a interação das grandes marcas de projeção global em contextos locais (conforme quadro da página 155).

Como indicam Edelman e Haugerud (2005), na esfera da Antropologia (e das Ciências Sociais como um todo) essas questões assumiram contornos ainda mais interessantes e desafiadores quando os antropólogos, em suas pesquisas, se depararam com as mudanças em curso nas chamadas comunidades tradicionais, ou etnicamente diferenciadas, em especial na África e na América Latina. Em sua busca pela inserção no mercado e pelo "desenvolvimento econômico", fica evidente a tensão entre o tradicional e o moderno, entre o local e global. Este passa a ser, inclusive, um outro aspecto da sustentabilidade que começa a ser considerado a partir da primeira década do século XXI: a sustentabilidade cultural. Não se trata apenas de ser sustentável como economia, como ambiente em que se vive ou como sociedade. É preciso também equacionar a questão das identidades étnicas num mundo cujos valores da sociedade de mercado são avassaladores. Nesse processo,

Dimensões culturais da globalização.

que deveria ser um diálogo menos assimétrico para que houvesse uma troca, essas comunidades podem ter suas culturas aniquiladas num curto espaço de tempo.

Mesmo quando se tem como perspectiva uma análise mais específica de questões econômicas da maneira como são postas pela comunidade investigada, um dos desafios trazidos pela globalização é justamente o de analisar o desenvolvimento econômico e a diminuição da pobreza, levando-se em conta, além das tradicionais variáveis sociológicas e econômicas, aquelas de ordem cultural, como a mudança de comportamento econômico e a própria etnicidade dos grupos em questão.

Starbucks e a glocalização

O termo "glocalização" apareceu pela primeira vez no final da década de 1980 na prestigiada revista de negócios *Harvard Business Review*, num artigo de dois economistas japoneses. Mas quem o tornou popularizado foi o sociólogo americano Roland Robertson, que o descreveu como "os efeitos do tempero local a pressões globais". Seria a simultaneidade (co-presença) de tendências universalizantes e particularizantes. Ou, nas palavras de Thomas Friedman, "a capacidade de uma cultura, quando em contato com outras culturas fortes, absorver influências que naturalmente nela se encaixam e podem enriquecê-la. Resistindo às coisas que são verdadeiramente alienígenas, assimilam de forma própria aquilo que, embora diferente, pode ser apreciado. Para os autores que defendem a glocalização, ela representaria um bom equilíbrio de assimilação de influências estrangeiras em uma sociedade que amplia a sua diversidade sem esmagá-la. Dessa perspectiva, defendida pela Antropologia contemporânea, tanto no que se refere à circulação de bens quanto a outros fluxos que caracterizam a globalização, em vez de falarmos em aculturação é mais adequado investigarmos os processos de hibridação cultural. Todavia, isso não significa desprezar a assimetria das sociedades e culturas em contato.

É interessante observar que o termo surge no contexto das correntes de pesquisadores (geralmente vinculados ao mundo empresarial, mais especificamente à área de marketing) que são adeptos ao globalismo, porém entendendo que há uma tensão dialética entre o local e o global. Esses pesquisadores se sustentam em fortes evidências empíricas de que, na verdade, os consumidores, longe de serem passivos, frequentemente se apropriam dos significados das marcas globais, traduzindo-os para os seus próprios termos. Assim, modificam suas culturas locais, mas de modo criativo, construindo novas associações culturais com os elementos alienígenas de que gostam, transformando outros para se encaixarem nos padrões culturais e estilos de vida locais e dispensando aqueles considerados incompatíveis. Segundo esses estudos, as culturas locais, assim, produzem uma grande heterogeneidade no mundo das marcas: elas não são necessária e exatamente iguais nos quatro cantos do Globo. Um exemplo forte é a customização dos menus do McDonald´s.

Partidário dessa corrente, em 2006, o professor J. Craig Thompson, do Departamento de Marketing da Wisconsin School of Business, conduziu uma pesquisa sobre a marca Starbucks que virou referência desses processos de glocalização. Com um sucesso comercial contumaz, a Starbucks promoveu uma revolução ao transformar o café gourmet de um símbolo de status em um bem de consumo popular. É atribuída a ela a criação do mercado americano de café, tal como existe hoje. Na década de 1990, havia aproximadamente 200 *coffee shops* independentes nos Estados Unidos. Em 2006, eram mais de 14.000, sendo que a Starbucks possuía cerca de 30% desse total.

O modelo de cafeteria construído pela marca logo provou ser capaz de ganhar uma escala global, entrando maciçamente no Canadá, China, Japão, Taiwan, Grã-Bretanha e grande parte da Europa continental. Com planos arrojados para ampliar ainda mais seu mercado, a marca conquista Roma, considerada a meca dos consumidores de café. A Starbucks acabou se tornando ícone cultural da globalização, ao mesmo tempo alvo de uma crítica generalizada porque a empresa representaria o modelo de homogeneização que as críticas sociais atribuem ao capitalismo corporativo globalizado.

Logomarca da Starbucks.

A despeito disso, a marca continuou tendo grande penetração em culturas locais, proporcionando aquilo que Thompson chamou de *brandscape* hegemônico: um cenário que expressa a relação do consumidor com a marca como elaborador ativo de significados pessoais e orientações de estilo de vida a partir do casamento dos recursos simbólicos fornecidos pela marca e os da própria cultura local.

Fonte: Elaborado com base em Thompson e Asel, 2014.

Questões para discussão

1. Por que, apesar da globalização, muros ainda continuam sendo construídos? O que são "muros simbólicos" e quais seus possíveis impactos nos processos de internacionalização das empresas?
2. Elabore uma síntese do que se pode chamar de globalização, levando em consideração as visões otimistas e as críticas feitas a essa ideia.
3. Explique o entrelaçamento dos quatro elementos apontados no capítulo como catalisadores do processo de globalização.
4. De que forma a comunicação está relacionada com o processo de globalização?
5. Aponte e analise os impactos e relações do cenário econômico para a eclosão da globalização.
6. Quais foram as principais posições dos sociólogos brasileiros com relação à globalização?
7. Apresente resumidamente as duas posturas antagônicas a respeito da globalização: a globofobia e a globofilia. Quais são os argumentos sustentados pelos adeptos de cada uma delas?
8. De que maneira a globalização se articula com as questões relativas à sustentabilidade?
9. Quais são as principais consequências que a globalização traz para a esfera da cultura?
10. Levando em consideração o caso Starbucks, explique o significado do termo "glocalização". Com base nele e em pesquisas referentes a outras experiências empresariais, debata com os colegas sobre a tensão entre aculturação/homogeneização cultural *versus* hibridação cultural, que marca o fenômeno da globalização.

Dicas de filmes

A corporação (Canadá, 2004). Dir.: Mark Achbar e Jennifer Abbott.
Kolya, uma lição de amor (República Tcheca, 1996). Dir.: Jan Svěrák.
Baraka (Estados Unidos, 1992). Dir.: Ron Fricke.
Adeus Lenin (Alemanha, 2003). Dir.: Wolfgang Becker.
Encontro com Milton Santos: o mundo global visto do lado de cá (Brasil, 2006). Dir.: Silvio Tendler.

Referências bibliográficas

APPADURAI, Arjun. *Après le colonialisme*. Les conséquences culturelles de la globalisation. Paris: Payot, 2005.

BAUMAN, Zygmunt. *Globalização*: as consequências humanas. Rio de Janeiro: Zahar, 1999.

BRUNDTLAND, Gro Harlem (org.). *Nosso futuro comum*: relatório da Comissão Mundial para o meio ambiente e desenvolvimento. Rio de Janeiro: FGV, 1991, 226 p.

DUPAS, Gilberto. A lógica da economia global e a exclusão social. *Estudos Avançados*, v. 12, n. 34, 1998, p. 121-59. Disponível em: < http://www.scielo.br/scielo.php?script=sci_arttext&pid=S0103-40141998000300019>. Acesso em: 27 out. 2017.

EDELMAN, Marc; HAUGERUD, Angelique. Introduction: The Anthropology of Development and Globalization. In: *The anthropology of development and globalization:* from classical political economy to contemporary neoliberalism. Malden: Blackwell Publishing Ltd, 2005, p. 1-75. (Blackwell Anthologies in Social and Cultural Anthropology.)

ELKINGTON, John Brett. *Cannibals with forks*: the triple bottom line of 21st century business. Oxford, UK: Capstone Publishing Limited, 1997.

ESCOBAR, Arturo. *Encountering development*: the making and unmaking of the Third World. Princeton: Princeton University Press, 1995.

HANNERZ, ULF. *Conexiones transnacionales.* Cultura, gente, lugares. Madri: Frónesis Cátedra Universitat de València, 1998.

HARVEY, David. *Condição pós-moderna*. São Paulo: Edições Loyola, 2008.

IANNI, Octavio *A sociedade global.* Rio de Janeiro: Civilização Brasileira, 1992.

_____. Globalização: novo paradigma das ciências sociais. *Estudos Avançados*. São Paulo, v. 21, n. 8, 1994, p. 147-63.

_____. *A era do globalismo.* Rio de Janeiro: Civilização Brasileira. 1996.

_____. *Teorias da globalização*. Rio de Janeiro: Civilização Brasileira, 2001.

_____. et al. *Desafios da globalização*. Petrópolis: Vozes, 2002.

MCLUHAN, Marshall. *Understanding media*: the extensions of man. Nova York: McGraw-Hill, 1964.

MOORE, Wilbert E. Global sociology: the world as a singular system. *American Journal of Sociology*, Chicago, v. 71, n. 5, mar. 1966, p. 475-82. Disponível em: <http://www.jstor.org/stable/2774490>. Acesso em: 12 out. 2012.

ORTIZ, Renato. *Mundialização e cultura*. São Paulo: Brasiliense, 1996.

_____. Globalização: Notas sobre um debate. *Sociedade e Estado*, Brasília, v. 24, n. 1, abr. 2009, p. 231-54. Disponível em: <http://www.scielo.br/pdf/se/v24n1/a10v24n1.pdf>. Acesso em: 8 ago. 2011.

RITZER, George. *Globalization*: the essentials. Oxford: John Wiley & Sons, 2011.

_____. (ed.). The Blackwell companion to globalization. Oxford: John Wiley & Sons, 2008.

ROSALDO, Renato e INDA, Jonathan (eds.). *The anthropology of globalization*: a reader. Malden: Blackwell Publishing, 2002.

SANTOS, Milton. *Por uma outra globalização*: do pensamento único à consciência universal. Rio de Janeiro: Record. 2001.

STEPHENS, Pier H. G. Sustainability. In: CALLICOTT, J. Baird e FRODEMAN, Robert (Comps.). *Encyclopedia of Environmental Ethics and Philosophy*. Londres: Macmillan, 2009, p. 286-89.

THOMPSON, Craig J. e ARSEL, Zeynep. The Starbucks brandscape and consumers' (anticorporate) experiences of glocalization. *Journal of Consumer Research*, v. 31, n. 3, 2004, p. 631-42.

VELHO, Otávio. Globalization: object – perspective – horizon. *Journal of Latin American Anthropology*, S. l., v. 4, n. 2, mar. 1999, p. 320-339.

WALLERSTEIN, Immanuel M. *The capitalist world-economy*. Nova York: Cambridge University Press, 1991.

Palavras-chave:
Globalização. Globofilia. Globofobia. Cultura. Sustentabilidade.

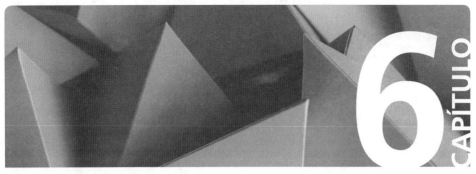

Cultura e organizações

Objetivos do capítulo: Este capítulo pretende evidenciar os aspectos simbólicos relacionados ao trabalho e à gestão empresarial, os significados associados ao trabalho em diferentes culturas, nacionais e/ou organizacionais e como afetam a dinâmica das empresas. Ele pretende igualmente discutir diferentes formas de pensar a questão cultural nas organizações: a perspectiva dominante na Administração e aquela da Sociologia.

Relato 6: Idiossincrasias organizacionais

Um número da revista de negócios *HSM Management*, publicado há alguns anos, abordou traços pitorescos, idiossincrasias do cotidiano de grandes empresas (Lafuente, 2008). Segundo a revista, na americana Southwest Airlines a informalidade é uma marca. A companhia permite que seus funcionários bebam cerveja no escritório. Nela, em vez do roteiro padrão, as aeromoças cantam as instruções de segurança antes de os aviões decolarem. Ademais, no portão de embarque acontecem, por vezes, sorteios de passagens para clientes que estiverem com as mais furadas! No entanto, essa informalidade não compromete o desempenho da organização. Ainda segundo a matéria, a pontualidade, a segurança e o cuidado no transporte da bagagem são pontos fortes da Southwest, tendo-lhe franqueado uma reputação que resultou na sua presença em edições da lista de empresas mais admiradas dos Estados Unidos organizada pela revista *Fortune*.

Na japonesa Toyota a preocupação com a eliminação dos desperdícios é a tônica. E para isso a companhia conta com um sistema de filmagem. Todo o trabalho dos operários enquanto executam suas tarefas é gravado. Isso soa invasivo. Porém, de acordo com a reportagem, tal prática possui a adesão dos funcionários. Eles concordam que esta é a forma mais apropriada de investigar a fundo cada atividade, visando encontrar a maneira mais eficiente de realizá-la. Se esse procedimento pode nos levar a crer que os trabalhadores da Toyota estão submetidos a um estrito controle, vale ressaltar que eles possuem autonomia para interromper imediatamente o processo produtivo, parando a linha de montagem, caso identifiquem algum problema. Cabe, então, solucionar o inconveniente para que haja a retomada da produção.

Placa com logo da Toyota, em Bangkok, Tailândia.

Duas empresas, dois países, dois estilos de gestão. Mas o que esses relatos têm em comum? Eles apontam para aspectos simbólicos relacionados ao trabalho. Para os significados associados ao trabalho em diferentes culturas, nacionais e/ou organizacionais. E o que é cultura? Como ela afeta a dinâmica das organizações? Quando a administração começou a atentar para os aspectos culturais da gestão empresarial?

Avião da Southwest decolando em Las Vegas.

Cultura e organizações: um breve panorama histórico

As dimensões culturais da dinâmica organizacional ficaram virtualmente ausentes, durante muito tempo, do horizonte de reflexões sobre gestão empresarial. Entretanto, desde meados dos anos 1980 o fator cultural ganhou maior visibilidade, tanto na produção acadêmica de administração quanto na atenção de empresários e executivos. Isso se deveu a duas razões principais. De um lado, o sucesso econômico das empresas japonesas no mercado estadunidense e mundial, sobre-

A explosão da literatura sobre cultura organizacional no campo da Administração

Foi nesse contexto de debate sobre cultura nas empresas que o mercado editorial viu a publicação de vários livros que ressaltavam a importância da cultura no mundo dos negócios. Dentre estes, destacam-se: *The art of japanese management*, de Pascale e Athos; *Corporate cultures*, de Deal e Kennedy; e *In search of excellence*, de Peters e Waterman. Importantes revistas científicas internacionais do campo da Administração, como *Organizational Dynamics* e *Administrative Science Quarterly*, também se ocuparam desse assunto, dedicando números especiais à cultura organizacional. Finalmente, duas obras emblemáticas surgem nesse mesmo momento: *Culture's consequences* (1984), de Geert Hofstede; e *Organizational culture and leadership* (1985), de Edgar Schein. Na primeira, Hofstede apresenta uma análise comparativa do funcionamento de uma das maiores companhias do mundo, a IBM, em diferentes contextos culturais nacionais. Na segunda, Schein trata da formação e da mudança da cultura organizacional, ressaltando o papel dos fundadores e líderes. A dimensão cultural ganhava assim um lugar de destaque no mundo empresarial, estando associada a impactos práticos na dinâmica das empresas (Morgan, 2013).

tudo nos segmentos automotivo e de eletroeletrônicos. De outro, os processos de reestruturação empresarial resultantes da globalização, que significaram, muitas vezes, choques culturais (Barbosa, 2002; Cuche, 1999; Freitas, 2007).

Quanto à primeira razão, a recuperação econômica de um país que havia sido arrasado na Segunda Guerra Mundial foi atribuída, no âmbito das escolas de Administração e das empresas de consultoria empresarial, a certas características culturais (a harmonia, a coesão e o valor atribuído à empresa). Assim, a cultura seria o principal motivo do sucesso de companhias como Sony e Toyota, que desbancaram suas concorrentes no mercado estadunidense. É evidente que essa recuperação japonesa não pode ser tributada exclusivamente à dimensão cultural. Sabemos que outros elementos tiveram peso muito forte nesse processo. Os programas de apoio desenvolvidos pelos Estados Unidos para ajudar países como a Alemanha e o Japão, a fim de evitar que o comunismo se alastrasse pela Europa e pela Ásia, não devem ser esquecidos. Nesse sentido, cabe lembrar que toda a "febre" da qualidade, que colocou o Japão no centro da cultura transnacional de negócios nos anos 1980, por conta das tecnologias de gestão, como Qualidade Total, Círculos de Controle da Qualidade, Just-in-Time, Kaizen etc., iniciaram-se alguns anos antes com a ida do professor estadunidense William Deming para o país levando o controle estatístico da qualidade para as indústrias japonesas (Cuche, 1999). De toda forma, foi nesse período que o livro *Made in Japan*, de Akio Morita, fez sucesso como best-seller do mundo corporativo. O mundo queria saber o que havia por trás do modelo de gestão japonês.

A segunda razão que despertou os olhos do universo empresarial para a questão cultural foi a aceleração dos processos de reestruturação dos negócios resultantes da globalização. Para se posicionarem no mercado internacional e concorrer em

O conceito de cultura nas Ciências Sociais

Quando se discute cultura no ambiente corporativo é muito comum tomarem-se alguns conceitos sem problematizar seu lastro teórico. Isso pode, muitas vezes, criar mais confusão do que contribuir para aprofundar o debate. Uma boa introdução à complexidade do conceito nas Ciências Sociais é o trabalho do antropólogo francês Denys Cuche, *A noção de cultura nas ciências sociais*. O livro é um bom manual que dá uma noção bem fundamentada das diferentes perspectivas teóricas na Antropologia e suas respectivas abordagens do conceito de cultura. Cuche também problematiza o uso do conceito nas várias esferas do saber: Ciência, Política, História, Administração etc.

Bimbim/Shutterstock

um cenário econômico cada vez mais competitivo, as empresas se reinventaram. Nesse movimento, houve uma grande concentração do capital em corporações transnacionais, criadas por meio de fusões, aquisições ou estabelecimento de joint ventures. Esses processos de reestruturação significaram, muitas vezes, choques de culturas organizacionais e/ou de culturas nacionais nos casos de empresas provenientes de distintos países.

Nos anos seguintes, profissionais com diversas formações disciplinares se lançaram na realização de consultorias para diagnosticar a cultura organizacional e propor, quando necessário, mudanças culturais que levassem à criação de "culturas fortes", capazes de resultar em uma elevação da performance empresarial. Esses consultores possuíam uma visão normativa e prescritiva da cultura organizacional. Segundo eles, era preciso inicialmente mapear a "verdadeira" cultura organizacional. Para tanto, recomendavam a realização de pesquisas quantitativas, com muito pouca observação sistemática do comportamento dos indivíduos em situações concretas de trabalho. Com base nesse levantamento, seria possível em seguida operar transformações culturais visando ao incremento da produtividade.

Essa abordagem surpreendeu os profissionais das Ciências Sociais, uma vez que a maneira como a cultura estava sendo pensada pelo mundo empresarial não correspondia aos avanços científicos desta área. Eles perceberam que se tratava de um debate com o qual poderiam contribuir. Vejamos, então, como abordam o conceito de cultura para entendermos melhor esse estranhamento. A partir daí serão discutidas as diferentes formas de pensar a questão cultural nas organizações, as perspectivas dominantes na Administração e na Sociologia.

O conceito de cultura na Sociologia

Pode-se dizer que o primeiro desafio da Sociologia para colocar as bases científicas do conceito de cultura foi desfazer o vínculo entre a cultura e a posse de um saber formal (DaMatta, 2011). Façamos uma experiência: busquemos o significado da palavra "cultura" no dicionário. Vamos encontrar inicialmente significados relacionados à agricultura. É o caso do sentido que a palavra ganha quando está expressando o cultivo de determinados vegetais (a cultura do café ou a cultura do cacau, por exemplo). Essa associação refere-se à etimologia da palavra, relacionada com cultivo. Há, em seguida, a vinculação do vocábulo com a microbiologia, o reino dos animais microscópicos, quando falamos, por exemplo, que vamos a um laboratório para fazer uma cultura de garganta.

A cultura: entre a realidade e o conceito

"A palavra 'cultura' tornou-se moeda corrente. Para a presente geração, ela desempenha mais ou menos a mesma tarefa que a outrora desempenhada por 'psicologia' ou 'ethos'. Costumávamos falar da 'psicologia de Washington (DC)', ou do 'ethos da universidade'; agora, é 'a cultura de Washington' e 'a cultura da universidade'. Há também 'a cultura da fábrica de charutos', 'a cultura do vício', 'a cultura da adolescência', 'a cultura das reuniões antropológicas' etc. Por longo tempo, preocupei-me com esse aparente aviltamento do objeto antropológico. Até que um dia dei-me conta de que, embora todo mundo fale em 'economia' e 'economias', a Economia continua viva como disciplina. A Sociologia, da mesma maneira, sobreviveu a todos os usos de 'social'. E, recentemente, deparei-me com o seguinte cartaz no elevador de um hotel: '50 hotéis, 22 países, uma filosofia'. E você crê que temos problema com 'cultura'? E a filosofia? Todo mundo tem uma filosofia. Isso não matou a Filosofia..." (Sahlins, 2013).

A fábrica de charutos Pargatas, em Havana (Cuba), está entre as mais antigas marcas de charutos, estabelecida em Havana em 1845.

Desbastados esses significados relacionados com a Agronomia e a Biologia, o que encontramos no dicionário? A ideia de cultura associada à posse de um saber formal, quando a palavra aparece relacionada com ilustração, erudição. Assim, diz-se, por exemplo, que fulano é culto porque fala diferentes línguas, aprecia música erudita e conhece a história da arte ocidental. Inversamente, muitas vezes escutamos algumas pessoas mais velhas afirmarem que os jovens de hoje não têm cultura, por não possuírem um vocabulário vasto e não gostarem de "boa" música. Ora, essa definição de cultura se distancia do significado que a palavra possui no campo da Sociologia. O adjetivo sociológico para o substantivo cultura não é culto, mas sim cultural. O ser humano é um animal cultural. Mas, afinal, qual é o sentido que a palavra cultura possui na Sociologia?

Para a Sociologia, cultura é uma complexa estrutura de significados que os indivíduos tecem historicamente através das suas interações cotidianas e que dá sentido à vida coletiva, funcionando como um código que informa o comportamento, um mapa para a ação (Cuche, 1999; Eagleton, 2005; Geertz, 2015). Esse conceito parece um pouco confuso? Vamos, então, buscar uma explicação que possa clarear as coisas.

Da perspectiva da Sociologia dizemos que o homem é um animal simbólico. O que isso significa? Como bem nos lembrou o cientista social Marshall Sahlins (1997), o homem é o único animal que distingue água de água benta. Por quê? Porque no plano químico não há diferença nenhuma entre ambas. Para fazer um trocadilho, podemos dizer que a água benta é aquela que está embebida em certo significado para quem acredita na religião católica. Tal

Alguns gestos comuns possuem significado socialmente construído e partilhado.

significado está ligado à crença de que o padre pôs as bênçãos de Deus nessa água. Vejamos outro exemplo. No caso dos seres humanos, diferentemente do que se passa com os demais animais, uma simples ação pode assumir distintos significados. Como apontou o também cientista social Clifford Geertz (2015), um piscar de olhos pode significar um tique nervoso, ou conspiração secreta, ou ainda uma ironia, uma imitação que alguém faz do outro que realiza esse gesto de maneira não espontânea, que pisca por tique nervoso. O que é importante reter desses exemplos é que os humanos ordenam simbolicamente o mundo, atribuem significados para objetos, cores, comportamentos, pessoas, organizações. Como vimos no primeiro capítulo, para o sociólogo Max Weber, o papel da Sociologia é entender os sentidos da ação social.

A questão cultural e a dinâmica organizacional

O que isso tem a ver com a Administração, com o mundo empresarial, algo supostamente tão prático, marcado pela racionalidade econômica? Dois exemplos nos ajudam a evidenciar a importância da questão cultural na dinâmica organizacional.

Nos anos 1990, uma empresa de cosméticos do Rio de Janeiro, a Embelleze, lançou uma linha de produtos voltada para o público evangélico, a Beleza Cristã. O que há nessa linha de produtos que a diferencia daquelas voltadas para não evangélicos? No plano químico nada, mas há toda uma construção simbólica que vai desde os nomes dos produtos pertencentes a ela (Condicionador Promessa, Colônia Cordeirinho), passando pela sua embalagem, com rótulos que possuem versículos bíblicos impressos.

Esses exemplos revelam que a ordenação simbólica do mundo, a construção de significados, orienta nossas escolhas de consumo e, portanto, devem ser levadas em

A cultura importa

Ouvimos esse relato há alguns anos, de um executivo que havia trabalhado na Perdigão e com quem dividimos uma disciplina num curso de pós-graduação em gestão de pessoas de uma Instituição de Ensino Superior (IES) localizada em São Paulo. Quando a empresa, posteriormente fundida com a Sadia dando origem à BR Foods, empreendia seu processo de internacionalização, seus gestores se defrontaram com a pertinência da dimensão simbólica onde não haviam suspeitado: no processo de produção. A empresa montou uma planta produtiva na Arábia Saudita. Definiu então o layout da fábrica, dispôs as máquinas e equipamentos "da melhor maneira", levando em consideração a racionalidade técnica. Pouco tempo depois, teve que redesenhar toda a planta. Descobriu que o consumidor saudita só aceitava consumir o frango abatido de costas para Meca. Um vazamento disseminou a informação de que a forma como os equipamentos estavam dispostos não permitia isso.

conta pelas empresas nos processos de produção. Mas voltemos por um instante à questão conceitual. A cultura é como um *software* que agregamos ao nosso *hardware* biológico. É um mapa simbólico que informa nosso comportamento, tal como a carta geográfica orienta nosso deslocamento no espaço. É como um texto que lemos para interpretar e dar sentido às nossas vidas. Em síntese: a cultura define padrões de comportamento próprios de uma sociedade ou de um grupo social em seu interior, oferecendo um modelo de referência para a ação dos seus membros.

Diversidade cultural, etnocentrismo e relativismo

As colocações acima nos levam a um importante debate sociológico em torno do conceito de cultura. Trata-se da postura que os seres humanos assumem diante da diversidade cultural. Sabe-se que o universo humano é marcado por uma multiplicidade de formas de organização social. Outros animais, como as abelhas e as formigas, também constroem sociedades. Elas ordenam a vida coletiva por meio do estabelecimento de hierarquias e da divisão do trabalho. Todavia, as sociedades criadas por essas espécies não possuem sentidos diferenciados em distintos contextos geográficos. Seu comportamento se explica pelo instinto. Entre os humanos, grande parte do comportamento é adquirida, vale dizer, construída, culturalmente (DaMatta, 2012). Vale notar que a própria linguagem, inata entre os outros animais, é aprendida entre nós, humanos. Um gato criado entre cachorros não vai aprender a latir, mas uma criança chinesa, retirada do seu ambiente de origem e criada entre franceses, aprenderá a falar francês sem sotaque. Mas nem sempre olhamos com bons olhos para essas múltiplas formas de comportamento. Por vezes, nosso olhar é de desprezo. Às diferentes posturas que nós, humanos, assumimos diante da diversidade cultural, os sociólogos denominaram etnocentrismo e relativismo. Mas o que querem dizer com esses conceitos?

Comecemos pelo etnocentrismo. Aqui temos o radical *etno*, associado à cultura, e o sufixo *centrismo*, que vem de centro, posição. O etnocentrismo representa uma visão de mundo na qual nossa cultura é tomada como centro de tudo. As demais são pensadas e sentidas através dos nossos valores, nossos modelos, nossa definição do que é a existência. Trata-se, portanto, de uma postura diante da diversidade cultural na qual ocorre uma assunção, explícita ou implícita, de que a nossa própria forma de ver, sentir e fazer as coisas, nossa cultura, é melhor, ou até mesmo a única possível (Rocha, 2004). Parece ser essa a postura que adotamos quando falamos que são bizarras as práticas culturais encontradas em certas regiões da

Você já parou para pensar na diferença sutil de significado que existe entre as palavras em português "frango" e "galinha", ou em inglês *"pig"* e *"pork"*? São apenas alguns exemplos de como, simbolicamente, a língua elabora a passagem do animal vivo, em seu estado de natureza, para a carne processada pela cultura (cozida, temperada e repleta de significados). Em muitos idiomas vamos encontrar estas sutilezas curiosas de como a língua expressa de forma conotativa esta separação entre natureza e cultura.

"Pig" refere-se ao porco vivo, enquanto *"pork"*, à carne para consumo.

China em que os indivíduos comem carne de cachorro. Esse hábito alimentar não faz sentido quando observado por meio da nossa cultura. Mas há aí um julgamento apressado. Não procuramos entender os significados dessa escolha da perspectiva dos chineses. Nem tampouco atentamos para o fato de que as nossas escolhas alimentares também podem ser consideradas repugnantes do ponto de vista de outras culturas. Afinal, a vaca não é considerada um animal sagrado na Índia?

A fim de provocar esse olhar estrangeiro sobre nossa própria cultura, o cientista social Marshall Sahlins construiu uma interpretação sobre o sistema de alimentação dos EUA, que pode ser extrapolada para o Brasil. Sahlins (2003) procurou razões que explicassem o por quê de os estadunidenses comerem carne de boi e de porco e não se alimentarem à base de carne de cavalo e de cachorro. Segundo ele, não há nada no plano econômico que impeça a sociedade estadunidense de organizar os fatores de produção para comercializar carne de cachorro ou de cavalo. Alguém poderia pensar que essa escolha é feita pelo tamanho do animal, que traria maior rentabilidade, afinal de contas o boi é bem maior que o cachorro. Mas, por que então o frango? E por que não o cavalo? Outro alguém haveria de lembrar que tudo isso depende da maior ou menor quantidade dessa espécie na sociedade em questão, ou seja, cada sociedade tem que se adaptar aos alimentos disponíveis. Isso é verdade, mas explica os limites econômicos e geográficos a que estamos expostos, mas não nossos hábitos alimentares, as escolhas que fazemos dentro desses limites. Afinal, entre o que há disponível e o que é selecionado, há uma lacuna. Além disso, em um mundo cada vez mais globalizado poderíamos importar espécies de outros países e/ou criá-las adaptadas à nossa realidade. E, na verdade, fazemos isso.

Segundo Sahlins, então, a questão que se coloca é de ordem simbólica, isto é, diz respeito à construção do animal como sujeito ou como objeto no convívio com os humanos. Cachorro e cavalo participam como sujeitos no convívio com os humanos. Os cachorros recebem um nome próprio e, na sociedade estadunidense, sentam-se à mesa com a família, dormem no quarto do dono. "O cachorro", dizem: "é o melhor amigo do homem"! Os cavalos também recebem um nome próprio e os afagos do dono. Já os porcos e os bois participam como objetos no convívio com os humanos nos Estados Unidos. Não há uma ordenação simbólica que confira um sentido humano a esses animais. Assim, os primeiros são considerados tabu alimentar, e os últimos, alimentos permitidos.

E Sahlins vai mais longe, argumentando que, além da oposição entre essas séries, boi e porco (permitidos) *versus* cavalo e cachorro (interditos), existe uma oposição interna a cada uma delas. Entre os animais cujo consumo é proibido, quanto mais a espécie representa para nós um sujeito, mais forte é a proibição do seu consumo. Ele sustenta seu argumento ressaltando que, em 1973, por ocasião de uma crise de abastecimento alimentar nos EUA, a venda de carne se tornou escassa e alguns frigoríficos passaram a comercializar carne de cavalo. Tal prática causou uma forte reação dos criadores, que saíram às ruas em protesto contra essa conduta dos donos de frigoríficos. Ainda que repugnante para muitos, a venda de carne de cavalo chegou a acontecer. Quanto à carne de cachorro, sua comercialização é impensável. Na outra ponta, entre os alimentos permitidos, quanto mais a participação do animal no convívio com os humanos se dá na condição de objeto, e não na de sujeito, maior a apreciação da sua carne. Consequentemente, não há nenhum corte de carne suína que seja tão apreciada quanto a carne bovina. Afinal, na sociedade rural tradicional os porcos viviam mais próximos aos humanos do que os bois e as vacas.

Essa interpretação de Marshall Sahlins deixa evidente que as nossas próprias escolhas alimentares, que podem parecer arbitrárias quando olhadas da perspectiva de outras culturas, possuem uma lógica simbólica. Inversamente, não podemos julgar as práticas de outros povos de maneira apressada. Devemos, em primeiro lugar, tentar compreender as razões culturais que presidem as ações sociais distintas das nossas. Abrir-se a esse entendimento é assumir uma posição relativista. Relativismo é a postura que nos permite enxergar as diferenças culturais como soluções diversas, alternativas, escolhas distintas para os limites geográficos, eco-

As consequências do etnocentrismo

Um exemplo do desentendimento cultural resultante da postura etnocêntrica pode revelar a importância da perspectiva relativista. Em diversos países da África, muitos programas de prevenção à Aids desenvolvidos por ONGs com o apoio de agências de cooperação internacional fracassaram durante anos por conta de um "detalhe" cultural. Os programas eram baseados na distribuição massiva de preservativos aos homens, para sua utilização no momento da relação sexual. Sabemos que nas sociedades ocidentais a compreensão da origem da vida está associada ao feto. É com base nessa concepção que a Igreja, como instituição, assume uma posição veementemente contrária à prática do aborto. Ora, nesses países africanos há uma construção simbólica segundo a qual a origem da vida, antes do feto, já está presente no sêmen. Sendo assim, os membros dessas sociedades não veem como "normal" a utilização do preservativo. Ela teria a mesma conotação que o aborto possui para a Igreja Católica no Ocidente.

África e prevenção à AIDS.

Isso não quer dizer que as campanhas de prevenção à Aids na África deveriam abrir mão da distribuição da camisinha. Obviamente que não. A lição que as ONGs aprenderam a partir de pesquisas feitas por cientistas sociais é que tais campanhas precisavam levar em conta os significados culturalmente construídos sobre a gênese da vida nesses países. Somente dessa forma suas campanhas poderiam levar a resultados eficazes (Laburthe-Tolra e Warnier, 2003).

nômicos ou existenciais comuns. Ora, se todos os seres humanos precisam dormir, há quem durma em esteiras, em redes, em camas, em tatames. Se todos nós, humanos, precisamos suportar a dor resultante da morte de pessoas queridas, ou mesmo a angústia que representa a certeza de nossa própria finitude, construímos distintos sistemas religiosos que nos fornecem explicações e conforto emocional.

O poeta José Paulo Paes nos oferece uma forma divertida de compreender essa perspectiva relativista no poema *Skepsis* (disponível em: <https://www.ufmg.br/boletim/bol1454/oitava.shtml>). Diante da certeza do tolo que desqualifica de forma arrogante a possibilidade de as coisas serem vistas pelos loucos (mas também poderiam ser os poetas) de forma diferente da sua crença racional e objetiva; o sábio (os poetas, os filósofos, os sociólogos, os antropólogos, os psicólogos e psicanalistas, as pessoas que são capazes de relativizar) propõe a dúvida, deixando entreaberta a janela que se volta para outras paisagens, outras formas de enxergar o mundo.

Mas, atenção! O relativismo não pode ser uma sorte de "vale-tudo", segundo o qual não podemos condenar as práticas de outros povos, por mais repreensíveis que as consideremos, pois elas são aprovadas pelas suas culturas. Em outras palavras, o relativismo não pode nos levar a uma paralisia crítica, que nos conduziria, no limite, a considerar que não podemos julgar o comportamento dos nazistas alemães na 2ª Guerra Mundial, pois esse comportamento estaria baseado em sua compreensão do mundo. Nada mais desastroso. O que é recomendado, da perspectiva relativista, é levar a sério os costumes de outros povos, seus modos de vida. Tentar entendê-los sem preconceitos, sem julgamentos apressados. Esse entendimento não se apressa em julgar, mas tampouco se abstém do julgamento. O que ele busca é desenvolver nossa capacidade de realizar julgamentos fundamentados (Maybury-Lewis, 2002).

Ampliando a compreensão da cultura

Voltemos agora ao conceito de cultura. Enfatizamos até aqui a ideia de que a cultura é uma estrutura de significados que orienta o comportamento dos membros de uma sociedade ou de um grupo social. A definição, embora verdadeira, é parcial. Ela esclarece uma face da dinâmica cultural, qual seja: a ideia de que os seres humanos são produtos da cultura. Porém, como alerta a Sociologia, os seres humanos são simultaneamente produtos e produtores da cultura. Dito de outra forma, a cultura diz respeito aos significados que as pessoas criam, e que criam as pessoas como membros das sociedades (Hannerz, 1997). Assim, é necessário ter em mente que a cultura é construída historicamente por meio das nossas interações sociais. Essa observação nos leva a uma concepção dinâmica da cultura. Dessa perspectiva, a cultura deve ser vista não apenas como algo que os indivíduos herdam e transmitem, por meio dos processos de socialização (na família, na escola, nas empresas ou em outras instituições), mas também como algo que adicionam, transformam, misturam. Em um contexto de globalização, como o que vivemos, isso fica ainda mais evidente. Os indivíduos selecionam, modificam e recombinam informações culturais, significados.

Há ainda outro ponto importante na visão sociológica sobre a cultura que é preciso ressaltar. Não é mais possível pensar a cultura como um universo autônomo e internamente coerente. Sua produção é um processo político, por meio do qual os significados são constantemente construídos e contestados nas relações entre indivíduos situados em diferentes posições de poder. Assim como uma língua é a interação e a luta de dialetos regionais, de jargões profissionais, da fala de diferentes grupos etários, uma cultura é um diálogo aberto, criativo, de subculturas, de membros e não membros, de diversas facções (Clifford, 1998).

Façamos uma síntese do que foi apresentado até aqui. O que é a cultura? A ordenação simbólica do mundo, uma rede de significados que tecemos em nossas interações cotidianas e que fornece um padrão de comportamento para os indivíduos de uma sociedade, de um grupo social, funcionando como um código que orienta o comportamento. Mas esses significados não são estáticos, eles se transformam. Ou seja, a cultura se modifica, tanto em função das diversas trocas que as sociedades e os grupos sociais estabelecem entre si quanto em razão das disputas internas a uma mesma sociedade ou grupo social para definir os significados considerados válidos. Essa complexidade deve ser levada em conta na reflexão sobre a dinâmica cultural nas organizações.

Cultura e organizações: a visão dominante em Administração e o olhar sociológico

A complexidade envolvida no conceito de cultura está no centro do estranhamento que os sociólogos sentiram ao perceberem o tratamento que vinha recebendo o fenômeno cultural nas organizações no âmbito da Administração. Transmutada apressadamente em cultura organizacional, a ideia de cultura parecia empobrecida.

Do que falavam os administradores quando pensavam sobre cultura organizacional? Comecemos pelo conceito clássico formulado por Edgar Schein (2009). Segundo ele, a cultura organizacional representa o modelo de pressupostos básicos que um dado grupo inventou, descobriu ou desenvolveu aprendendo a lidar com problemas de adaptação externa e integração interna, que, suficientemente bem trabalhado para ser considerado válido, pode em seguida ser apresentado para os novos membros como um modo correto de perceber, pensar e sentir em relação a esses problemas. Para Schein, os fundadores e líderes têm um papel crucial na construção desse modelo de pressupostos. Eles determinam, conforme seu passado cultural, sua personalidade, como o grupo define e resolve seus problemas de adaptação externa e integração interna. Isso porque possuem uma visão sobre o mundo e o papel das empresas, sobre o gênero humano e as relações humanas, bem como sobre o modo de controlar o tempo e organizar o espaço. Assim, de acordo com Schein a cultura organizacional é formada por esses pressupostos que fundadores e líderes transmitem para os demais membros da empresa.

Seguindo um ponto de partida semelhante, Deal e Kennedy (2000) advogaram pela criação de uma cultura forte, isto é, aquela capaz de integrar os membros da organização, de modo que saibam como se relacionar, como se comunicar, quais são os comportamentos aceitáveis ou não etc. Para eles, uma cultura forte possui impactos positivos sobre a produtividade da organização. Ressaltam que definições claras sobre o que fazer e como fazer orientam os trabalhadores, fazendo com que não percam instantes preciosos do dia tentando desvendar essas definições, o que acarretaria uma queda de produtividade.

A partir dessas definições iniciais, o campo da Administração incorporou o vocabulário sociológico para pensar sobre a cultura organizacional. Sendo assim, a cultura da empresa seria formada por alguns componentes (Freitas, 2007). Os valores representariam conceitos básicos que estabelecem padrões de realização dentro da organização. Em algumas empresas a disciplina e a pontualidade são centrais; em outras a lealdade possui destaque; em uma terceira os resultados são enfatizados. A linguagem diria respeito a uma forma especial de falar própria da organização, que inclui expressões, slogans, denominações dos cargos etc. É comum que empresas diferentes atribuam nomes distintos para cargos muito semelhantes. Cada empresa desenvolve uma linguagem, um vocabulário próprio, que reflete a área de negócios na qual está inserida, mas também seu país/região de origem, dentre outros aspectos. As histórias e os mitos seriam narrativas baseadas em eventos reais ou ficcionais, frequentemente compartilhadas pelos funcionários e contadas aos novatos para informá-los sobre a organização. Trata-se dos relatos comumente ouvidos sobre o surgimento da empresa (mito de origem) ou sobre os momentos críticos que ela atravessou. Os heróis fariam referência a pessoas do presente ou do passado que personificam a cultura, servindo como modelos de conduta para o cumprimento de normas e valores. São cultuados de maneira especial, como em bustos, placas, fotografias históricas, ou mesmo nos retratos efêmeros dos funcionários considerados "destaques do mês".

Finalmente mereceriam atenção os rituais, as atividades cerimoniais elaboradas e planejadas que compõem um evento especial. Os rituais reforçariam os valores da empresa, celebrariam os heróis e, portanto, criariam laços entre os indivíduos e a organização. São normalmente divididos em três categorias. Os ritos de passagem: aqueles que facilitam a transição de pessoas para status sociais novos, a exemplo dos Programas de Trainee e das palestras para recém-contratados. Os ritos de reforço: voltados para solidificar a identidade do funcionário com a organização, como a noite de premiação anual. Nesse caso, não basta pagar bônus aos melhores vendedores do ano, por exemplo; é preciso afirmar isso simbolicamente em uma cerimônia na qual os premiados são celebrados e ganham visibilidade, despertando nos demais a vontade de estar naquela posição, e, portanto, mobilizando seu engajamento e esforço. E os ritos de integração, que incentivam e revigoram os sentimentos comuns que unem as pessoas e as envolvem com a organização. As festas de Natal do escritório e a comemoração do aniversário da empresa ou da inauguração de um novo prédio são bons exemplos nesse sentido.

Essa abordagem tradicional na Administração possui seu mérito e explica parte da dinâmica cultural nas organizações. Escutamos, certa vez, um relato interessante de uma profissional de RH que aponta nessa direção. No seu primeiro dia de trabalho em uma empresa, às 18 horas, quando começava a arrumar seus pertences para ir para casa foi advertida por um colega. "Você é funcionária pública?", perguntou ele. "Aqui na empresa as pessoas trabalham até mais tarde!", sentenciou. A advertência do colega, além de revelar um preconceito contra o funcionário público, estereotipado como preguiçoso, indolente, reflete um traço da cultura da empresa, o comprometimento sem reservas como um valor central. Cinco anos depois, ela mudou de empresa. Nas suas primeiras semanas na nova experiência de trabalho procurava sempre ficar até mais tarde. Havia aprendido uma lição! No entanto, não tardou para que fosse surpreendida pelo seu gerente, que um dia lhe perguntou se não iria embora, já que passava das 18 horas. Ela respondeu negativamente, alegando com confiança que tinha atividades para concluir. O superior a retrucou de pronto: "Se você precisa ficar até mais tarde para finalizar essas atividades é porque não planejou seu trabalho adequadamente. E devo lhe informar que pagamentos referentes às horas extras dos funcionários que terão de permanecer na empresa apenas para que você possa concluir essas atividades deverão ser debitados do centro de custos do seu departamento". Aprendeu então uma segunda lição: o comportamento que é esperado em uma organização, por traduzir algo central em seu sistema de valores, pode ser sancionado em outra.

Todavia, esse repertório de conceitos utilizados pela Administração foi retirado da Sociologia sem que fosse tomado o devido cuidado na sua transposição. Conforme apontamos, os debates sociológicos em torno do conceito de cultura apontam seu caráter dinâmico em um contexto de globalização, bem como os jogos de poder que atravessam a construção dos significados culturais. Essas questões não foram levadas em conta pela abordagem dominante da cultura no campo da Administração. Sendo assim, tal abordagem causou uma reação dos cientistas sociais. Eles questionaram a visão da cultura como mais uma variável da gestão empresarial, sobre a qual o administrador deve intervir da mesma forma que intervém em elementos como tecnologia, estrutura ou estratégia. Para esses estudiosos, as coisas se passam de uma forma bem mais complexa.

Ainda que reconheçam a grande importância que a dimensão cultural exerce na dinâmica organizacional, uma vez que orienta o funcionamento cotidiano da empresa, define o ritmo de trabalho, organiza as relações interpessoais etc., os cientistas sociais consideram frágil o postulado de que a cultura pode ser facilmente manipulada, modificada em função da decisão dos dirigentes. Cultura organizacional não diz respeito simplesmente ao que se passa na cabeça desses atores. Ela não pode ser entendida apenas como o resultado do seminário de planejamento estratégico, quando os líderes empresariais definem os valores da organização e em seguida mandam confeccionar quadros emoldurados para divulgá-los por toda a companhia. A cultura organizacional não pode ser pensada como um universo autônomo e internamente coerente. Devemos lembrar que os trabalhadores também são portadores de cultura. Eles não são recipientes vazios nos quais a cultura organizacional deve ser depositada, ou folhas de papel em branco nas quais deve ser escrita. Não chegam à organização desprovidos desses significados que ordenam a vida coletiva, não deixam na portaria da empresa suas culturas de classe, gênero, religião, região, grupo étnico, profissão etc. Ao contrário, eles ressignificam, reinterpretam os discursos dos dirigentes e líderes, a "cultura oficial" da organização, em função dos seus próprios repertórios culturais.

Portanto, a dinâmica cultural da organização revela um universo heterogêneo, relacionado com diversas categorias de atores. A cultura organizacional é vista, então, pelos cientistas sociais como o resultado das confrontações entre as microculturas dos diferentes grupos sociais que compõem a organização. Finalmente, não existem "verdadeiras" culturas organizacionais, mas distintas versões sobre a cultura organizacional. Tampouco existem culturas fortes ou fracas. Ademais, a cultura da organização não é independente do ambiente que a cerca. A empresa não é um universo fechado que produz uma cultura perfeitamente autônoma. As culturas nacionais exercem impacto nesse processo. Por conseguinte, a cultura organizacional é, ao mesmo tempo, um reflexo da cultura ambiente e uma produção nova elaborada e reelaborada constantemente no interior da empresa.

Essa reação dos cientistas sociais quanto ao tratamento que o conceito de cultura organizacional vinha recebendo no campo da Administração não foi o resultado apenas de divagações teóricas. Foi fruto também e, sobretudo, de pesquisas.

As Ciências Sociais e o estudo da cultura organizacional no Brasil

No Brasil, dentre outras iniciativas, dois autores se destacaram pelos esforços que empreenderam para abordar as dimensões culturais e simbólicas das organizações a partir da perspectiva das Ciências Sociais. Guilhermo Ruben liderou o Grupo de Pesquisa em Culturas Empresariais, criado na Universidade Estadual de Campinas nos anos 1990, e coordenou um projeto temático financiado pela Fapesp voltado à investigação de empresas públicas, privadas e multinacionais que operavam em nosso país. A partir desse grupo foram defendidas dissertações de mestrado e teses de doutorado na mesma instituição, realizadas a partir de estudos empreendidos em organizações como Banco do Brasil, Odebrecht e Banespa-Santander. Como resultado, muitos pesquisadores tornaram-se docentes em várias universidades em distintos estados brasileiros, o que consolidou ainda mais a perspectiva dos estudos organizacionais feitos por antropólogos, chegando a marcar presença, por mais de uma década, no mais importante encontro científico da área que é a Reunião da Associação Brasileira de Antropologia. Lívia Barbosa também direcionou sua atenção para o mundo empresarial e igualmente contribuiu com a formação de cientistas sociais atentos às dimensões culturais das organizações a partir da sua atuação como docente da Universidade Federal Fluminense (Barbosa, 1999 e 2002; Ruben, 1995 e 1999).

Estimulados pelos mesmos fatores que aludimos no início deste capítulo e pela visibilidade que o tema da cultura organizacional ganhou graças ao movimento dos dirigentes e consultores de empresas, os sociólogos, em diferentes países do mundo, passaram a empreender investigações sobre a dinâmica cultural das organizações. Essas pesquisas evidenciaram a complexidade que envolve essa dinâmica, a importância dos diversos atores que compõem a empresa, bem como a presença de elementos do ambiente externo na configuração da cultura organizacional. Por sua vez, uma corrente crítica no campo da Administração também questionou as visões homogêneas e simplificadoras da cultura organizacional.

Em um movimento reverso, essas reflexões dos sociólogos e dos pesquisadores críticos da Administração sobre a cultura organizacional retornaram às práticas empresariais. Diversas empresas no mundo já contrataram cientistas sociais para a realização de mapeamentos das suas complexidades culturais. São empresas como GM, Nynex, Intel, entre outras. Elas querem conhecer melhor seus funcionários, descobrir quais são as normas que as pessoas adotam para avaliar se um comportamento é adequado ou não, desvendar como se processam as operações da empresa em diferentes contextos nacionais, enfim, conhecer, em maior profundidade, sua dinâmica cultural. Um exemplo dessa natureza é o trabalho de Patrícia Sachs, contratada pela gigante das telecomunicações, Nynex, para pesquisar por que os funcionários não responderam, como se esperava, a um sistema especializado criado para ajudar a administrar as operações de manutenção da empresa. Outra referência é Elizabeth Briody, chamada pela GM para conviver cotidianamente com os trabalhadores de uma montadora a fim de estudar por que o novo programa de qualidade não estava funcionando tão bem quanto se esperava (Kane, 1997).

Talvez o fator mais importante que explica a busca dessas empresas pelo conhecimento sociológico resida no entendimento de que, se a cultura importa, ela não é, todavia, uma ferramenta que pode ser manipulada de forma superficial, uma vez que possui raízes profundas. Compreendê-la é fundamental para que se possa escapar de políticas empresariais definidas no gabinete dos dirigentes, não raro com impactos extremamente negativos no ambiente de trabalho e, portanto, nos resultados da empresa. Compreender a dinâmica cultural das organizações em toda sua complexidade habilita os gestores a uma intervenção mais qualificada na realidade da empresa. Esse parece ser o sentido do depoimento dado a Patrícia Sachs por um engenheiro da Nynex: "Talvez o problema não esteja nos sistemas de computadores. Talvez sejam os sistemas sociais que nós precisamos compreender" (Kane, 1997).

Cultura, uma dimensão bem mais complexa do comportamento humano do que a perspectiva gerencialista da cultura organizacional nos faz supor

Esse relato foi coletado em sala de aula, há alguns anos, por ocasião de um curso de especialização em Gestão de Pessoas oferecido por uma IES de São Paulo. A organização em questão, uma empresa da indústria têxtil, possuía unidades no interior de São Paulo, no Nordeste, na Argentina e no Chile. A história aqui recuperada se passou em uma das plantas produtivas do Nordeste, localizada no interior de um dos estados da região. A fábrica, que produzia tecidos para uniformes profissionais e jeans, contava na época com 315 empregados, sendo que 90% deles residiam na própria cidade e apenas 10% na capital.

A planta produtiva estava localizada em um território marcado por histórias de violência e medo. No período do Cangaço, mais especificamente nos anos 1920 e 1930, Lampião esteve naquelas paragens, que serviram de cenário para algumas batalhas entre seu bando e os "macacos", como eram chamados nesse tempo os policiais. Viveram-se dias de sobressalto em razão de chegadas sempre surpreendentes dos cangaceiros liderados pelo temido Virgulino Ferreira. Ademais, anos antes, em meados do século XIX, os habitantes do local lutaram para conseguir sua emancipação, deixando a condição de vila para se tornar um município.

A organização possuía políticas consistentes de recursos humanos, que envolviam assistência médica, transporte, restaurante, bom ambiente de trabalho, clareza de metas, treinamento. Ela era considerada uma das melhores empresas para se trabalhar na região. Mas, apesar de tudo isso, existia algo mais forte e supostamente inexplicável que afetava o desempenho dos funcionários. Para a área de RH era sempre muito difícil implementar novos programas e campanhas internas. Promover o envolvimento e conquistar o comprometimento dos trabalhadores exigia o desprendimento de mais energia do que nas demais unidades. Eles se mostravam descrentes, como se tudo fosse dar errado. Uma máxima era habitual em suas falas: "Só acredito vendo!". Tudo se passava como se, para eles, as histórias de lutas vividas pelos seus antepassados voltassem eternamente à tona. "Tudo que parece muito fácil não vai dar certo!", diziam. Atividades motivacionais eram realizadas para elevar a autoestima do pessoal. Sem resultado. O que estava por detrás do descrédito era algo mais profundo, que nem os próprios sujeitos conseguiam explicar.

Para dar ainda mais complexidade à situação, em tempos recentes aquela unidade havia passado por momentos difíceis, seja em razão de acidentes de trabalho, um deles bastante severo, tendo resultado falecimentos e queimaduras graves; seja em virtude de um processo de reengenharia, com redução da planta produtiva, em virtude de resultados financeiros negativos que levantaram a expectativa de fechamento da fábrica. Após esse fatídico incidente, alguns chegaram mesmo a verbalizar pelos corredores que nada ali daria certo, uma vez que no passado muitas pessoas tinham morrido naquele território, que seria assim um lugar amaldiçoado.

O ambiente de trabalho e, consequentemente, a produtividade foram drasticamente afetados.

Com o apoio de pesquisas sobre a região, a gerência da fábrica se deu conta da religiosidade que marca o povo nordestino, em especial os habitantes daquele município no qual estava instalada uma das mais antigas igrejas do estado. Assim, a solução para o problema não veio de uma mirabolante ideia surgida em uma reunião de planejamento estratégico realizada longe dali, na matriz da empresa em São Paulo. Não resultou de ferramentas à mão retiradas da suposta caixa infalível de tecnologias gerenciais. A empresa resolveu construir uma capela no interior da planta produtiva com a imagem da padroeira da cidade. Porém, levou em conta a diversidade religiosa, pois sabia que existiam também funcionários evangélicos, e então instalou igualmente uma sala de cultos para esses crentes. Para os trabalhadores de ambos os credos, essa ação foi entendida como uma homenagem à lembrança daqueles que naquelas terras pisaram e morreram em combate. Eles se manifestaram: "Em um lugar em que algumas pessoas morrem, aqui no Nordeste se ergue um marco. Acreditamos que, se os mortos forem lembrados e por eles rezarmos, as coisas tendem a melhorar. Essa é a força dos nordestinos!". A gerência não tinha provas cabais do que realmente havia se passado no terreno em que estava instalada a fábrica. Mas ela procedeu levando em conta o caráter profundo dos significados culturalmente produzidos. Agiu como que compreendendo que o imaginário é tão concreto quanto uma rocha, como disse certa vez o antropólogo francês Maurice Godelier.

Questões para discussão

1. Afinal, o que é cultura?
2. Quais as duas principais posturas dos seres humanos diante da diversidade cultural?
3. Como elas podem ser definidas?
4. O que é cultura organizacional?
5. Quais os principais elementos que caracterizam a cultura organizacional?
6. Dê exemplos desses elementos na cultura da empresa em que você trabalha/trabalhou.

7. Como a dinâmica cultural nas organizações pode ser pensada sociologicamente?

Dicas de filmes
Fábrica de loucuras (Estados Unidos, 1986). Dir.: Ron Howard.
Roger e eu (Estados Unidos, 1989). Dir.: Michael Moore.
O diabo veste Prada (Estados Unidos, 2006). Dir.: David Frankel.
Despachado para a Índia (Estados Unidos, 2006). Dir.: John Jeffcoat.
Enron: os mais espertos da sala (Estados Unidos, 2006). Dir.: Alex Gibney.

Referências bibliográficas

BARBOSA, Livia. *Igualdade e meritocracia*. A ética do desempenho nas sociedades modernas. Rio de Janeiro: FGV, 1999.

_____. *Cultura e empresas*. Rio de Janeiro: Zahar, 2002.

CLIFFORD, James. Sobre a autoridade etnográfica. In: *A experiência etnográfica*: antropologia e literatura no século XX. Rio de Janeiro: UFRJ, 1998.

CUCHE, Denys. *A noção de cultura nas ciências sociais*. Bauru: Edusc, 1999.

DAMATTA, ROBERTO. Você tem cultura? In: *Explorações*: Ensaios de sociologia interpretativa. Rio de Janeiro: Rocco, 2011.

_____. *Relativizando*: uma introdução à antropologia social. Rio de Janeiro: Rocco, 2012.

DEAL, Terrence; KENNEDY, Allan. *Corporate cultures:* the rites and rituals of corporate life. Nova York: Basic Books, 2000.

EAGLETON, Terry. *A ideia de cultura*. São Paulo: Unesp, 2005.

FREITAS, Maria Ester de. *Cultura organizacional*: evolução e crítica. São Paulo: Thomson Learning, 2007.

GEERTZ, Clifford. *A interpretação das culturas*. Rio de Janeiro: LTC, 2015.

HANNERZ, Ulf. Fluxos, fronteiras, híbridos: palavras-chave da antropologia transnacional. *Mana – Estudos de Antropologia Social*. Rio de Janeiro, v. 3, n. 1, 1997.

KANE, Kate. A aldeia empresarial. In: *América Economia*, fev. 1997.

LABURTHE-TOLRA, Philippe; WARNIER, Jean-Pierre. *Etnologia* – Antropologia. Petrópolis: Vozes, 2003.

LAFUENTE, Florencia. Dossiê Cultura. *HSM Management*, n. 70, 2008.

MAYBURY-LEWIS, David. A antropologia numa era de confusão. *Revista Brasileira de Ciências Sociais*, v. 17, n. 50, 2002.

MORGAN, Gareth. *Imagens da organização*. São Paulo: Atlas, 2013.

ROCHA, Everardo P. Guimarães. *O que é etnocentrismo*. São Paulo: Brasiliense, 2004.

RUBEN, Guilhermo. Empresários e globalização: prolegômenos de uma metodologia antropológica de compreensão e ação. In: *Revista Brasileira de Ciências Sociais*. v. 28, n. 10, 1995.

_____. O nacional no mercado internacional: empresários e globalização. In: KIRSCHNER, Ana Maria; GOMES, Eduardo (orgs.). *Empresas, empresários e sociedade*. Rio de Janeiro. Sette Letras, 1999.

SAHLINS, Marshall. O "pessimismo sentimental" e a experiência etnográfica: por que a cultura não é um "objeto" em via de extinção (parte I). *Mana*, v. 3, n. 1, 1997.

_____. *Cultura e razão prática*. Rio de Janeiro: Zahar, 2003.

_____. *Esperando Foucault, ainda*. São Paulo: Cosac Naify, 2013.

SCHEIN, Edgar. *Cultura organizacional e liderança*. São Paulo: Atlas, 2009.

Palavras-chave:
Cultura. Etnocentrismo. Relativismo. Cultura organizacional.

ESTUDO DE CASO
RIVALIDADE ENTRE HERMANOS[1]
CONFLITOS CULTURAIS EM UMA JOINT VENTURE[2]

A *Los Hermanos* é uma joint venture do setor metalúrgico criada em 1987 por dois grupos industriais: um argentino, responsável por 51% da composição acionária, e outro brasileiro, que detém os 49% restantes. A empresa tinha participação informal no Mercosul, visto que, no momento em que foi criada, o bloco econômico estava ainda em etapa de discussão entre as distintas representações (governamentais, empresariais e sindicais) dos países envolvidos.

O negócio da *Los Hermanos* era fabricação, importação e comercialização de equipamentos para cozinhas industriais. Seu mercado-alvo era composto por cadeias de restaurantes orientados para o *fast-food*: hospitais, universidades e, de uma maneira geral, todo estabelecimento público ou privado voltado para a oferta de uma grande quantidade de refeição em um curto período de tempo. No Brasil, e mais precisamente em São Paulo, existem diversas empresas consagradas a este tipo de atividade. Ou seja, a *Los Hermanos* tinha um mercado potencial promissor.

Praticamente todas as condições técnicas favoráveis à alavancagem dos negócios se faziam presentes, dentre as quais é possível destacar:

1. A experiência anterior dos parceiros, o que garantia um conhecimento extraordinário do setor. Os sócios argentinos haviam sido proprietários da maior indústria desse ramo de atividade em seu país, que era também líder na América Latina. Além disso, um brasileiro da *Los Hermanos* ocupara, durante dez anos, o cargo de diretor da maior empresa concorrente.

---

[1] Caso elaborado por meio da reescrita com base em um artigo no qual o antropólogo Guilhermo Ruben, do Departamento de Antropologia da Unicamp, descreve a experiência real de uma binacional argentino-brasileira, cujo nome aqui apresentado é fictício. Ver: RUBEN, Guilhermo. O nacional no mercado internacional: empresários e globalização. In: KIRSCHNER, Ana Maria; GOMES, Eduardo (orgs.). Empresas, empresários e sociedade. Rio de Janeiro: Sette Letras, 1999. Agradecemos fortemente ao autor pela disponibilização do artigo que serviu de inspiração para este caso.

[2] *Joint Venture* designa, rigorosamente, um tipo particular de associação empresarial em que duas ou mais empresas já constituídas se reúnem compondo um capital social dividido em partes iguais. No sentido em que o termo é correntemente utilizado no meio empresarial, no entanto, significa a associação de dois parceiros sem definir as porcentagens de integralização do capital, ou se trata de uma empresa completamente nova, como no caso em pauta.

2. Saúde financeira propiciada pelo aporte de capital feito pelos sócios argentinos, que possuíam uma estratégia de penetração no mercado brasileiro, garantindo uma certa independência em relação aos créditos de investimentos governamentais ou privados.
3. Produtos considerados de alta qualidade. No início de suas atividades no Brasil a *Los Hermanos* importava os produtos quase inteiramente da Argentina.
4. Competitividade da política de preços praticada, levando-se em conta a qualidade e a origem estrangeira dos produtos.
5. Participação de mercado assegurada por uma carteira de clientes significativa, incluindo McDonald's, grandes companhias aéreas, cadeias de hotel, restaurantes e aeroportos brasileiros.

Tudo estava pronto para a decolagem, e os parceiros sentiam-se otimistas com relação ao futuro. Os argentinos, em função da sua participação majoritária na composição acionária, ocupariam a presidência. Os membros brasileiros seriam os principais executivos da empresa. Eles tinham produtos de boa qualidade em um mercado enorme e quase virgem. O sucesso parecia inevitável. Entretanto, as expectativas foram rapidamente frustradas, e a *Los Hermanos* conheceu, em vez da glória e do sucesso, momentos de desespero e de conflitos profundos. Os sócios construíram interpretações divergentes da realidade organizacional, não conseguiam compatibilizar perspectivas que lhes pareciam radicalmente diferentes.

Essas perspectivas diferentes surgiriam no cotidiano da empresa, especialmente no momento do contato face a face entre brasileiros e argentinos. Inicialmente, esses encontros ocorriam durante uma semana a cada mês. Mas, com o passar do tempo, os argentinos, que nunca chegaram a tomar o Brasil como residência, elevaram a frequência de viagens ao país, aumentando o espaço de interação e, em consequência, os conflitos.

De maneira geral, pode-se dizer que as perspectivas diferentes são originadas nos preconceitos que constatamos como *senso comum* nas imagens que os cidadãos de cada país constroem sobre o *outro*. Essas imagens estereotipadas estariam relacionadas ao hábito que muitos argentinos têm de chamar os brasileiros de "macaquitos", assim como os bolivianos de "bolitas", ou os paraguaios de "paraguas". De acordo com esse estereótipo, os argentinos, majoritariamente brancos (com uma pequena parcela de índios, já que esses foram massacrados no final do século XIX, e a presença ainda menor de negros) e possuindo ainda hoje um nível de escolaridade superior à média da região, seriam os "europeus" da América Latina. Por sua vez, os brasileiros, povo resultante basicamente da mestiçagem entre portugueses, africanos escravizados (o Brasil foi o último país do mundo a declarar a abolição da escravatura, no ano de 1888) e índios, além das levas de imigrantes europeus e japoneses que chegaram no final do século XIX, também constroem imagens estereotipadas sobre os argentinos. Tais imagens remetem a um povo muito mentiroso e arrogante. Dizem que o melhor negócio para um brasileiro é comprar um argentino por seu verdadeiro preço e revendê-lo pelo preço que ele diz valer. Os brasileiros também troçam dos argentinos com a seguinte anedota: "Você sabe o que faz um argentino quando deseja se suicidar? Sobe no seu ego e se atira".

Os parceiros, porém, conheciam a rivalidade clássica entre Brasil e Argentina. Eles sabiam, de maneira mais ou menos consciente, que deveriam ultrapassar essa tradicional desconfiança, vencendo seus próprios preconceitos e superando os estereótipos. Portanto, o maior problema da *Los Hermanos* não estava aí. Residia nas diferentes interpretações sobre os conceitos elementares da vida cotidiana de toda empresa: valor, trabalho, lazer, tempo, espaço, trabalho feminino, sindicato, trabalhador, governo, sociedade, e tantos outros que representaram fontes de pequenos e, por vezes, grandes desacordos. Particularmente conflitantes eram certas formas de representação do tempo e do espaço, que refletiam contradições entre as duas nacionalidades.

Representações do tempo: tempo de trabalho *versus* tempo de lazer

Não havia consenso sobre tempo de trabalho e tempo de lazer entre os dois grupos de empreendedores. Para os brasileiros, o cotidiano estava relacionado com o trabalho. Já para os argentinos, que vinham ao Brasil de passagem, o trabalho possuía sempre uma perspectiva de lazer, de um tempo diferente. Não que eles se divertissem, ou quisessem "fazer a festa", como diziam os brasileiros. Ao contrário; durante sua estada no Brasil eles "sofriam", como se queixavam, até mais que os colegas brasileiros, uma vez que deixavam suas casas, suas famílias e suas vidas cotidianas para se locomoverem em *outro* país, *outra* língua, *outra* cultura. Ao final do dia, uma cama fria de hotel, ainda que cinco estrelas, os aguardava.

O problema não estava situado no nível da "realidade", do concreto, do que "realmente" se passava, mas na crença, envolta num ar de contradição jamais explicitado, de que os argentinos, malgrado seus esforços físicos e financeiros, estavam "na gandaia" se divertindo, e os brasileiros, trabalhando duro.

Essa não era a verdade, para qualquer que fosse o observador. Todos trabalhavam duro, ao longo de uma jornada de 10 a 12 horas diárias. Entretanto, tratava-se de uma imagem que eles faziam de si mesmos. Ocasionalmente, após um dia de trabalho, o grupo saía para jantar em um restaurante. Surgiam, então, relações jocosas, do tipo: "Vocês argentinos?! Vocês vêm aqui para se divertir. Nós brasileiros trabalhamos, hoje, como todos os dias". Alegava-se que os argentinos falavam de divertimento, e os brasileiros, de trabalho.

A imagem de viagem construída, tanto por uns quanto por outros, estava fortemente associada à tradicional representação de férias, lazer. Ninguém no grupo a percebia como atividade profissional. Aí repousava uma fonte infinita de problemas, invejas e comentários críticos. Assim, a desconfiança interna aumentava, e as decisões estavam sempre contaminadas por esse clima tenso, que tinha sua origem nas interpretações sobre o tempo, marcadas pela separação entre tempo de viagem, "gandaia", e tempo de trabalho, "batalha", expressões utilizadas por eles próprios. Os parceiros, homens de negócios inteligentes, não chegavam a construir uma interpretação compartilhada sobre essa particular e banal ideia de tempo.

Representações do espaço: espaço de operários *versus* espaço de executivos

A interpretação do espaço constituía outro grave conflito da *Los Hermanos*. O problema entre os dois grupos é que eles ignoravam reciprocamente o valor atribuído à representação do espaço. Isso provocava o aumento da desconfiança e impedia o desenvolvimento normal das atividades industriais.

Os grupos provinham de experiências diferentes. Conforme afirmado anteriormente, os brasileiros eram antigos empregados. Os argentinos, em contraste, eram industriais de sucesso em seu país. Uma oposição marcava a leitura do espaço construída por uns e por outros em razão de suas distintas trajetórias.

Para os brasileiros, era inconcebível a ideia de trabalhar no mesmo espaço que os operários e supervisores. Possuíam uma preocupação secreta de se situarem longe dos trabalhadores. Desejando remarcar a condição de proprietários do negócio, os brasileiros queriam a qualquer preço ter um espaço privado e distante da fábrica. Partia desse grupo a ideia de manter o escritório administrativo da *Los Hermanos* nas adjacências da Avenida Paulista, onde havia sido instalado inicialmente, separado, portanto, da planta industrial, localizada em Alphaville, município de Barueri, na Grande São Paulo.

A visão dos argentinos era radicalmente diferente. Na empresa argentina não havia espaços divididos, estando a fábrica e o escritório no mesmo imóvel. Além disso, dado que eram os principais investidores, queriam economizar o máximo.

Ambos os discursos sobre o espaço, com as propostas de ação correspondentes, sustentavam-se em argumentos tecnicamente muito bem elaborados. Do lado brasileiro, destacava-se que a existência de um escritório central em um espaço separado da fábrica era importante, pois permitia demonstrar o poder do estabelecimento e tornava mais fácil o acesso do cliente. Já os argentinos frisavam a importância de o patrão estar próximo das atividades cotidianas da produção, facilitando, assim, os mecanismos de controle e reduzindo os custos de instalação do empreendimento.

As leituras diferentes e mesmo opostas do espaço (espaço-status *versus* espaço--dinheiro/controle), que em princípio pareciam um problema de fácil resolução, revelaram-se fonte de conflitos, aumentando a desconfiança e criando obstáculo à alavancagem dos negócios.

Evidentemente, não se pode afirmar que as diferentes interpretações do espaço e do tempo foram a causa de todas as dificuldades para o tão esperado sucesso. Contudo, boa parte dos encontros dos dois grupos era ocupada pela discussão sobre essas questões, sem que jamais chegassem a uma solução, o que alargava ainda mais a desconfiança. Os problemas da *Los Hermanos* eram sempre atribuídos, pelos próprios parceiros, ao erro de alguém, nunca à ausência de acordo sobre a interpretação cultural da dinâmica da empresa.

Questões sobre o caso

1. Defina com suas próprias palavras os conceitos de cultura, etnocentrismo e relativismo, e com base neles realize uma análise da situação descrita no caso.
2. Você é um consultor organizacional e foi contratado pela direção da *Los Hermanos* para ajudar a solucionar os conflitos culturais que caracterizam a empresa. Que medidas adotaria para promover a integração cultural?

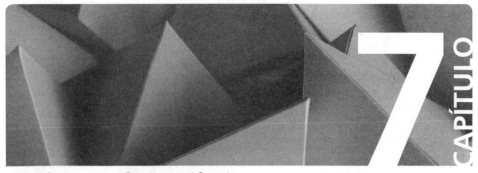

Cultura brasileira e gestão de empresas

Objetivos do capítulo: Este capítulo pretende indicar e analisar alguns aspectos da cultura brasileira, tal como pensados por clássicos de nosso pensamento social, e de que maneira eles estão relacionados a processos de gestão empresarial; analisar o brasileiro como tipo ideal weberiano por meio de alguns traços culturais; analisar o Brasil com base na ambiguidade arcaico-moderno.

Relato 7: Lava jato – descortinando o patrimonialismo

Em março de 2014, teve início uma megaoperação da Polícia Federal brasileira que ficou conhecida como "Operação Lava Jato". Em pouco tempo, ela se revelou, segundo a própria PF, como a maior, mais importante, significativa, profunda e demorada operação de combate à corrupção no Brasil. Derivada das consequências de uma outra grande e conhecida investigação da PF, o escândalo do Mensalão (2008/2009), deflagrou-se uma investigação envolvendo políticos e empresários suspeitos de corrupção ativa e passiva, gestão fraudulenta, lavagem de dinheiro, organização criminosa, obstrução da justiça, operações irregulares de câmbio e recebimento de vantagem indevida. Mais recentemente, outra operação, conhecida como "Carne Fraca", também expôs de maneira contundente como empresas e empresários se utilizam de relações duvidosas com agentes públicos nas mais variadas esferas de poder, obtendo condições extremamente vantajosas, o que lhes teria garantido ganhos estratosféricos e supervalorização de suas ações no mercado em muito pouco tempo. Certamente, entre os episódios de relevância que expuseram às claras as relações quase sempre promíscuas entre empresariado e Estado no Brasil, a deflagração e condução das operações Lava Jato e Carne Fraca são duas das mais emblemáticas. Ambas trouxeram à luz mecanismos e estratégias utilizados, de um lado, pela classe política para manter privilégios, auferir vantagens indevidas e uma série de outras irregularidades no exercício do cargo público; do outro, pela classe empresarial, dilapidando o erário, financiando candidaturas em troca de facilidades para garantir o incremento do desempenho de seus negócios, alimentando a máquina da corrupção nas várias instâncias do Estado brasileiro.

A corrupção é um problema crônico do Brasil.

Brasil: um *Hércules-Quasímodo* entre o moderno e o arcaico

O relato que inicia este capítulo nos chama a atenção para o quão profunda e problemática tem sido a relação entre empresariado e Estado no Brasil. Ao longo da nossa história republicana, essa relação tem exposto pelo menos dois traços, frequentemente entrelaçados, que são marcas profundas em nossa cultura como um todo: o patrimonialismo e o personalismo. Tomando nosso campo social mais geral, para além dos limites da relação entre empresariado e Estado, esses traços aparecem comumente ressignificados ou traduzidos com outros profundamente enraizados em nossos valores e comportamento: o jeitinho, a malandragem, a "Lei de Gérson" (ver box p. 195), a desordem. Tudo isso combinado abre as portas para aquilo que é apontado recorrentemente (por especialistas e pelo senso comum) como nosso principal mal: a corrupção e a falta de confiança nas instituições do Estado.

Em uma cena do documentário *Notícias de uma guerra particular* (João Moreira Salles e Kátia Lund, 1999), o então chefe de polícia civil do estado do Rio de Janeiro, o delegado Hélio Luz, olha para a câmera que o entrevista e diz:

Capítulo 7 – Cultura brasileira e gestão de empresas

Eu afirmo, não precisa ninguém dizer, eu afirmo: a polícia é corrupta. [...] Agora a pergunta que eu faço pra sociedade é a seguinte: é possível uma polícia que não seja corrupta? [...] A sociedade aguenta isso? Uma polícia que não seja corrupta não perdoa. Vai ser como nos demais países. Você para o carro em local proibido, leva multa; sonega imposto, vai preso. Não aceita propina. A sociedade está preparada pra isso?

Subjacente a essa fala, vinda de um representante do Estado, vamos encontrar, de forma não tão explícita, mas com raízes profundas em nossa sociedade, uma contradição estrutural e estruturante que fundamenta as dificuldades enfrentadas quando se pensa a inserção do Brasil no quadro de nações economicamente emergentes, politicamente estáveis e socialmente justas: a contradição entre o Arcaico e o Moderno.

Hércules e Quasímodo

Hércules (ou Héracles) é um herói, ou semideus, da mitologia grega, filho de Zeus e Alcmena (uma mortal). Característico por sua força descomunal expressa no cumprimento dos famosos 12 trabalhos, seu nome é sempre evocado para se referir a força, resistência, coragem, bravura.

Quasímodo é o nome do principal personagem do romance *Notre-Dame de Paris*, de autoria do escritor francês Victor Hugo (1802-1885), publicado em meados do século XIX. Feio, corcunda, deformado, é abandonado quando criança e adotado pela cura da catedral parisiense, vivendo em sua torre. Tido como um monstro pela população da cidade, Quasímodo revela-se terno e amoroso para com a cigana Esmeralda, a quem protege.

Estátua de Hércules e ilustração do Quasímodo.

Brincando um pouco com a nossa literatura, é possível tomar uma metáfora com certa liberdade poética para pensar essa contradição de um de nossos clássicos e pioneiros na interpretação do Brasil: *Os sertões*, de Euclides da Cunha. Em um dos seus trechos mais citados, no capítulo em que fala do "Homem" do sertão (que se tornou uma espécie de tipo ideal weberiano do "brasileiro"), o autor afirma: "O sertanejo é, antes de tudo, um forte. [...] A sua aparência, entretanto, ao primeiro lance de vista, revela o contrário. [...] Hércules-Quasímodo, reflete no aspecto a fealdade típica dos fracos" (Cunha, 2000, p. 270).

O Hércules-Quasímodo de Euclides tem como referência as questões biológico-raciais (típicas dos paradigmas positivista e evolucionista predominantes à época que permeiam sua análise). Euclides fez um paralelo com as características físicas e mentais do sertanejo. No entanto, embora o escritor não a tenha construído com a conotação dada aqui, a metáfora é excelente para pensar o tema: beleza e fealdade não física ou racial, mas como sociedade, como cultura. Nossas forças e fragilidades. Aquilo que desejamos ser e aquilo que efetivamente somos.

De um modo geral, quando se fala de contradição no caso brasileiro, é muito mais comum fazer-se referência àquela mais evidente, pela qual somos mundialmente conhecidos: a de caráter socioeconômico (e suas derivações). Ou seja, ricos e pobres; incluídos e excluídos. Sendo um país rico, somos uma nação de miséria e pobreza dada a gigantesca concentração da riqueza aqui produzida; portador de instituições democráticas relativamente bem consolidadas (principalmente nos últimos 30 anos), ainda navegamos no mar da fama de um dos países mais corruptos do mundo; criadores de um respeitável e bem elaborado sistema jurídico, somos o país que só aplica os "rigores da lei aos inimigos do rei"; donos de um invejável patrimônio científico, nossas universidades produzem conhecimento de ponta nas mais variadas áreas que têm revolucionado o mundo, ao mesmo tempo que nossos estudantes do ensino médio e fundamental têm exibido um desempenho que nos deixa envergonhados comparativamente a outros povos; somos o país de grandes e renomados autores literários e um dos que menos leem. Mais recentemente, vimo-nos alçados ao pódio de uma potência emergente economicamente, mas tropeços no campo político e econômico não garantiram sustentação a essa conquista e regredimos rapidamente. E, ainda, oscilamos na estabilidade política e econômica. Somos um dos países mais importantes do mundo (pela grandeza do território, pelas riquezas naturais, pela posição geográfica etc.), mas ao mesmo tempo vivemos um complexo de inferio-

Lei de Gérson

Em 1976 a agência publicitária Caio Domingues & Associados foi contratada pela fabricante de cigarros J. Reynolds para elaborar uma campanha para a marca Vila Rica. A campanha idealizada pela agência e aprovada pela empresa usou um mote até certo ponto clichê no mundo publicitário: associar o conceito de alta qualidade com o de preço baixo. Daí pensar na ideia de levar vantagem foi quase imediata. Como garoto-propaganda, a agência convidou um dos ídolos da Copa do México, considerado um dos mais brilhantes jogadores brasileiros de todos os tempos, o fluminense Gérson de Oliveira Nunes. Conhecido como "o canhotinha de ouro", foi dele o gol contra a Itália que garantiu a vitória do Brasil na final daquela Copa. Na série de filmes da campanha, o jogador aparece fumando e comentando as qualidades do cigarro e seu baixo preço, e como isso representava uma vantagem para o consumidor. No final de cada peça, o personagem terminava com a seguinte fala: "Por que pagar mais caro se o Vila me dá tudo aquilo que eu quero de um bom cigarro? Gosto de levar vantagem em tudo, certo? Leve vantagem você também, leve Vila Rica!". Embora se trate da construção de personagem e de uma situação ficcional, a campanha acabou por gerar uma controvérsia e trouxe bastante desconforto para o jogador, que insistentemente tem se recusado a dar entrevistas e a comentar publicamente o tema. Mesmo que de forma involuntária e sem responsabilidade do jogador, dos publicitários ou mesmo do fabricante de cigarros, o fato histórico relevante é que essa campanha, que já não está no ar há cerca de 40 anos, acabou gerando um conceito socioantropológico que extrapolou os limites da atividade publicitária, ganhando vida própria e tematizando um importante traço da cultura brasileira, que ficou conhecido popularmente como "Lei de Gérson". Num país em que as leis encontram grande resistência para se consolidar, essa talvez seja uma das poucas leis que o brasileiro não tem problemas em seguir.

ridade, de baixa autoestima. Poderíamos discorrer longamente a enumeração de nossas contradições e ambiguidades.

O que é menos lugar-comum, no entanto, é enxergar que na raiz dessas contradições está aquela outra mais abstrata, entre o Arcaico e o Moderno. Ela está marcada profundamente no nosso universo simbólico-cultural, e raramente, como nativos que somos de uma cultura viva, nos damos conta. Uma contradição à qual,

Nation Brand

Nation Brand é um indicador que procura mensurar a reputação dos países com vários propósitos. A ideia é aplicar os mesmos conceitos e técnicas do marketing corporativo aos países para orientá-los na melhoria do seu desempenho nos vários contextos das relações internacionais (diplomacia, comércio, cultura etc.). Como todo indicador, o NB é parcial, mas tem se mostrado, em muitos contextos, bastante eficaz na orientação de investimentos e programas de relacionamento político-econômico. Uma agência muito forte na construção do Nation Branding é uma das mais importantes instituições de pesquisa em marketing no mundo, sediada na Alemanha, a GfK (Gesellschaft für Konsumforschung – Sociedade para pesquisa do consumidor), que publica um relatório anual (Anholt-GfK Nation Brands Index). No relatório elaborado em 2015, o Brasil apareceu como a marca nacional mais prestigiada da América Latina, tendo avançado uma posição (da 21ª em 2014 foi para a 20ª em 2015), o que significa uma posição de destaque entre marcas nacionais mais prestigiadas do mundo. O interessante é que, no quesito "Cultura" (um dos investigados), o NB revela que o Brasil está entre os 10 países mais bem-conceituados do mundo.

O gráfico a seguir é uma síntese dos itens levados em conta na pesquisa.

The Nation Brand Hexagon© 2000 Simon Anholt. Anholt-GfK Nation Brands Index SM

como integrantes de uma lógica cultural mais abrangente (de uma "cultura ocidental"), deveríamos ter dado mais atenção ao longo de nossa formação.

Por estar no campo da cultura (e, portanto, de geração de valores que orientam práticas e comportamentos), ela pode ser considerada como uma espécie de contradição-mãe, nutriz e sustentáculo de todas as demais (inclusive aquelas de caráter socioeconômico, bem visíveis e concretas). Se observarmos bem, nossos grandes problemas nacionais (da corrupção aos maus serviços prestados por um Estado mal gerenciado) estão intimamente ligados à maneira como encaramos a coisa pública, ao modo como concebemos a ocupação e o gerenciamento do espaço público e à forma como conduzimos nossas relações interpessoais. Ao contrário do que deveria ser, para o imaginário brasileiro, o público não é aquilo que é de todos, da coletividade, do interesse comum, e por isso deve ser cuidado e preservado. O público é o que não pertence a ninguém, e, portanto, pode ser (simbólica ou concretamente) apropriado e até tratado com desleixo.

Vivemos, portanto, essa ambiguidade (que Roberto DaMatta chama de "hibridismo"). Desejando, no nosso imaginário, ser uma sociedade plenamente moderna, ainda não nos decidimos se queremos de fato pagar o alto preço (em todos os sentidos) que esta modernidade nos cobra. Isso significaria abandonar de vez nossos traços mais arcaicos (ou antimodernos, se quisermos): levarmos em conta que o público é o espaço de todos e, portanto, está sujeito às regras gerais (e não à minha vontade pessoal); entendermos que o Estado é uma instituição para atender aos interesses da coletividade (e não de pequenos grupos); que o fundamento da cidadania está tanto no cumprimento de deveres quanto na consolidação de direitos, e não apenas no segundo.

A dinâmica da economia global tem sofrido fortes exigências éticas e cobranças de diversas naturezas partindo da sociedade civil organizada. O mundo organizacional tem um papel importante na resposta a esse desafio. É por isso que, se quisermos inserir o Brasil de forma consistente e destacada no novo cenário geopolítico internacional que vem se formando nos últimos anos, empresas e empresários precisam compreender que têm um papel decisivo nesse processo.

Traços brasileiros: uma síntese

Com tal grau de complexidade que lhe é característico, o Brasil produziu um panteão de grandes intérpretes que, desde o século XIX, procuram oferecer leituras sobre o nosso sentido como país, como nação, como cultura. A cada momento his-

> ## O brasileiro como tipo ideal
>
> Para compreendermos a análise sociológica sobre o brasileiro, é importante resgatarmos o conceito weberiano de "tipo ideal" (cf. Cap. 1). Trata-se de uma ferramenta analítica, um conceito abstrato que nos ajuda a pensar, e não a definir o que é uma realidade. Assim, em Sociologia, quando se fala do "brasileiro", é preciso compreender que se está falando sobre aquilo que seria a média dos brasileiros. Ou seja, "o brasileiro" é um conceito abstrato, e não propriamente uma realidade empírica. Cada indivíduo é único, tem sua marca própria, sua singularidade e, até mesmo, pode não se identificar com alguns traços da cultura brasileira. No entanto, é comum a percepção de que o fato de partilhar muitos elementos (a pátria, a língua, alguns hábitos culturais etc.) coloca-os num campo comum imaginado que lhes dá a sensação de pertencimento a esse contexto chamado Brasil.

tórico, a reflexão era pautada pelas questões predominantes da época, mas todos, de certa forma, procuravam tematizar nossa identidade, quase sempre por meio de prismas específicos das Ciências Sociais.

Nesse debate, foi comum a identificação de alguns traços que seriam bem característicos da cultura brasileira e que emergiam do campo das nossas relações sociais. Alguns deles estão de tal forma enraizados no nosso imaginário nacional que ajudaram a formar em alguns momentos uma imagem muito forte sobre quem somos nós, brasileiros.

No âmbito empresarial, algumas pesquisas realizadas por instituições públicas e privadas, nacionais e internacionais, tentam mapear quais seriam os principais traços da cultura brasileira e de que forma eles poderiam impactar no mundo dos negócios.

Nos estudos sobre cultura organizacional, um forte campo de investigação é a respeito das relações que existem entre a cultura nacional e a cultura da empresa. Como um microcosmo sociocultural, com pessoas vindas das mais variadas origens, toda empresa constrói um cenário cultural próprio, mas que guarda uma profunda relação com o ambiente cultural externo a ela mesma, de onde as pessoas que a formam provêm e com o qual a empresa se relaciona de forma intensa. É assim que, quando se pensa a cultura brasileira nesse contexto, o foco muitas vezes recai em temas como estilo de gerenciar, comportamento ético, enfrentamento de conflitos, postura diante do estrangeiro, cumprimento de compromissos etc.

O que esses estudos pretendem investigar e compreender é como os traços culturais brasileiros podem impactar na maneira de gerenciar empresas e conduzir negócios, particularmente em um cenário de globalização.

Uma outra dimensão importante é a maneira como empresas brasileiras são vistas por parceiros internacionais. Agências de classificação de riscos ou aquelas que constroem os chamados *nation brands* são exemplos de como a identificação de traços culturais podem impactar diretamente sobre orientações de negócios com relação à tomada de decisões sobre investimentos.

Com o objetivo de auxiliar pequenas e médias empresas a compreender melhor o cenário sociocultural no Brasil, em 2002 o Sebrae mapeou algumas das principais características com as quais a população brasileira mais se identificava. A iniciativa, intitulada *Pesquisa Cara Brasileira: A Brasilidade nos Negócios – Um Caminho para o "Made in Brazil"* (Sebrae, 2002), revelou traços bastante interessantes do nosso país e da nossa cultura. Embora todos conheçamos nossas virtudes – e que aparecem na pesquisa (uma diversidade relativamente harmoniosa, sincretismo religioso, imagem unitária contrastando com uma rica diversidade interna, um país que se coloca entre a tradição e a inovação, valorização de especificidades culturais, o caráter hospitaleiro, abundância de afetividade nas relações etc.), um dos temas curiosos revelados por ela foi a ampla identificação de traços considerados ruins ou negativos pelos respondentes. Encabeçando a lista aparecia a falta de autoestima combinada com valorização apenas do que vem de fora. Esse item era seguido por alguns muito conhecidos nossos: a falta de confiança nas autoridades e no governo; a malandragem ou o jeitinho para levar vantagem; o personalismo arrogante; o colocar-se acima da lei; a defesa dos interesses da família e dos amigos; a falta de compromisso nos acordos firmados etc.

Os dados dessa pesquisa do Sebrae são confirmados todo ano pela organização não governamental chilena Latinobarómetro. Desde 1995, a organização realiza uma pesquisa anual para mapear a percepção que as populações de 18 países latino-americanos (entre eles, o Brasil) têm de si mesmas. A cada pesquisa um relatório é divulgado, indicando como essas populações se veem sob os mais diversos aspectos (social, político, econômico e cultural). Outra fonte interessante para pensarmos alguns traços clássicos apontados pelos intérpretes do Brasil são os relatórios e as análises da organização não governamental World Values Survey Association, uma rede global de cientistas sociais com sede em Viena que pesquisa, desde 1981, em aproximadamente 100 países, representando 90% da população do globo, procurando mapear os principais valores e crenças dessas populações e como eles vêm sofrendo alterações ao longo dos anos (conforme a conclusão deste capítulo).

A fim de contribuir para uma reflexão das relações entre a cultura da empresa (em particular, as multinacionais que atuam no Brasil) e a própria cultura brasileira, vamos ver, então, alguns de nossos principais traços que foram analisados por clássicos de nosso pensamento social. De alguma forma, esses traços estão presentes nas organizações brasileiras, e, muitas vezes, precisam ser mais bem compreendidos pelas multinacionais que atuam no Brasil.

É preciso ter em mente que sua classificação e análise separada é apenas para fins didáticos. Como se pode facilmente perceber, muitos deles estão de tal maneira entrelaçados na realidade que não é possível pensar em um sem pensar no outro.

Patrimonialismo

Uma das consequências da construção da modernidade foi a separação entre a esfera pública e a privada: aquilo que é de todos, o predomínio da coletividade sobre a individualidade, onde o que vale é a regra universal a que todos, sem exceção, estão sujeitos; e aquilo que é a esfera privada, da intimidade, onde o que vale é a minha vontade. Uma sociedade patrimonialista é aquela em que esses dois conceitos (público e privado) estão bem difusos e mesclados, pois, nelas, a coisa pública (representada pelas instituições do Estado) é apropriada por um grupo de pessoas (geralmente uma elite) e tratada como propriedade privada, usando a máquina pública para seu próprio benefício ou daqueles que lhes são próximos. O Estado é gerenciado para atender e defender os interesses de poucos, e não da coletividade.

A marca do patrimonialismo sempre foi muito forte no Estado brasileiro, e hoje pode ser facilmente constatada quando parte expressiva da classe política vê o cargo público que ocupa como uma "propriedade privada" sua, ou de sua família e aliados, em detrimento dos interesses da coletividade. Essa prática é bastante recorrente no Brasil, desde a época da colonização, consagrada no período imperial e estabelecida na República. Inúmeros exemplos podem ser extraídos da história, desde o chamado "voto de cabresto" na República Velha até os fatos trazidos à tona pela Operação Lava Jato em tempos recentes.

Uma das primeiras e mais clássicas análises sobre o Patrimonialismo em nosso país aparece na trilogia de Gilberto Freyre (1900-1987) intitulada *História da família patriarcal no Brasil*, cujo primeiro volume, *Casa-grande e senzala* (1933), tornou-se um dos mais clássicos na interpretação do nosso país. Outros clássicos do pensamento social brasileiro que ajudam a compreender esse fenômeno são: Sérgio Buarque de Holanda (*Raízes do Brasil*, 1936); Victor Nunes Leal (*Coronelismo, enxada e voto*, 1948); Roberto DaMatta (*Carnavais, malandros e heróis*, 1979; *A casa e a rua*, 1984; *O que faz o brasil, Brasil?*, 1984). Destaque no nosso pensamento social a respeito do tema é Raymundo Faoro e seu livro *Os donos do poder* (1958), obra bastante importante para se compreender a intrincada rede de relações de interesses privados que permeiam a estruturação do Estado brasileiro desde os tempos coloniais.

Personalismo

Embora tenha surgido na filosofia personalista de Emmanuel Mounier (1905-1950), este conceito acabou ganhando bastante autonomia e uma conotação um tanto quanto distinta nas Ciências Sociais como contraposição ao conceito de indivíduo. Além da separação entre público e privado, outra característica construída pela modernidade foi a distinção entre indivíduo e pessoa. O primeiro se refere a alguém dotado de vontade, liberdade e pensamentos próprios. Indivíduo é entendido como parte integrante de um todo, de uma coletividade, submetendo-se às regras universais porque, em última instância, acredita que elas o protegem. Se ele tiver algum direito agredido, é a estas regras (e às respectivas instituições que as sustentam) que ele irá recorrer para protegê-lo contra a eventual agressão sofrida e clamar por justiça.

Personalismo presidencial

Parte do anedotário político brasileiro, a frase: "Aos amigos tudo, aos inimigos os rigores da lei", atribuída ao ex-presidente Getúlio Vargas, é um ilustrativo dessa visão, segundo a qual obedecer à lei é para aqueles que não têm poder (seja econômico, seja dado por uma poderosa rede de relações pessoais) para burlá-la. "A lei existe para não ser obedecida" ou "Seguir a lei é coisa de tolo" são frases comuns que podem ser cotidianamente encontradas no campo social brasileiro. Para um maior aprofundamento desse tema, é importante ler o clássico de Roberto DaMatta, *Carnavais, malandros e heróis* (1982), e o trabalho de Livia Barbosa, *O jeitinho brasileiro: a arte de ser mais igual que os outros* (1992). Algumas das principais teses defendidas por DaMatta foram investigadas em campo, e os resultados publicados sob o título *Cabeça de brasileiro* (Almeida, 2007).

A pessoa, ao contrário, é alguém que, ao mesmo tempo que projeta seus interesses e vontades acima das instituições e da coletividade, não se submetendo a suas regras e códigos, constrói uma rede de relações pessoais em detrimento das institucionais para garantir essa projeção e, até mesmo, proteção. A pessoa manipula códigos e redes de relações para conseguir fazer valer sua vontade acima de tudo. Revela menosprezo pela coletividade e pela coisa pública.

O indivíduo não tem rosto, no sentido de que não há distinção de direitos ou deveres entre ele e os demais membros da coletividade. A pessoa, ao contrário, tende a se destacar por hierarquias, privilégios ou vantagens obtidas pela rede de relações pessoais em cuja construção ela investe muita energia. Uma sociedade personalista é uma sociedade pautada no culto à personalidade que tudo pode porque é bem relacionada.

O personalismo é uma característica bastante relacionada aos conceitos de cordialidade (em Sérgio Buarque de Holanda) ou o jeitinho e a malandragem (Roberto DaMatta), como se abordará adiante.

Alguns fenômenos sociais conhecidos nossos são derivados diretos do personalismo, como o nepotismo, o clientelismo, o compadrio, o apadrinhamento, o familismo e o corporativismo.

Patriarcalismo

Característico de sociedades arcaicas, este traço se refere a um tipo de organização social que está centrada na supremacia do poder masculino simbolizado pela figura do pai (*pater*, em grego). Interessante notar que, na Grécia Antiga (de onde se origina a palavra), a figura do pai era frequentemente referida também como *despotés*, ou seja, o "senhor da casa", aquele que tinha poder absoluto sobre esposa, filhos e escravos. Este termo é uma variante linguística do verbo *despozo* – em grego, δεσποξο – (mandar, submeter, dominar), de onde vem a palavra déspota, despótico.

A análise pioneira do patriarcalismo como traço da cultura brasileira foi feita por Gilberto Freyre na já referida trilogia *A história da sociedade patriarcal no Brasil*, fornecendo uma espécie de modelo que rege as relações de poder (seja entre governantes e governados; entre chefes e empregados em uma empresa; entre síndico e moradores em um condomínio, por exemplo). Embora não seja o foco, essa característica também está presente na obra de Raymundo Faoro.

Inicialmente assentado no poder quase absoluto do senhor de engenho, o patriarcalismo na sociedade brasileira está hoje ressignificado na predominância do poder masculino nas várias esferas sociais, em particular no mundo político e empresarial. Ele se constitui, certamente, no traço arcaico mais relacionado com um profundo machismo presente em várias esferas da nossa vida social, em particular no mercado de trabalho, nas organizações empresariais e no nosso cenário político. Característica essa que dificilmente assumimos e que será mais bem trabalhada no capítulo seguinte.

Hierarquia

Consagrado como um dos princípios da Revolução Francesa, a igualdade se constituiu como um dos pilares da modernidade. Igualdade no campo social significa aquela isonomia em face de leis, e não deve ser confundida com ausência das diferenças. Aliás, é curioso que tenhamos duas palavras para se opor ao conceito de igualdade: diferença, que significa apenas distinção; desigualdade, que atribui um caráter hierárquico a essas distinções.

É preciso, pois, compreender que existem duas maneiras bem distintas segundo as quais a hierarquia se manifesta, por paradoxal que possa parecer: sob um viés arcaico, como traço personalista; sob um viés moderno, ou como traço impessoal, característico da esfera institucional legal, tal como analisada por Max Weber.

Vejamos um exemplo: Maria é CEO de uma multinacional do setor siderúrgico e João é um diretor de marketing dessa empresa. Se compreendermos que não é Maria (como pessoa) quem tem poder sobre João (pessoa), mas sim a CEO (que, por acaso, é Maria, mas poderia ser outra pessoa) que tem poder sobre o diretor de marketing (que, por acaso, é João), entendemos que o poder de Maria não é dela, da pessoa, mas é do cargo que ela ocupa. Impessoal, portanto. Isso significa que a hierarquia aí se dá não por uma relação pessoal, mas por uma relação institucional. Nesse contexto, o poder somente pode ser usado em função do cargo, e não para outros fins. Ou seja, por exemplo: é lícito e correto que Maria mande João viajar para algum lugar em atendimento aos interesses dos negócios da empresa; mas não é lícito que ordene que ele vá pegar seu filho na escola. Simbolicamente, se compreendo que é Maria quem manda em João, inconscientemente atribuo o poder à pessoa da Maria (e não ao seu cargo). É nesse sentido que a hierarquia passa a ser pessoal.

Embora o tema seja muito bem trabalhado e analisado nos já mencionados clássicos, como *Casa-grande e senzala* (Gilberto Freyre, 1933) e *Os donos do poder* (Raymundo Faoro, 1958), é com *Carnavais, malandros e heróis* (Roberto DaMatta, 1979) que o tema é trazido para um contexto mais atual e mais próximo da vida

Você sabe com quem está falando?

Há algum tempo (em 2011), o noticiário nacional veiculou uma informação que deixou boa parte dos brasileiros bastante perplexa: uma fiscal do Detran-RJ parou um veículo que estava sem placa, com o documento vencido e cujo motorista não portava habilitação. Tudo isso foi reconhecido posteriormente na sentença do juiz que conduziu o caso, cujo desfecho evidenciou uma relação de poder que foi manifesta na cena: o motorista infrator era um juiz de direito. A funcionária pública (a fiscal responsável pela blitz) que, diga-se de passagem, era portadora de um título de mestre com uma dissertação de mestrado sobre ética na administração pública, teria dado a ordem para rebocar o veículo, o que foi recusado pelo juiz. A atitude dela, absolutamente legal e válida para todos, foi a causa da discussão. O juiz, então, lhe deu voz de prisão. Quando tentaram algemá-la, ela teria dito: "Ele não é Deus". Ela acabou sendo processada por desacato, e, por sua vez, processou o juiz por prisão ilegal. O TJ do RJ entendeu que foi a servidora que praticou ilegalidade e abuso (dizendo que "juiz não é Deus"). Alegação completa da servidora: "Se eu levo os carros dos mais humildes, por que não vou levar os dos mais abastados?". Houve na época uma grande mobilização nas redes sociais virtuais em apoio à fiscal para arrecadar fundos que custeassem o processo, que ainda corre na justiça brasileira.

Não só a situação em si, mas o seu desenrolar, com a condenação da fiscal em duas instâncias, trouxe mais uma vez à tona expressões populares típicas do cenário brasileiro e conhecidas em larga escala, em especial a famosa frase muito bem analisada pelo antropólogo Roberto DaMatta (em seu *Carnavais, malandros e heróis*): você sabe com quem está falando? Este é um dos inúmeros exemplos da personificação da hierarquia que se multiplicam na cena social brasileira: onde deveria estar um cidadão, aparece um juiz; onde deveria estar uma autoridade pública (uma fiscal), fixa-se uma cidadã que desacata. Aquele que deveria ser o baluarte da defesa da lei usa a autoridade para burlá-la e estabelecer autoridade para onde não cabe.

Fonte: Elaborado pelos autores com informações de ROBALDO, José Carlos de Oliveira. Você sabe com quem está falando?. *O Progresso*, 13 nov. 2014. Disponível em: <http://www.progresso.com.br/opiniao/jose-carlos-robaldo/voce-sabe-com-quem-esta-falando>. Acesso em: 16 out. 2017.

das pessoas. Para debater o tema, o autor faz um paralelo entre uma pergunta que surge no contexto social brasileiro ("Você sabe com quem está falando?") e outra, comum no americano ("*Who do you think you are?*"), ambas em situação de discussão, de debate ou até de disputa. No primeiro caso, há uma clara sobreposição de quem fala, projetando-se acima do outro (por algum motivo qualquer), evocando uma hierarquia imaginária que quebra a relação de igualdade no campo social, característica das sociedades modernas. No segundo caso, ocorre o oposto: o interlocutor tenta construir essa hierarquia, projetando-se acima de quem fala e é trazido para o mesmo nível de igualdade do campo social.

Cordialidade

Este é um conceito que se tornou clássico no pensamento social brasileiro, baseado na análise de Sérgio Buarque de Holanda em *Raízes do Brasil* (1936) a respeito do "homem cordial". Embora a expressão não tenha sido criada por ele (e sim pelo escritor e poeta santista Ribeiro Couto), foi Sérgio Buarque quem lhe conferiu o estatuto de chave sociológica importante para a análise da cultura brasileira. Como se sabe, a palavra "cordial" deriva do latim *cuore*, coração. Entretanto, diferentemente do que o senso comum poderia inferir, o conceito não se refere àquela afabilidade e simpatia pelas quais o brasileiro é mundialmente conhecido. No campo social, Sérgio Buarque acentua o caráter afetivo trazido para as relações sociais a fim de obter favores, ganhos, vantagens. Seria uma variante do próprio conceito de personalismo, aí, sim, acrescido daquela simpatia e afabilidade, mas com um propósito nada coletivo. Nesse sentido, o "homem cordial" seria individualista, arredio à disciplina, desobediente a regras sociais e afeito ao paternalismo e ao compadrio. Sendo assim, a cordialidade não é um perfil adequado para a vida civilizada numa sociedade democrática, uma vez que coloca as relações afetivas e pessoais acima das racionais e impessoais.

Jeitinho e malandragem

Certamente esta é uma das características pelas quais nós, brasileiros, mais nos identificamos e, muitas vezes, somos identificados. Embora jeitinho seja uma expressão de domínio público desde as crônicas de Machado de Assis, foi o antropólogo Roberto DaMatta (*Carnavais, malandros e heróis*, 1979) quem a trouxe para o estatuto de conceito nas Ciências Sociais. Para ele, o jeitinho é um modo de navegação social que consegue uma maneira de operacionalizar a vontade pessoal em de-

Machado de Assis (1839-1908).

trimento de leis universais e impessoais. Com isso, cria-se um espaço para a perpetuação do hibridismo sociológico entre a ordem e a desordem; entre a lei e a vontade pessoal. Esta é uma característica profundamente enraizada no comportamento dos brasileiros e que, quase sempre, mantém o Brasil naquele eterno dilema entre o arcaico e o moderno. Entretanto, é importante compreender que, na análise de DaMatta, o jeitinho não tem apenas um viés negativo (abrindo espaço para a corrupção, por exemplo), podendo ser bastante positivo, pois estimula a criatividade e pluralidade de possibilidades para além dos códigos estabelecidos.

Vinculado ao jeitinho está seu principal ator, o malandro. Esse personagem foi trazido à tona por Machado de Assis, no cenário do Rio de Janeiro do século XIX. Outros autores, como João do Rio e Lima Barreto, também foram atraídos por esse tipo que expressava um comportamento e uma postura muito peculiares. No entanto, foi igualmente Roberto DaMatta quem conferiu um estatuto de conceito socioantropológico ao malandro, extrapolando as fronteiras do cenário carioca e transformando-o em uma espécie de tipo ideal brasileiro operacionalizador do jeitinho. DaMatta analisa dois tipos básicos de malandro: o do samba, da capoeira, da simpatia, da criatividade em um mundo de excluídos; o da corrupção, do levar vantagem sobre a coletividade, do passar o outro para trás.

Pensando nessa polaridade, a análise do malandro e da malandragem encerra um grande dilema. De um lado, o malandro simpático seria, segundo DaMatta, uma grande contribuição brasileira para tornar a sociabilidade mais leve (como é no caso das sociedades com regras sociais muito rigorosas). Do outro, temos o malandro perverso, que puxa tapetes, passa os outros para trás, fura fila, cola nas provas, ou seja, rompe – sempre com simpatia e graça – quase todos os códigos da ética no contexto social.

No campo organizacional, por exemplo, o jeitinho e a malandragem podem ser traduzidos pela criatividade na busca de soluções totalmente fora dos protocolos estabelecidos e por uma tendência a um comportamento mais aberto, amistoso e leve; como também por aquele funcionário que falsifica notas fiscais de despesa para ter reembolsos maiores. Algumas figuras (entre tantas outras) ajudam a entender esse lado jocoso e bem-humorado do malandro: o personagem Zé Carioca, o malandro das composições de Chico Buarque de Holanda, Pedro Malasartes (personagem da cultura popular resgatado por Monteiro Lobato) ou João Grilo (persona-

Zé Carioca e João Grilo: malandros e anti-heróis

A malandragem e o jeitinho têm encontrado algumas representações que se fixaram no imaginário brasileiro. Um dos mais célebres e mundialmente conhecidos é o personagem Zé Carioca (ou Joe Carioca, nos Estados Unidos). Criado por Walt Disney no contexto da política da boa vizinhança iniciada no governo Roosevelt, o personagem apareceu pela primeira vez em 1942 e teria sido inspirado num dos integrantes do Bando da Lua, grupo musical que acompanhava Carmen e Aurora Miranda. Ave icônica da fauna tropical, o papagaio foi revestido de uma roupagem (literal e metafórica) bem próxima daquilo que, segundo a pesquisadora da UFRJ Phrygia Arruda, Machado de Assis teria considerado características típicas do estilo carioca:

> [...] ser comemorativo, descompromissado, politicamente apático e descrente. E as características mais relevantes da cidade – ser festeira, politicamente pouco calorosa, berço da intelectualidade e da preguiça – estavam em sintonia com sua população. (Arruda, 2013, p. 165)

Outro personagem bastante conhecido é o anti-herói João Grilo, criado por Ariano Suassuna. Inspirado nos quadros da Comedia del´Arte italiana e nos picadeiros circenses, Suassuna faz uma homenagem ao brasileiro simples e pobre que resiste à dominação dos grandes senhores das elites locais criando mecanismos próprios de sobrevivência, o jeitinho, que lhe garante sucesso num mundo de exclusão. Como o próprio autor classificava, um sujeito "quengo" (no jargão do interior de Pernambuco, aquele que tem cabeça), esperto e criativo para escapar às vicissitudes da vida.

Uma fusão dessas duas perspectivas é encontrada nos malandros criados pelo compositor Chico Buarque de Holanda: inescrupulosos, com um quê de egoístas, machistas e bastante autocentrados, legalizam o ilegal em nome de necessidades próprias, em detrimento dos "outros".

gem de *Auto da compadecida*, de Ariano Suassuna). Essa vertente do malandro nos permite "pensar fora da caixa" e, muitas vezes, enxergar além do óbvio.

Uma orientanda de Roberto DaMatta, hoje uma renomada antropóloga especializada em contextos empresariais, Livia Barbosa, realizou uma etnografia sobre o jeitinho na qual constatou seu caráter amplamente universal e difundido na sociedade brasileira. Este trabalho, intitulado *O jeitinho brasileiro*: a arte de ser mais igual que os outros (1992) é uma excelente análise de como o jeitinho aparece nos discursos e nas práticas dos brasileiros.

Embora haja aquele malandro criativo e simpático, a ampla generalização do segundo tipo acabou por mergulhar o país em um caos social, político e econômico. Um dilema que não é realmente fácil de ser resolvido.

Aventura, trabalho e desordem

Adotando uma matriz weberiana na análise da relação do brasileiro com a racionalidade econômica, Sérgio Buarque de Holanda constrói uma tipologia entre o aventureiro e o trabalhador como tipos ideais. Para o primeiro, relacionado ao nobre católico português (cuja ética religiosa enxergava na oração e na contemplação a via privilegiada da salvação), o trabalho é tido como um peso, um mal necessário, um descaminho para Deus. Não à toa, foi o castigo recebido por Adão e Eva ao serem expulsos do paraíso. Trabalha-se porque é necessário, mas não se cultiva nem se constrói um espírito de disciplina, de planejamento e de dedicação ao trabalho. Se puder atingir seu objetivo de ganhar muito sem fazer muito esforço, o aventureiro certamente escolherá esse caminho. Ao contrário, o tipo ideal do trabalhador, identificado com o burguês protestante anglo-saxão, herda da sua ética religiosa o sucesso no trabalho como principal sinal de ser um eleito, um escolhido por Deus para a salvação. Assim, cria-se uma cultura do trabalho como valor e uma racionalidade para se atingir o sucesso pretendido: organização, planejamento e dedicação.

No campo das relações de trabalho no Brasil, por exemplo, essa falta de disciplina, planejamento e organização traz uma consequência importante: dados da OCDE e da OIT revelam que o brasileiro trabalha mais e produz menos, comparado a alguns povos como o americano, o japonês, o francês, o italiano, o suíço, o alemão, o norueguês, o dinamarquês ou o belga. Nacionalidades que, no nosso imaginário, são desenvolvidas porque trabalham muito. Isso, na verdade, indica uma falta de racionalização e otimização do trabalho. Trabalhamos muito, mas rendemos pouco no que fazemos.

Inferioridade e complexo de vira-latas

Em um texto de 1920, 80 anos antes da pesquisa do Sebrae mencionada no início deste capítulo, Sérgio Buarque de Holanda já chamava a atenção para um traço colonizado que acentuava, ainda que indiretamente, nosso sentimento de inferioridade a outros povos, especialmente aos do Hemisfério Norte. O autor alertava para aquilo que talvez fosse o único traço genuinamente nacional: a mania de imitar povos estrangeiros. Disse ele: "No Brasil o hábito de macaquear tudo quanto é estrangeiro é, pode-se dizer, o único que não tomamos de nenhuma outra nação. É, pois, o único traço característico que já se pode perceber nessa sociedade em formação que se chama: o povo brasileiro" (Holanda, 1996, p. 42).

Para o autor, essa questão está intimamente relacionada à construção de nossa identidade: ela nos revela como nos vemos. Ao que tudo indica, olhamos no espelho e não gostamos do que vemos, copiando do outro quase tudo porque consideramos melhor.

Um trabalhador americano produz como quatro brasileiros

Conference Board é uma organização estadunidense que reúne um numeroso conjunto de empresas públicas e privadas de mais de 60 países nos quais realiza uma pesquisa sobre trabalho. Em 2015, dados revelaram que, para atingir a mesma produtividade de um trabalhador estadunidense, são necessários quatro brasileiros. De acordo com a organização, esse indicador é reflexo do baixo nível educacional no Brasil, da falta de qualificação da mão de obra, dos gargalos na infraestrutura e dos poucos investimentos em inovação e tecnologia no país, e está próximo do nível da década de 1950. A medida de comparação é o quanto cada trabalhador contribui para o PIB do seu país. O dado revela a força que possuem fatores como educação e investimento em setores de ponta na medida em que tornam mais eficiente o uso de recursos. Pesquisas apontam o baixo nível educacional no Brasil como sendo um dos mais graves problemas para uma economia que precisa crescer e aumentar o padrão de vida da população. Ainda de acordo com especialistas, o brasileiro estuda em média sete anos, revelando que uma boa parcela nem completa o ensino fundamental. Nos EUA, a formação média é de 12 a 13 anos, o que inclui uma etapa do ensino superior. Isso sem mencionar a diferença na qualidade do ensino.

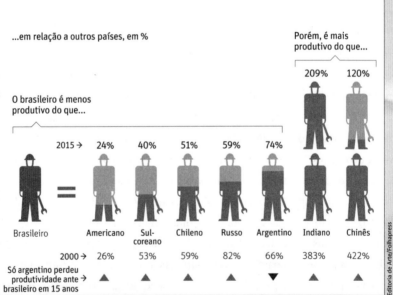

Fonte: Elaborado pelos autores com informações de ROLLI, Claudia; FAGUNDES, Álvaro. Um trabalhador americano produz como quatro brasileiros. *Folha de S.Paulo*, 31 maio 2015. Disponível em: <http://www1.folha.uol.com.br/mercado/2015/05/1635927-1-trabalhador-americano-produz-como--4-brasileiros.shtml>. Acesso em: 30 nov. 2017.

Uma pesquisa interessante que nos revelou este traço foi realizada pela revista semanal *Época* (Ed. Globo) em 1999. A enquete perguntava às pessoas nas ruas de grandes capitais o que o Brasil tem de bom e o que tem de ruim. À semelhança do que ocorreu com a pesquisa do Sebrae, o resultado trouxe uma lista bem modesta de pontos positivos, enquanto a de pontos negativos era enorme. Mas algo ainda mais surpreendente aconteceu: ela indicou que 23% dos entrevistados não sabiam o que o país tinha de bom. Mais uma vez revelando uma nação que se olha no espelho e não gosta do que vê. Estávamos, nesse momento, em pleno processo de celebração dos 500 anos de "descobrimento" (ou colonização) e de história oficial do Brasil. Momento privilegiado de discussão sobre nosso caráter.

A esse respeito, em 2003 a pesquisa realizada pelo Latinobarómetro indicou que apenas 4% dos brasileiros manifestaram ter confiança em sua população (cf. tabela da próxima página). Tanto essa pesquisa quanto aquela do Sebrae serviram como base para que, em 2004, o governo federal lançasse uma campanha publicitária intitulada *Eu sou brasileiro e não desisto nunca*. Criada pela agência Lew Lara e apoiada pela Associação Brasileira de Anunciantes, a campanha trazia casos de pessoas famosas e cidadãos comuns com histórias de superação e conquistas. O slogan da campanha, "O melhor do Brasil é o brasileiro", tirado de uma frase do folclorista e historiador Luís da Câmara Cascudo (1898-1986), pretendia reconstruir a boa imagem que o brasileiro precisa ter de si.

Na década seguinte, esse debate acerca da baixa autoestima do brasileiro acabou sendo ainda mais estimulado pelas candidaturas do Brasil à sede da Copa do Mundo Fifa em 2014 e aos Jogos Olímpicos em 2016. Assim, 10 anos depois da campanha do governo federal pelo resgate da nossa autoestima, a grande exposição midiática e projeção internacional a que o Brasil foi submetido por ocasião desses dois grandes eventos esportivos colocaram-nos novamente diante de questionamentos sobre nosso desempenho no seu gerenciamento, assim como nos trouxe as recorrentes comparações com as nações chamadas de "Primeiro Mundo".

Nesse cenário, foi trazido à tona um conceito criado pelo dramaturgo e cronista esportivo Nelson Rodrigues. Em uma crônica esportiva para a revista *Manchete* publicada em 1958 (por ocasião do primeiro campeonato de futebol que o Brasil conquistou, justamente na Suécia, uma das nossas mais fortes referências de sociedades que "deram certo"), ele criou uma expressão que entrou para o rol de referências para a interpretação do Brasil: o complexo de vira-latas. Afirmou Rodrigues no seu artigo:

Quero aludir ao que eu poderia chamar de "complexo de vira-latas". Estou a imaginar o espanto do leitor: "O que vem a ser isso?". Eu explico. Por "complexo de vira-latas" entendo eu a inferioridade em que o brasileiro se coloca, voluntariamente, em face do resto do mundo. Isso em todos os setores (Rodrigues, 1993, p. 51).

No cenário organizacional isso é facilmente identificável por certas práticas recorrentes nas empresas de adotar modelos e paradigmas de gestão sem pensar nas especificidades da cultura brasileira, mantendo aquela máxima: o que é bom para americanos e europeus necessariamente é bom para brasileiros. Além de continuarmos a valorizar produtos que tenham a marca *"made in"* qualquer lugar que não seja aqui.

Grau de confiança das populações latino-americanas em seus países

Uruguai	36%	Panamá	25%	Bolívia	21%
Equador	20%	México	19%	Guatemala	18%
Honduras	18%	Nicarágua	18%	Argentina	17%
Peru	15%	Venezuela	13%	Colômbia	13%
El Salvador	12%	Costa Rica	11%	Chile	10%
Paraguai	8%	Brasil	4%		

Fonte: Elaborada pelos autores com dados de Latinobarómetro, 2003.
* No site da instituição há dados mais atualizados sobre esse tema.

Sebastianismo: brasileiro é o outro

Existiu um mito em Portugal que se refere ao desaparecimento de um rei muito querido pelos portugueses, D. Sebastião, na batalha de Alcácer-Quibir, em 1578. Não tendo seu corpo encontrado, criou-se um mito da sua gloriosa volta, o que alimentou vários movimentos messiânicos aqui no Brasil naquilo que ficou conhecido como o "mito do sebastianismo".

A história brasileira está repleta de movimentos em que alguns próceres eram apontados como "salvadores da pátria", aqueles que magicamente resolveriam todos os nossos problemas ou nos liderariam rumo a uma "terra prometida", a um futuro melhor. Certamente o mais conhecido é Antônio Conselheiro, líder político e espiritual do movimento de Canudos, no final do século XIX.

Se prestarmos atenção à maneira como nós, brasileiros, nos referimos a nós mesmos, em particular nas situações em que criticamos algo em nosso país, vamos perceber que é comum usarmos o verbo na terceira pessoa: "o brasileiro é preguiçoso", "o brasileiro dá jeitinho pra tudo" etc. É como se não nos incluíssemos no discurso sobre o povo ao qual também pertencemos. No curta-metragem *Os outros* (Mozart, 1999), que é quase uma etnografia divertida de alguns desses traços da cultura brasileira, o cineasta Fernando Mozart brinca um pouco com

Corrupção ativa e corrupção passiva

Quando se fala em corrupção, a primeira palavra que vem à mente das pessoas certamente é "corrupto". Raríssimas vezes (quando acontece) vem o termo "corruptor". É bastante comum, no cenário brasileiro, as pessoas se esquecerem de que pagar a algum agente público para receber vantagens indevidas é tão criminoso quanto o ato de o agente público receber esses pagamentos. Isso por um princípio lógico básico: toda corrupção é resultado de alguém que corrompeu (corruptor, agente) e alguém que foi corrompido (corrupto, paciente). Sem essa combinação o fenômeno não existiria. Desde 1940, o Código Penal Brasileiro estabelece essas duas modalidades de corrupção como igualmente criminosas: a ativa e a passiva.

Corrupção ativa:
"Art. 333 – Oferecer ou prometer vantagem indevida a funcionário público, para determiná-lo a praticar, omitir ou retardar ato de ofício."

Corrupção passiva:
"Art. 317 – Solicitar ou receber, para si ou para outrem, direta ou indiretamente, ainda que fora da função ou antes de assumi-la, mas em razão dela, vantagem indevida, ou aceitar promessa de tal vantagem."

Ao contrário do que imagina boa parte do cidadão comum, ao oferecer pagamentos e/ou bens a agentes públicos para obter vantagens pessoais (subornar um guarda para não receber uma multa de trânsito; um fiscal da receita para escapar do fisco etc.), comete-se um ato tão criminoso quanto o do agente público que se vende.

Fonte: BRASIL. Decreto Lei nº 2.848, de 7 de dezembro de 1940. Planalto – Presidência da República. Disponível em: < http://www.planalto.gov.br/ccivil_03/decreto-lei/Del2848.htm>. Acesso em: 27 out. 2017.

essa característica (que ele chama de mania) tipicamente brasileira: no Brasil, só o outro é responsável por resolver os problemas da coletividade ou somente o outro é o responsável pelo caos imenso em que a sociedade está mergulhada.

Esta "mania nacional" é, na verdade, uma ressignificação, uma reinterpretação do mito sebastianista: a transferência para outrem de responsabilidades que são nossas. Isso em todas as situações que deveríamos fazer para resolver nossos mais corriqueiros problemas: não estacionar em local proibido, não colar em provas, não furar filas, não sonegar impostos etc.

Avançando neste tema e entrando num que nos é muito caro, retomando o caso da Operação Lava Jato, se focarmos nos debates que ocorrem nas mídias sociais, não é difícil constatar essa característica: enquanto os comentários críticos sobre a corrupção praticada por empresários são praticamente inexistentes (ou existem em número infinitamente menor), o mesmo não ocorre com relação aos comentários a respeito dos políticos envolvidos, que ocupam quase toda a cena. Simbolicamente, é como se a corrupção fosse obra "deles" (dos agentes do Estado) e não "nossa" (da esfera privada). Muito curiosa e cômoda esta postura.

Traços brasileiros – Quadro sinótico			
Traços	Características	Autor(es)	Obras de referência
Patrimonialismo	• Englobamento e apropriação do público pelo privado. • Defesa do interesse de poucos em detrimento da coletividade. • Fenômenos relacionados: nepotismo, corrupção.	Gilberto Freyre	Casa-grande e senzala
		Sérgio Buarque de Holanda	Raízes do Brasil
		Victor Nunes Leal	Coronelismo, enxada e voto
		Raymundo Faoro	Os donos do poder
		Roberto DaMatta	Carnavais, malandros e heróis A casa e a rua O que faz o brasil, Brasil?
Patriarcalismo	• Supremacia do poder masculino simbolizado pela figura do pai. • Fenômenos derivados: machismo, paternalismo.	Gilberto Freyre	Casa-grande e senzala

(continua)

Capítulo 7 – Cultura brasileira e gestão de empresas

Traços brasileiros – Quadro sinótico

Traços	Características	Autor(es)	Obras de referência
Personalismo	• Baseado no conceito de pessoa, e não de indivíduo. • Imposição de vontades pessoais sobre as regras sociais. • Construção de rede de relações pessoais em detrimento das institucionais para obter vantagens. • Culto à personalidade. • Fenômenos derivados: nepotismo, clientelismo, familismo, troca de favores.	Gilberto Freyre	Casa-grande e senzala
		Sérgio Buarque de Holanda	Raízes do Brasil
		Raymundo Faoro	Os donos do poder
		Roberto DaMatta	A casa e a rua O que faz o brasil, Brasil?
Hierarquia (Mandonismo)	• Quebra do princípio democrático da igualdade. • Derivada do personalismo. • Evocação de um poder pessoal. • Distanciamento de grupos sociais. • Representada simbolicamente pela expressão: "Você sabe com quem está falando?".	Gilberto Freyre	Casa-grande e senzala Carnavais, malandros e heróis. Coronelismo, enxada e voto
		Roberto DaMatta	Carnavais, malandros e heróis
Cordialidade	• Derivada do personalismo. • Manifestação de individualismo. • Desprezo pela ordem e pelo poder instituído legalmente. • Afeito ao paternalismo e ao compadrio. • Afeto e pessoalidade nas relações sociais para obter vantagens.	Sérgio Buarque de Holanda	Raízes do Brasil
Hibridismo social	• Entre a ordem e a desordem; entre o arcaico e o moderno.	Roberto DaMatta	Carnavais, malandros e heróis; Águias, burros e borboletas
Jeitinho	• Modo de navegação social. • Assegura a vontade pessoal em detrimento de leis universais. • Pode ser negativo (abrindo espaço para a corrupção) ou positivo (estimula a criatividade e pluralidade de possibilidades para além dos códigos estabelecidos).	Roberto DaMatta	Carnavais, malandros e heróis
		Livia Barbosa	O jeitinho brasileiro: a arte de ser mais igual que os outros.

(continua)

Traços brasileiros – Quadro sinótico			
Traços	Características	Autor(es)	Obras de referência
Malandragem	• Sistema de atitudes que consolida o "levar vantagem" pessoal sobre a coletividade. • O malandro é o "ator" do jeitinho.	Roberto DaMatta	Carnavais, malandros e heróis
		Livia Barbosa	O jeitinho brasileiro: a arte de ser mais igual que os outros
Aventureiro	• Oposto ao trabalhador (tipo burguês protestante). • Trabalho não é um valor, mas um fardo. • Indisciplinado. • Quer obter ganhos sem esforço.	Sérgio Buarque de Holanda	Raízes do Brasil
Complexo de vira-latas	• Síndrome de inferioridade. • Tendência a enxergar mais defeitos que virtudes.	Nelson Rodrigues	À sombra das chuteiras imortais
Sebastianismo	Característica de transferir a outrem a responsabilidade pelo caos social ou por resolver os problemas da sociedade.		

Fonte: Elaborada pelos autores.

Macunaíma: uma reinvenção do Brasil

Produzido no cerne do debate do Movimento Modernista sobre identidade nacional brasileira, o livro *Macunaíma* tornou-se emblemático ao elaborar, de forma simbólica e inusitada, o que seriam os nossos principais traços culturais, como a ausência de um suposto "caráter nacional" e unificado do Brasil, a postura inferiorizada de colonizado e a importação de modelos estrangeiros, o desprezo e descaso com nossas tradições, entre outros elementos importantes (muitos já pensados por Sérgio Buarque em alguns de seus artigos). Para analistas da obra de Mário de Andrade, um dos propósitos do escritor seria construir um Brasil imaginado culturalmente único ao mesclar elementos das culturas regionais em um processo de "desgeografização" para justamente conferir um aspecto de unidade nacional. Nesse sentido, é possível indicar que o escritor foi vanguardista na abordagem dinâmica da ideia de unidade nacional, apontando que ela é, na verdade, uma construção imaginada contínua, tema que só entrará para o panorama das Ciências Sociais mais de 50 anos depois com o trabalho do cientista político estadunidense Benedict Anderson. Curioso notar que a própria concepção da obra e do personagem revela essa perspectiva inovadora. O anti-herói foi criado a partir de uma inspiração bastante concreta. Em suas viagens etnográficas (entre 1927 e 1929), Mário de Andrade conheceu o cantador de coco (chamado "coqueiro") e emboladas, Francisco Antônio Moreira (ou Chico Antônio), num rincão rural na cidade de Côrte, região de Vila Nova de Cuitezeiras (RN). Ao encantamento com a cultura popular brasileira (cuja síntese estava expressa na obra do "coqueiro" potiguar) somou-se o contato do escritor com a obra do etnólogo alemão Theodor Koch-Grunberg (1872-1924) – *Do Roraima ao Orinoco*, um rico trabalho etnográfico sobre mitologia, lendas, tradições e histórias dos povos indígenas da região amazônica. A fusão dessas duas descobertas (Chico Antônio e Koch-Grunberg) levou o escritor a publicar, em 1928, a obra-prima cujo personagem título sintetizava de maneira ímpar o caráter híbrido e antimoderno da cultura brasileira: nascido índio, é descrito como "preto retinto e filho do medo da noite"; as lendas indígenas nas quais se baseia foram coletadas por um alemão; natural da Amazônia, teve sua inspiração concreta num "coqueiro" do sertão potiguar. Desde sua primeira fala "Ai que preguiça!", Macunaíma expressa uma característica tipicamente brasileira, notabilizada por Sérgio Buarque de Holanda no seu *Raízes do Brasil*: a aversão à ordem e ao trabalho sistemático. Metáfora para pensar nossos traços culturais, ao contrário de seu espelho real, Macunaíma revela um Brasil que é, nas palavras da antropóloga Manuela Carneiro da Cunha, uma reinvenção de si mesmo através dos olhos dos outros. Revela a incompatibilidade entre uma ética importada (a que projetamos ser) e aquela produzida em solo nativo (a que somos). Esperto, divertido, preguiçoso e descompromissado encarna, de forma peculiar, um pouco do malandro, do jeitinho e do levar vantagem.

Felizmente, para a preservação de nossa memória histórica, o encontro entre Mário e Chico e a consequente inspiração para a criação de Macunaíma ficaram notabilizados pelo documentário, dirigido pelo cineasta Eduardo Escorel, *Chico Antônio, herói com caráter* (1983).

Considerações finais

No livro *Raízes do Brasil*, de Sérgio Buarque de Holanda, pode-se encontrar um excelente paradigma para pensar o Brasil contemporâneo. Na obra, o autor tece, inspirado por uma matriz weberiana (especialmente o Weber de *A ética protestante e o espírito do capitalismo*), um esquema de interpretação de uma ambiguidade tipicamente brasileira. Na análise de Weber, a Modernidade no campo político – representada pela sua característica-mor que é a racionalidade – está intimamente imbricada no Econômico e no Social, formando uma tríade que seria a matriz sobre a qual a sociedade contemporânea se concretiza.

Herdeiros de uma tradição da Europa católica e nobiliárquica conferida pela nossa matriz ibérica, crescemos em uma nação avessa ao trabalho, inspirada nos ideais ascéticos (diria Max Weber) de que a "salvação" deveria ser alcançada pela contemplação, pela oração, sendo o esforço pessoal algo a ser evitado e transferido para terceiros. Ao mesmo tempo, cultuamos usufruir dos confortos proporcionados pela riqueza e do trabalho de outrem. Avesso à disciplina, à organização e a tudo o mais que remeta à modernidade, cultuamos o ócio em lugar de sua negação (o negócio). A cordialidade, expressa na construção de uma rede de parentesco, compadrios e amizades (que tem no nepotismo uma forte expressão tanto na

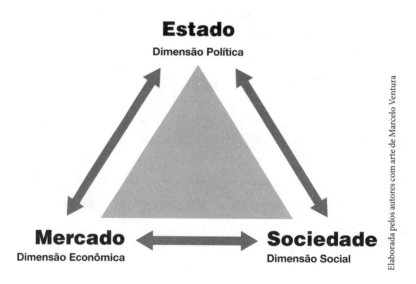

esfera pública quanto na privada), assume um lugar importante como amálgama de conquistas pessoais, galgando a escalada de prestígio e poder que não se pauta pela comprovação de méritos próprios (como em uma sociedade verdadeiramente meritocrática), mas pela construção desta poderosa rede de relações. Aliada a isto, a perspectiva sebastianista que nos coloca, como sociedade, à margem de sujeitos históricos no processo de construção de uma nação esperando que "outros" heroicamente cumpram esse papel. Ou mesmo em sua reformulação, atribuindo sempre a "outros" a culpa pelo caos, pela desordem, pela grande bagunça nacional. No campo social, é como se, do binômio basal da cidadania (direitos e deveres), quiséssemos usufruir dos direitos sem a preocupação de cumprir os deveres. Como foi visto, parte considerável dos brasileiros não se sente responsável pela construção de uma sociedade mais justa, igualitária e mais organizada; o Estado patrimonialista e clientelista, por sua vez, não cumpre seu papel de gerenciador dos interesses coletivos, atuando para atender aos pequenos grupos que estão no poder há décadas.

Com relação a essa questão do Estado patrimonialista, muito do Brasil contemporâneo pode ser explicado ao analisarmos nosso passado colonial. Em uma análise sobre alguns dos aspectos da cultura brasileira, remetendo a Gilberto Freyre, A. B. de Freitas identifica

> [...] o núcleo do Brasil Colonial agrário como sendo a família patriarcal, que estabeleceu as bases do poder aristocrático e virtualmente ilimitado. Centralizando o poder na figura do patriarca, a família colonial forneceu a ideia da normalidade do poder, da respeitabilidade e da obediência irrestrita, fornecendo o modelo moral, quase inflexível, que regula as relações entre governantes e governados até os dias de hoje. (Freitas, 1997, p. 46)

Seguindo a trilha de Gilberto Freyre, uma das contribuições mais importantes da obra de Roberto DaMatta, segundo o brasilianista Thomas Skidmore (2003), foi a valorização de duas características fundamentais do padrão de comportamento e hábitos dos brasileiros: o jeitinho e a malandragem. Para DaMatta, os componentes da cultura brasileira expressam, de forma singular, um hibridismo entre, de um lado, a nossa incapacidade de lidar com as leis e a ordem e, do outro, o nosso desejo de ser (e admirar aqueles que são) uma nação ordenada, regrada, em que as instituições funcionem perfeitamente. Construímos um Estado personalista com um aparato clientelista, defensor dos interesses de poucos em detrimento do bem-estar de muitos, em vez de um Estado institucional e impessoal de caráter generalizante (isto é, um Estado para todos, e não para poucos). Exemplos não faltam, e se proliferam cotidianamente na grande mídia e, como visto, a operação Lava Jato certamente é um dos mais significativos.

Com relação àquela tríade estruturante do jogo de forças do mundo moderno (Estado, Sociedade Civil e Mercado), os fatos históricos nos mostram que nosso empenho parece estar concentrado sobre a esfera econômica como um elemento isolado. Desprezamos o fato de que essa tríade é sistêmica e, como tal, seus elementos possuem uma interligação e uma interdependência estruturais (inclusive das outras esferas – filosófica, científica, tecnológica etc.). Isso significa que não é possível construir a modernidade apenas em uma das esferas sem construí-la nas demais, sob pena de não conseguir sustentação nesse processo. Se observarmos o desenvolvimento histórico do capitalismo como sistema, não é difícil constatar que não é uma coincidência que as nações que mais propiciaram seu florescimento e usufruem do seu desenvolvimento econômico, político e social são justamente aquelas em que maciços investimentos em bem-estar coletivo e na consolidação de um Estado menos patrimonialista, personalista, clientelista e mais "racional", "impessoal" e "público" (no sentido estrito do termo) ocorreram de forma inexorável. Isso indica que são sociedades que conjugam valores e crenças pessoais com uma racionalidade no campo social.

Com base no supramencionado mapeamento de valores tal como percebido pelas pessoas, realizado pela World Values Survey Association, os cientistas políticos Ronald Inglehart (estadunidense) e Christian Welzel (alemão) elaboram periodicamente o Mapa Cultural Mundial Inglehart-Welzel, com o propósito de oferecer um retrato das relações entre valores, expressões culturais e desenvolvimento socioeconômico entre as nações pesquisadas. É um trabalho monumental, feito a cada cinco anos e cujos dados são disponibilizados abertamente no site da organização. Inglehart e Welzel elaboram também uma documentação mostrando a série histórica indicando as mudanças nessas sociedades com base neste mapeamento. O resultado é muito interessante.

Capítulo 7 – Cultura brasileira e gestão de empresas

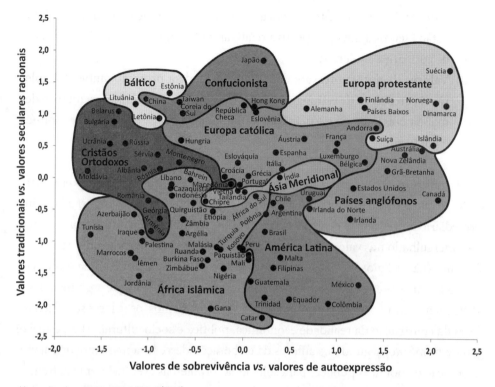

Mapa cultural mundial Inglehart-Welzel (2016).
Fonte: Disponível em: <http://www.worldvaluessurvey.org/WVSContents.jsp?CMSID=Findings>. Acesso em: 16 out. 2017.

Segundo os pesquisadores, os questionários são elaborados para que se possa inferir os seguintes tipos de valores que orientam a construção do gráfico e a interpretação dos resultados:

a) **Valores tradicionais:** enfatizam a importância da religião, dos laços entre pais e filhos, deferência à autoridade e valores familiares tradicionais. As pessoas que abraçam esses valores também rejeitam o divórcio, o aborto, a eutanásia e o suicídio. Essas sociedades têm altos níveis de orgulho nacional e uma perspectiva nacionalista.

b) **Valores seculares-racionais:** têm constituição oposta aos valores tradicionais. Essas sociedades colocam menos ênfase na religião, nos valores tradicionais da família e na autoridade. O divórcio, o aborto, a eutanásia e o suicídio são vistos como relativamente aceitáveis. (Nelas, o suicídio não é necessariamente mais comum.)

c) **Valores de sobrevivência:** colocam ênfase na segurança econômica e física. Estão ligados a uma perspectiva relativamente etnocêntrica e a baixos níveis de confiança e tolerância.

d) **Valores de autoexpressão:** dão alta prioridade à proteção ambiental, tolerância crescente de estrangeiros, gays e lésbicas e igualdade de gênero, e demanda crescente de participação na tomada de decisões na vida econômica e política.

O gráfico (p. 220) mostra a edição publicada no site da organização em 2016. Observe que o Brasil está situado em um quadrante que expressa um grau bem intermediário entre valores de expressão e de sobrevivência, enquanto está um pouco mais mergulhado nos valores mais tradicionais e religiosos e distante dos racionais e seculares (não religiosos). Este é, certamente, um gráfico que nos dá uma dimensão um pouco mais precisa e visual a respeito daquela ambiguidade que argumentamos previamente, entre o arcaico e o moderno. E, como sabemos, os valores são orientadores da construção da realidade econômica, política e sociocultural. Aliás, este é o grande propósito, segundo os autores da elaboração desse levantamento: orientar a elaboração de políticas públicas para solucionar problemas eventualmente enfrentados por essas populações. Eles também chamam a atenção para o fato de que isso é um gráfico (e não um mapa geográfico) que mostra a proximidade cultural que pode ou não coincidir com a proximidade física entre os povos.

Nas três últimas décadas, o Brasil esteve várias vezes a caminho de realizar um grande "sonho nacional" de ser uma economia de ponta, na íntegra da racionalidade capitalista. No entanto, disputas personalistas, falta de visão do que seja a coisa pública e sua má gestão, corrupção etc. têm-nos feito derrapar constantemente no caminho rumo à modernidade plena.

Somos eternamente "Brasil, país do futuro", como afirmou o escritor austríaco Stefan Zweig em um romance sobre nosso país e que construiu esta, que é uma outra expressão que se tornou clássica (Zweig, 2001). Estamos sempre num eterno devir, num vir a ser rumo à modernidade que nunca se concretiza efetivamente.

O que parece estar subjacente a esse mecanismo é o enfrentamento de um desafio histórico: se realmente quisermos lograr a modernidade no seu sentido pleno, precisamos construí-la de forma articulada naquelas três dimensões estruturantes: no campo político (na esfera do Estado), no campo social (na esfera da Sociedade Civil) e no campo do mercado (na esfera Econômica).

É nesse sentido que a referida pergunta do delegado Hélio Luz se apresenta como uma metonímia dessa lógica: estaríamos dispostos, como sociedade (e não somente como Estado ou como Mercado), a arcar com os custos desse processo? Abrir mão de nossos personalismos (nossas redes de relações, nossas vantagens, nosso senso de hierarquia etc.), do nosso patrimonialismo em detrimento dos interesses coletivos?

Nossa história recente indica que desejamos avidamente a modernidade econômica. Mas o fato, fartamente observado nas relações sociais e políticas do Brasil contemporâneo, é que não a estamos construindo (pelo menos no seu sentido pleno) nessas outras esferas. Parece que queremos usufruir as vantagens e benesses da modernidade, mas não estamos dispostos a arcar com os verdadeiros sacrifícios para que ela aconteça.

Toda a sociedade (e não somente os agentes do Estado e os empresários) tem uma grande responsabilidade nesse processo.

Metáforas do Brasil: uma empresa símbolo da identidade nacional

O Banco do Brasil é uma dessas instituições icônicas na construção da nacionalidade e da identidade brasileiras. Fundado quando da chegada da família real no Brasil (em 1808), o Banco fazia parte de um conjunto de estratégias para iniciar o processo de desenvolvimento econômico no recém-criado "Reino Unido" brasileiro. Com uma história bastante conturbada, o primeiro Banco do Brasil teve sua liquidação em 1829. Em 1851, o Barão de Mauá funda outro Banco do Brasil (privado), que voltaria à esfera pública em 1853 e, em 1893, após algumas alterações e fusões, passou a se chamar Banco da República do Brasil, até que, em 1905, passa a ter o nome que tem hoje: voltando a ser Banco do Brasil. Durante décadas ao longo do século XX, o banco construiu sua imagem de um banco público, associado ao desenvolvimentismo do Estado brasileiro, com uma trajetória que se confunde com a do Brasil sob os pontos de vista histórico, econômico, político e social. Por esse motivo, foi símbolo da construção da identidade nacional em uma era desenvolvimentista em que o Estado tinha um papel fundamental na construção do país.

Pesquisadora com passagem pelo Grupo Culturas Empresariais do Departamento de Antropologia da Unicamp, e atualmente professora da Universidade

Federal do Ceará, a antropóloga Lea Carvalho Rodrigues realizou uma pesquisa etnográfica minuciosa sobre o processo de mudança vivido pelo Banco do Brasil no início dos anos 1990, promovido pelo governo Fernando Henrique Cardoso. Inserida no contexto da pauta liberal da economia brasileira, a reestruturação do Banco teve como um de seus principais pilares o Programa de Desligamento Voluntário (PDV), que transformou radicalmente a imagem da instituição e fez emergir uma série de conflitos e interesses até então desconhecidos da sociedade, identificados em sua pesquisa. Publicada no livro *Metáforas do Brasil* – demissões voluntárias, crise e rupturas no Banco do Brasil, a análise de Lea revela um exemplo importante de uma empresa que impacta sobre a imagem de um país sobre si mesmo em pleno processo de liberalização econômica.

Questões para discussão

1. Explique o que significa a expressão "Hércules-Quasímodo" de acordo com a análise do texto.
2. Faça uma pesquisa de aprofundamento e, no que se refere ao envolvimento de empresas e empresários nas operações Lava Jato e Carne Fraca, explique a presença dos traços brasileiros analisados no texto.
3. Explique o que é a Lei de Gérson e que relações esse conceito possui com a cultura brasileira.
4. Explique o que significa o "brasileiro" como tipo ideal weberiano.
5. De acordo com o texto, explique que possíveis impactos sobre o universo corporativo podem ter a maneira como somos vistos no cenário internacional.
6. Debata, analise e explique os traços brasileiros apresentados no texto.
7. Com base no levantamento pela World Values Survey Association, mostrado no final do capítulo, explique de que maneira ele confirma o hibridismo brasileiro entre o moderno e o arcaico.

Dicas de filmes

Os outros (Brasil, 2000). Dir.: Fernando Mozart.
Notícias de uma guerra particular (Brasil, 1999). Dir.: Kátia Lund e João Moreira Salles.

Terra estrangeira (Brasil, 1996). Dir. Daniela Thomas e Walter Salles.
O olhar estrangeiro (Brasil, 2006). Dir.: Lúcia Murat.
Tropa de elite 2: o inimigo agora é outro (Brasil, 2010). Dir.: José Padilha.

Referências bibliográficas

ALMEIDA, Alberto Carlos. *A cabeça do brasileiro*. Rio de Janeiro: Record, 2007.

ARRUDA, Phrygia. O jeito carioca de ser, um patrimônio cultural intangível? Arqueologia dos sentidos de uma cidade. *Textos escolhidos de cultura e arte populares*. Rio de Janeiro, v. 9, n. 2, nov. 2013, p. 159-69.

BARBOSA, Livia. *O jeitinho brasileiro*: a arte de ser mais igual que os outros. Rio de Janeiro: Rocco, 1992.

CUNHA, Euclides da. *Os sertões*. In: SANTIAGO, Silviano (org.). *Intérpretes do Brasil*. Rio de Janeiro: Ed. Nova Aguilar, 2000, v. 1, p. 270.

DAMATTA, Roberto. *Carnavais, malandros e heróis*. Rio de Janeiro: Rocco, 1997.

FAORO, Raymundo. *Os donos do poder*: formação do patronato político brasileiro. São Paulo: Globo, 2013.

FREITAS, Alexandre Borges de. Traços brasileiros para uma análise organizacional. In: PRESTES MOTTA, Fernando C. e CALDAS, Miguel P. *Cultura organizacional e cultura brasileira*. São Paulo: Atlas, 1997.

HOLANDA, Sérgio Buarque de. *Raízes do Brasil*. São Paulo: Companhia das Letras, 1995.

HOLANDA, Sérgio Buarque de. *O espírito e a letra volume I*. São Paulo: Companhia das Letras, 1996.

LATINOBARÓMETRO, Informe – Resumen: La Democracia y la Economía. 2003. Disponível em: <http://www.latinobarometro.org/latContents.jsp>. Acesso em: 21 jul. 2017.

MOTA, Lourenço Dantas. *Introdução ao Brasil*: um banquete no trópico. São Paulo: Senac, v. 2, 1999.

MOTA, Carlos Guilherme. *Viagem incompleta*. A experiência brasileira. São Paulo: Senac, vol. 2, 2000.

RIBEIRO, Darcy. *O povo brasileiro*: a formação e o sentido do Brasil. São Paulo: Global, 2015.

RODRIGUES, Nelson. *À sombra das chuteiras imortais*. São Paulo: Cia. das Letras, 1993.

SACHS, Ignacy; WILHEIM, Jorge; PINHEIRO, Paulo Sérgio (Eds.). *Brasil*: um século de transformações. São Paulo: Companhia das Letras, 2001.

SEBRAE. *Pesquisa cara brasileira: a brasilidade nos negócios – um caminho para o "made in Brazil"*. Brasília, DF: Sebrae Nacional, 2002. Disponível em: <https://www.sebraemg.com.br/atendimento/bibliotecadigital/documento/cartilha-manual-ou-livro/pesquisa-cara-brasileira-a-brasilidade-nos-negocios>. Acesso em: 16 ago. 2017.

SKIDMORE, Thomas. *Criadores de mitos*: os arquitetos da identidade nacional brasileira. In: *O Brasil visto de fora*. São Paulo: Paz e Terra, 2003.

WEBER, Max. *A ética protestante e o espírito do capitalismo*. Brasília: UnB, 1992.

____. *Economia e sociedade*. Brasília: UnB, 1994.

ZWEIG, STEFAN. *Brasil*, país do futuro. Porto Alegre: LP&M, 2001.

Palavras-chave:
Brasil. Cultura brasileira. Traços brasileiros. Arcaico. Moderno.

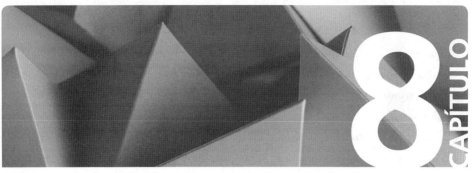

Diversidade e organizações

Objetivos do capítulo: Este capítulo analisa a importância da gestão da diversidade como estratégia de empresas globais, identificando as principais dimensões relacionadas ao tema, com destaque para questões de gênero e étnico-raciais. Para isso, são apresentados os principais conceitos relativos à construção de gênero, à ideia de raça e aos fundamentos do racismo. Será também abordado como esses fenômenos estão presentes na sociedade brasileira e nas organizações empresariais.

Relato 8: "Eu não entrevisto negros": racismo no ambiente organizacional

O problema do racismo e da inclusão de negros nas grandes corporações no Brasil fica bem evidente quando se depara com histórias como a explicitada, em março de 2017, a partir do que expôs o presidente da Bayer no Brasil, Theo Van der Loo. Ele publicou um depoimento em uma rede social profissional (o LinkedIn) sobre um fato ocorrido com um amigo negro, formado em Tecnologia da Informação, com um ótimo currículo, que fora chamado por uma empresa para um processo de seleção. Foi recebido na organização por uma pessoa do departamento de recursos humanos, responsável por fazer a entrevista. Quando ela o viu, comentou com uma colega que não sabia que o candidato era negro: "Eu não entrevisto negros", teria dito na presença do próprio candidato, que deixou o local sem sequer ter tido a oportunidade de defender seu currículo e suas qualificações. A entrevista simplesmente não ocorreu. Van der Loo tentou instigar seu amigo a fazer uma denúncia, e teve outra surpresa: ele não quis levar o caso adiante para não comprometer sua imagem no meio corporativo. Alegou que era de família humilde, tendo batalhado muito para chegar aonde chegou e temia criar mais embaraços. Theo Van der Loo é um executivo com perfil diferenciado em relação ao enfrentamento do racismo. Filho de holandeses, nasceu em São Paulo e foi criado com crianças do asfalto e da favela no bairro do Brooklin, zona sul da cidade. Afirma que a postura antirracista veio de berço: sempre foi educado pelos pais, fugitivos da 2ª Guerra, para não ter

preconceito, vendo sua mãe sempre ajudando as pessoas, independentemente da cor ou da classe social. Em 2015, a Bayer ganhou um prêmio relativo às suas iniciativas em gestão da diversidade, outorgado pela Secretaria Municipal de Promoção da Igualdade Racial de São Paulo (SMPIR) e pelo Banco Interamericano de Desenvolvimento

É preciso apagar o racismo.

(BID). A empresa possui um comitê de diversidade que promove debates e ações inclusivas, com ênfase em dimensões como raça, gênero e sexualidade. Entretanto, dada a lacuna que existe na participação de negros em cargos executivos no Brasil, a empresa chegou à conclusão de que deveria investir mais na diversidade racial.

Fonte: Elaborado pelos autores com informações de MARTÍN, María. Eu não entrevisto negros: executivo denuncia racismo em processo de seleção. *El País*, 30 mar. 2017. Disponível em: <https://brasil.elpais.com/brasil/2017/03/30/politica/1490831144_186341.html>. Acesso em: 27 out. 2017, e PATI, Camila. Fiz um desabafo, não imaginava a repercussão, diz CEO da Bayer. *Exame*, 30 mar. 2017. Disponível em: <https://exame.abril.com.br/carreira/fiz-um-desabafo-nao-imaginava-a-repercussao-diz-ceo-da-bayer/>. Acesso em: 27 out. 2017.

A dimensão estratégica da gestão da diversidade

A diversidade possui, ao menos, um duplo interesse estratégico para as empresas. Por um lado, criar equipes de trabalho formadas por profissionais provenientes de diferentes grupos de identidade, pode levar as organizações a atentar melhor às distintas demandas provenientes de sociedades cada vez mais multiculturais. Por outro, promover a diversidade é uma forma de as companhias responderem à parte da agenda social e política contemporânea estruturada para além das disputas socioeconômicas travadas em torno das classes sociais. Essa fração da agenda sociopolítica está assentada nas lutas por reconhecimento organizadas a partir de marcadores sociais da diferença, como sexualidade, gênero, raça-etnia, religião, origem regional etc.

Promover a diversidade é um esforço coletivo.

Como consequência de uma ou outra dessas razões, surgiram no Brasil, nos últimos vinte anos, consultorias especializadas em apoiar as empresas na concepção e implementação de iniciativas, projetos e programas de diversidade. No entanto, ainda são raros os casos de companhias que possuem políticas estruturadas e coerentes para lidar com a diversidade (como a Bayer, citada no caso que abre este capítulo). Em outras palavras, são poucas as organizações que vão além de ações isoladas que, mesmo necessárias, não mexem profundamente nos seus padrões de recrutamento e seleção de pessoal, nos seus planos de carreira, nas suas formas de se comunicar com os diferentes públicos e nas relações que estabelecem com os diferentes agentes que compõem a sua cadeia de negócios.

Gestão da diversidade: ética e estratégia corporativa

Uma forte característica da virada do século XX para o XXI, consequência direta da globalização, foi colocar em pauta o tema da diversidade no cenário empresarial. O fluxo de pessoas de um canto a outro do planeta aumentou o caráter cosmopolita das grandes e médias cidades, onde convive (bem verdade que nem sempre harmoniosamente) uma miríade de grupos étnicos e religiosos das mais diversas origens e escopos. Os movimentos sociais organizados, a partir dos anos 1960, em torno da raça e do gênero/sexualidade (tanto o feminismo quanto o movimento LGBT), produziram uma legião de ativistas que reivindicam o reconhecimento de suas identidades. O aumento da expectativa de vida vem colocando para a sociedade a necessidade de rever antigos conceitos sobre envelhecimento e a produtividade na maturidade, com o mercado tendendo a incorporar uma mão de obra mais madura, qualificada e experiente. Enfim, a contemporaneidade coloca indivíduos e grupos distintos vivendo em constante interação. O impacto dessa dinâmica impulsionou as empresas a assumirem uma postura com relação à necessidade de diversificação no seu ambiente interno, recorrendo a uma estratégia gerencial bastante comum na cultura transnacional de negócios: a gestão da diversidade. É cobrado que as empresas expressem a cara diversa que a sociedade contemporânea vem apresentando, em particular com relação aos grupos sociais minoritários.

> ### Por que minorias?
> Em análise social, quando se fala de minorias não se fala no sentido quantitativo, mas no sentido qualitativo do termo: são aqueles grupos sociais que dificilmente têm alguma representatividade significativa nos mecanismos de poder da sociedade. Mesmo que, em muitos casos, possam chegar a ser maioria numérica. Por exemplo, o Brasil tem uma expressiva população feminina. Segundo a Pesquisa Nacional por Amostragem de Domicílio, do IBGE, em 2013, o número de mulheres somava 51%. Entretanto, quando olhamos nosso sistema político e o mercado de trabalho, por exemplo, constata-se que o número de mulheres ocupando cargos decisórios relevantes é mínimo. Olhando outros segmentos sociais (afrodescendentes, população LGBT, etnias etc.), pode-se constatar algo muito parecido.

Embora o conceito de diversidade tenha uma conotação ampla de ressaltar características distintas que todos nós temos, uns com relação aos outros (e não somente de um ponto de vista que determina quem é "o diferente"), uma dimensão importante e necessária está relacionada às relações de poder. Em um cenário de grupos heterogêneos, em que frequentemente há disputas, historicamente alguns acabam por assumir um lugar hegemônico, produzindo exclusões dos mecanismos de decisão daqueles grupos considerados "diferentes", chegando muitas vezes a lhes negar o próprio direito de existirem. Este é o mecanismo que gera as chamadas minorias sociais (conforme quadro p. 231).

Se esse mecanismo de exclusão ocorre na sociedade, o mesmo se passa nas organizações empresariais, que, de certa forma, são seu espelho. Com o objetivo de revelar como é o quadro da diversidade nas empresas brasileiras, periodicamente o Instituto Ethos de Empresas e Responsabilidade Social, com o apoio do Banco Interamericano de Desenvolvimento (BID), faz um levantamento sobre o tema no ambiente corporativo intitulado *Perfil social, racial e de gênero das 500 maiores empresas do Brasil e suas ações afirmativas*. O último levantamento, publicado em 2016, trouxe os seguintes dados:

Distribuição do pessoal por sexo (%)

	HOMENS	MULHERES
Conselho de Administração	89,0	11,0
Quadro executivo	86,4	13,6
Gerência	68,7	31,3
Supervisão	61,2	38,8
Quadro funcional	64,5	35,5
Trainees	57,4	42,6
Estagiários	41,1	58,9
Aprendizes	44,1	55,9

Fonte: Ethos/BID, 2016.

Distribuição do pessoal por cor ou raça (%)

	BRANCOS	TOTAL NEGROS	PRETOS	PARDOS	AMARELOS	INDÍGENAS
Conselho de Administração	95,1	4,9	0,0	4,9	0,0	0,0
Quadro executivo	94,2	4,7	0,5	4,2	1,1	0,0
Gerência	90,1	6,3	0,6	5,7	3,5	0,1
Supervisão	72,2	25,9	3,6	22,3	1,8	0,1
Quadro funcional	62,8	35,7	7,0	28,7	1,3	0,2
Trainees	41,3	58,2	2,5	55,7	0,5	0,0
Estagiários	69,0	28,8	4,4	24,4	2,0	0,2
Aprendizes	41,6	57,5	12,2	45,3	0,5	0,4

Fonte: Ethos/BID, 2016.

Seja pelo recorte de sexo/gênero, seja pelo racial, o que se observa é a predominância das categorias sociais que tradicionalmente possuem hegemonia nos espaços de decisão e poder. (No caso aqui exemplificado, o homem branco). É por essa razão que um dos desafios contemporâneos para as empresas é exatamente o de como promover maior inclusão das chamadas minorias, concretizando um ambiente mais heterogêneo, diverso e inclusivo no que diz respeito a alguns recortes dessa diversidade: pessoa com deficiência, escolaridade, configuração étnico-

-racial, gênero, sexualidade e idade de seus colaboradores. E o mais difícil ainda: como expressar a diversidade inclusiva em todos os níveis hierárquicos.

Não são raras as vezes que esses grupos minoritários, além de serem excluídos dos mecanismos participativos e decisórios em uma dinâmica discriminatória geralmente validada pela estrutura social, são vítimas de violência (física e simbólica) nutrida por várias formas de comportamentos manifestos em distintos contextos sociais.

Elaborado pelos autores com base em <https://image.shutterstock.com/z/stock-vector-discrimination-mind-map-gender-sex-age-and-race-equality-flowchart-641409145.jpg>. Acesso em: 9 nov. 2017.

O mundo corporativo vem respondendo a esse desafio. Discutir e implementar políticas e práticas de incentivo à diversidade mostra-se relevante não somente para responder a essa demanda da sociedade. Como vários estudos vêm demonstrando, embora comporte as naturais tensões e disputas, um ambiente organizacional mais diverso estimula a criatividade e a produtividade. Isso porque as pessoas tendem a se sentir mais livres, mais à vontade e até mais felizes, o que certamente contribui para um melhor desempenho da organização. Além disso, a importância estratégica aumenta porque o ambiente aberto à criatividade e à inovação consolida uma imagem de boa reputação para os *stakeholders* da empresa, o que amplia as possibilidades de retorno financeiro.

Aspectos da diversidade.

Discutir, pois, gestão de diversidade ultrapassa os limites da valorização da diversidade pela diversidade, como políticas e práticas de inclusão de caráter ético e de responsabilidade socioambiental, o que, por si só, tem uma importância enorme. Ela possui também uma dimensão estratégica e econômica.

Em novembro de 2016, a Thomson Reuters (um conglomerado multinacional do setor de comunicação, com sede em Nova York) divulgou um estudo que classifica as 100 empresas mais diversas e inclusivas do mundo, com a denominação Índice de Diversidade e Inclusão (D&I). Para além de orientar práticas internas de gestão da diversidade, o estudo – corroborado pelos dados ambientais, sociais e de governança das empresas analisadas –, segundo a própria Thomson, tem como principal foco orientar o setor financeiro quanto aos investimentos a serem feitos, oferecendo subsídios para avaliação das organizações com relação a oportunidades e, principalmente, riscos no longo prazo. Nas palavras de uma executiva da Thomson, Debra Walton, Chief Product & Content Officer, Financial & Risk:

> Estamos vivendo uma guinada histórica na perspectiva que está afetando as empresas em todo o mundo e em todos os setores. A diversidade está se tornando uma questão de desempenho, um mecanismo de crescimento. Nossa pesquisa mostra que as empresas que fazem investimentos e se concentram em assuntos de ESG (*Environmental, Social and Governance*) podem ter um maior desempenho das ações e uma melhor lucratividade a longo prazo. Para os investidores, está se tornando cada vez mais importante olhar para além dos dados financeiros. (THOMSON REUTERS, 2016)

No mundo corporativo em escala global, estes dois aspectos, o ético e o econômico, têm-se mostrado entrelaçados de tal forma que não é possível pensar um sem pensar o outro.

Delegada transgênero assume Delegacia Especializada no Atendimento à Mulher em Goiás

Em 2014, a Polícia Civil de Goiás vivenciou uma história, no mínimo, interessante: passou a incorporar, em seu corpo de agentes, um delegado que mudou de sexo. Thiago de Castro Teixeira, responsável pela delegacia de Trindade (cidade a cerca de 20 km de Goiânia), passou pela cirurgia de troca de sexo na Tailândia, assumindo novamente seu posto como Laura. Um dado interessante: na época, Laura tinha 33 anos, já tinha sido casada por 13 anos com uma mulher, quando ainda era Thiago, tendo dois filhos deste casamento. Seus filhos, segundo declarou, encararam com naturalidade o processo: "Me chamam de Laura e de pai", disse Laura em uma entrevista em 2016. Após passar pela operação, ao retornar, fez um pedido para ser enviada à Delegacia Especializada no Atendimento à Mulher (DEAM), onde hoje atua. A polícia (uma instituição tradicionalmente vista como conservadora) manifestou uma postura surpreendentemente progressista e acolhedora: seu porta-voz declarou que a mudança de sexo de Thiago/Laura não devia ser vista como algo que merecesse algum tratamento especial. Na ocasião em que o caso veio à tona, a assessoria de imprensa da polícia afirmou que a decisão de Laura "não alterava em nada" a percepção que a corporação tinha sobre o elogiado trabalho de Thiago antes da cirurgia. Este fato foi comemorado por lideranças do movimento LGBT, como o antropólogo Luiz Mott (do Grupo Gay da Bahia), que viu na possibilidade de Laura trabalhar na delegacia da mulher algo positivo, considerando que sua vivência como transgênero pode ajudar o atendimento de travestis e transexuais que forem vítimas de violência. Em 2015, Laura participou de uma campanha contra a discriminação por gênero do Ministério Público do Trabalho de Goiás.

Fonte: Elaborado pelos autores com informações de PIERRY, Flávia. Delegado da polícia civil de GO tira licença como Thiago e volta Laura. *O Globo*, 23 jan. 2014. Disponível em: <https://oglobo.globo.com/brasil/delegado-da-policia-civil-de-go-tira-licenca-como-thiago-volta-laura-11384114>. Acesso em: 27 out. 2017; TÚLIO, Sílvio. Delegada transexual participa de ação contra preconceito no trabalho. *Portal G1*, 19 set. 2015. Disponível em: <http://g1.globo.com/goias/noticia/2015/09/delegada-transexual-participa-de-acao-contra-preconceito-no-trabalho.html>. Acesso em: 27 out. 2017.

A seguir, vamos tratar conceitualmente dois temas relacionados à gestão da diversidade, pelo viés da Sociologia (e das Ciências Sociais como um todo): a questão de gênero/sexualidade e a racial. Outros recortes (como idade, escolaridade e pessoa com deficiência) são possíveis e estão contemplados na pesquisa Ethos/BID.

Sexualidade e gênero: entre a natureza e a cultura

Para se compreender, do ponto de vista sociológico, o debate sobre as questões relacionadas à sexualidade e ao gênero, é necessário tomar como referência alguns parâmetros das ciências humanas (em particular, a Antropologia e a Psicologia).

O primeiro aspecto importante é a separação entre as categorias "sexo" e "gênero". No senso comum, há uma certa confusão entre os dois termos e, a bem da verdade, a maioria das pessoas não consegue separá-los. Para uma melhor compreensão dessa distinção, vamos partir do que é natural e do que é sociocultural no comportamento humano.

É fato que somos seres da natureza, submetidos às suas leis e de alguma forma delimitados por elas. Entretanto, desde o avanço das várias ciências relacionadas aos estudos do comportamento humano (em particular, sexualidade e gênero), sabe-se que nosso comportamento não pode ser explicado tomando como fundamento e referência única nossas características naturais, como se reduzíssemos nossa condição a uma simples repetição daquilo que a nossa dimensão animal (ou natural) nos impele a fazer. O conceito por trás dessas ideias, que nos reduzem de seres humanos a meros primatas, impulsionados por forças naturais, chama-se determinismo biológico.

E por que não somos como os outros primatas? Por causa de nosso aparato racional. Sabemos que a inteligência não é exclusividade humana. Várias espécies animais a têm (especialmente os chamados "primatas superiores"), sendo capazes de um nível razoavelmente básico de intelecção (apreensão sensível da realidade com certo nível de abstração e combinação de informações). Mas somente o ser humano é *sapiens*, ou seja, dotado de razão, de racionalidade. Por meio dela, desenvolvemos e aprimoramos nossa capacidade de elaboração simbólica, construção de sentido para a realidade e de tomar decisões conscientes. Orientamos, assim, nosso comportamento, não de acordo com supostas leis naturais, mas de acordo com essas construções simbólicas, nossos valores culturais, nossos desejos e vontades. É certo que essas forças naturais, que nos impelem a agir dessa ou daquela maneira diante de certas situações, estão presentes. A questão é que elas não são determinantes do comportamento que vamos ter. Até podemos agir de forma impulsiva, sem pensar. Entretanto, frequentemente adotamos uma postura racional: pensar antes de agir, e não agir por meros reflexos, é o que nos caracteriza, afinal, como seres humanos.

Existem inúmeros exemplos, em distintas culturas, que podem ilustrar isso. Se podemos falar que a natureza dota uma mãe de uma força que a leva a proteger seu filho (que o senso comum chama de instinto materno), uma prova de que isso não é uma atitude universal, nem obrigatória ou necessária, é que, em muitas sociedades, por motivos religiosos ou de outra ordem, as mães podem matar seu próprio filho seguindo padrões culturais (como entre as tribos Tapirapé, do Brasil Central, ou os Inuit – outrora chamados Esquimós – do Canadá ou Alasca). Há inúmeros outros exemplos de infanticídio mundo afora trazidos à luz por trabalhos antropológicos. Outro exemplo que pode ilustrar essa ideia acontece com o chamado suicídio intencional (por motivos religiosos ou políticos – que Durkheim classificou como "suicídio altruísta"). Se acreditamos que a natureza nos dota com uma força que nos impele a preservar a própria vida (o que o leigo chama de instinto de sobrevivência), é fato que em muitas culturas (como os antigos camicases no Japão ou os atuais homens-bomba de algumas facções político-religiosas do Oriente Médio), as pessoas tomam decisões radicais de acabar com suas próprias vidas em nome de um valor moral, religioso ou político. Como explicar esses exemplos com base no determinismo biológico? Muitos estudos da Antropologia e da Psicologia já mostraram que mesmo em situações extremas, em que tendemos a acreditar que foi uma força da natureza que impeliu os indivíduos a agir de determinada maneira, na verdade, foi uma escolha. Foi racional.

Como você deve ter percebido, estamos aqui resgatando aquela modalidade de ação social que Weber chamaria de "ação racional com relação a valores". Lembra-se dessa explanação no Capítulo 1? Pois é. O que é interessante pensarmos é "o que, de fato, nos dá a sensação de pertencermos à nossa cultura: quando agimos por impulso ou quando pensamos antes de agir?" Ainda recuperando a noção de Weber, muitas vezes, para agir, podemos levar em conta os valores da nossa cultura ou os objetivos que temos (que caracteriza a ação racional com relação a fins).

Mas, por que, então, quando falamos em comportamento humano, temos a tendência de pensar que há uma preponderância da esfera natural sobre a cultural? Isso se deve a uma herança fortemente positivista sobre a forma como pensamos

Os bonobos: desnaturalizando gênero e sexualidade

Segundo a ciência ocidental, foi numa fase do período Mioceno (entre 24 milhões e 5 milhões de anos atrás) que começou o processo evolutivo da diferenciação entre os primatas. Esse processo (que durou aproximadamente 15 milhões de anos) teria dado origem aos humanos e aos nossos "primos" conhecidos hoje como gorilas, chimpanzés, bonobos e orangotangos, com quem guardamos uma impressionante semelhança genética, chegando a 98% do nosso DNA. Dada não somente a esta semelhança e ao fato de descendermos de um mesmo processo evolutivo, mas à sua extrema inteligência, a ciência tem se debruçado sobre o estudo do comportamento desses animais na tentativa de compreender, entre outras coisas, as distinções entre inteligência e racionalidade, além das relações entre estas duas características e o fenômeno da cultura. Entre estes primatas, uma espécie que vem recebendo especial atenção são os bonobos (*Pan paniscus*). Vivendo na atual República Democrática do Congo, esta espécie é também conhecida como "macacos hippies" ou "chimpanzés pigmeus". Os bonobos têm uma peculiar vida sexual e organização social ímpar, características raras de se encontrar entre outros primatas. Um aspecto curioso foi documentado pelo primatologista japonês Takayoshi Kano na década de 1970 e publicado em 1980 (Kano, 1980): uma forte preponderância das fêmeas sobre

Mãe bonobo brincando com filhotes.

Bonobos em seu habitat natural, na República Democrática do Congo.

os machos na dinâmica social e uma variedade de comportamentos sexuais muito fora do comum (até mesmo com relação à espécie que lhe é mais próxima, os chimpanzés). À semelhança do que se vem constatado para outras espécies animais, as pesquisas que se desenvolveram a partir do estudo de Kano vêm indicando que, embora não sejam constatadas capacidade de elaboração simbólica nem consciência do prazer nesses primatas, sua sexualidade não existe apenas para reprodução, além do fato de que a definição do que é "macho" ou "fêmea" não está necessariamente inscrita no DNA. Certamente, esta não é a única espécie que nos estimula a complexificar nossa compreensão das construções de gênero e da sexualidade a partir da natureza. É, certamente, uma das mais instigantes. Existem exemplos fartos no campo da biologia que atestam que a natureza é muito mais complexa, especialmente no campo da sexualidade e gênero, do que alguns querem fazer crer.

Fonte: Elaborado pelos autores com informações de KANO, 1980; NICHOLLS, Henry. A vida sexual dos bonobos, os macacos "feministas". BBC Brasil, 29 mar. 2016. Disponível em: <http://www.bbc.com/portuguese/revista/vert_earth/2016/03/160329_vert_earth_bonobo_macaco_feminista_fd>. Acesso em: 27 out. 2017; NICHOLLS, Henry. Do bonobos really spend all their time having sex? BBC, 17 mar. 2016. Disponível em: <http://www.bbc.com/earth/story/20160317-do-bonobos-really-spend-all-their-time-having-sex>. Acesso em: 27 out. 2017; ENCYCLOPEDIA of life. Pan paniscus – Bonobo. Disponível em: <http://eol.org/pages/326448/overview>. Acesso em: 27 out. 2017.

(cf. Capítulo 1) e que remonta ao século XIX. Ela foi responsável pela consagração do determinismo biológico que ainda hoje é muito presente, não somente no senso comum, mas em várias teorias científicas. Como foi visto naquele capítulo, as ciências humanas como as conhecemos hoje foram as últimas a se estabelecer no panteão das ciências, e, entre elas, é bem significativo que tenham sido a Psicanálise e a Antropologia aquelas com surgimento tardio na história do pensamento ocidental. Focada nos estudos sobre a natureza, a tradição científica sempre esteve muito mais preocupada com as questões que nos são externas (o mundo, a natureza, os processos históricos e até mesmo a transcendência, a espiritualidade etc.), deixando para trás a necessidade de compreender quem somos de um ponto de vista mais holístico e completo.

Dessa forma, nós herdamos algumas concepções sobre o comportamento humano que remontam ao coração das teorias científicas do século XIX. Segundo essas perspectivas, bastava conhecermos a nossa realidade material (e natural, "biológica") para que pudéssemos nos compreender a nós mesmos naqueles aspectos considerados mais relevantes. Afinal, afirmavam essas teses novecentistas, em última instância, somos determinados por nossas bioquímicas moleculares, neurológicas ou a outros reducionismos biológico-comportamentais. Pensar o ser humano se reduzia, pois, a pensar sua condição natural, sua animalidade.

Em um primeiro momento de sua constituição como campo científico, as chamadas ciências da conduta (Antropologia, Sociologia e Psicologia) caíram nessa armadilha positivista e reducionista de explicar tudo o que diz respeito às ações e comportamentos humanos (seja do ponto de vista coletivo, seja do individual) com base nas relações determinantes e deterministas de sua constituição fisiológica. Essa seria alegadamente a grande "matriz" de onde emanariam os fatores que nos ditariam e, em última instância, explicariam nossas ações. E mais: poderíamos intervir sobre eles para "corrigir" eventuais erros dessa mesma natureza, vista assim como nem tão perfeita e infalível. Como as pesquisas sobre o comportamento humano vêm mostrando, nada mais longe da realidade. Mente é uma realidade que, embora relacionada, não é igual nem determinada pelo cérebro.

No campo das Ciências Sociais, algumas variantes perversas desse pensamento tiveram sua concretização com consequências extremamente nefastas na história, sendo as ideias de "raça" e "sexo" duas das mais relevantes.

Essa reflexão sobre a distinção entre Natureza e Cultura no ser humano nos ajudará a compreender o fundamento de todo o debate sobre sexo e gênero. O debate, iniciado com estudos na área da Psicologia e da Antropologia, ainda no início do século XX, ganhou muita força por meio dos movimentos e correntes teóricas feministas, particularmente a partir da década de 1960. Foram estas primeiras feministas a promover estudos e reflexões que começaram a desconstruir a ideia de um corpo dado e de características socioculturais relacionadas à sexualidade como determinadas pela natureza. Ou seja, questionou-se a suposta inferioridade feminina como um dado natural, quando ela é uma construção histórica e sociocultural. Isso é bem trabalhado no filme *As sufragistas* (Reino Unido, 2015. Dir. Sarah Gavron).

De um lado, nós temos um corpo, que é dado pela natureza, que estabelece, por exemplo, a diferença entre macho e fêmea. Entretanto, do outro, se analisarmos as sociedades do mundo (como fazem antropólogos, sociólogos e historiadores, por exemplo), vamos observar uma infinidade nada semelhante de modos de existir como "homem" e como "mulher". Isso expressa a maneira como as sociedades hu-

As sufragistas: um filme e um movimento

A luta feminina por conquista de igualdade civil e política é bastante antiga. Embora a história, desde a Antiguidade, esteja repleta de mulheres que conseguiram ocupar espaço importante na sociedade e na política, foi somente a partir do século XIX que começou a existir um movimento propriamente organizado de lutas femininas. Um dos mais importantes foi o sufragista, que ocorreu principalmente na Inglaterra e nos Estados Unidos e que pode ser considerado o precursor do movimento feminista. Intimamente ligado ao crescimento urbano e à industrialização, com a concentração de mulheres nas fábricas no período auge da Revolução Industrial no século XIX, seu objetivo era conquistar para as mulheres desses países um direito inédito: o sufrágio, o direito de votar nas eleições políticas. Em nenhum momento da história ocidental, nos sistemas políticos organizados, foi reconhecido o direito feminino ao voto, daí sua grande importância histórica.

O filme *As sufragistas* retrata esse movimento particularmente na Inglaterra, por meio da história de uma personagem fictícia (a feminista Maud Watts), chamando a atenção da sociedade para o fato de que as mulheres estavam cansadas de ser tratadas como inferiores, quase sempre de forma violenta. O filme procura retratar com realismo a violência sofrida pelas militantes do movimento: eram agredidas, presas, sofriam abusos sexuais nas lavanderias onde trabalhavam (e recebiam menos que os homens).

Sufragistas na marcha "Walk in her shoes", Londres (2016).

Capítulo 8 – Diversidade e organizações

manas elaboram suas leituras e significados sobre esse corpo e sobre o masculino e o feminino. Segundo a socióloga Bila Sorj (1992): "O equipamento biológico sexual inato não dá conta da explicação do comportamento masculino e feminino observado na sociedade". Para a historiadora Joan Scott, uma das maiores especialistas de estudos de gênero na atualidade,

> Gênero é a organização social da diferença sexual percebida. O que não significa que gênero reflita ou implemente diferenças físicas e naturais entre homens e mulheres, mas sim que gênero é o saber que estabelece significados para as diferenças corporais. (SCOTT, 1994, p. 13)

É nesse sentido que, inserido em um contexto social, nosso corpo deixa de ser um mero dado da natureza e passa a ser produzido na e pela cultura. Mais do que um dado natural, responsável pela nossa presença material no mundo (somos corpóreos), o corpo é uma construção repleta de significados. Não é algo dado, *a priori*, e nem mesmo é universal. Ele é uma construção simbólica.

Propondo uma ruptura do binarismo sexo/natural e gênero/social, a filósofa e uma das principais referências de gênero na atualidade, Judith Butler, também recusa a ideia de que exista um corpo natural, preexistente. Para ela, uma vez que todo corpo é produzido pela linguagem e pelas práticas sociais, da mesma forma que gênero, o sexo (um dado supostamente natural) também é repleto de significados construídos pela cultura.

Assim, ser mulher ou homem hoje, na sociedade cristã ocidental na segunda década do século XXI, não é exatamente igual a ser mulher em meados do século XIX na mesma sociedade. O mesmo vale se contrastarmos uma sociedade polinésia, uma tribo indígena na Amazônia, com os grandes centros urbanos cosmopolitas do mundo ocidental. Ou seja, comparações no tempo e no espaço evidenciam o caráter construído do sexo/gênero. Romper o etnocentrismo é fundamental para bem compreender esta questão.

Podemos tomar como exemplo a série *Vikings*, um grande sucesso produzido pelo History Channel, lançada em 2016, cuja trama se passa no século VIII da Europa Medieval. Um exercício interessante é observamos com detalhes como é retratada a mulher viking e a mulher cristã. Mesma época; sociedades próximas, porém bem distintas. Elas são profundamente diferentes no que diz respeito ao exercício de sua sexualidade, ao trabalho, à participação na guerra, ao acesso ao poder e às tomadas de decisões.

Em resumo, nas Ciências Sociais, o que se chama de gênero é a construção social do sexo, ou seja, um conjunto dessas representações sociais e culturais construídas com base na diferença biológica dos sexos, envolvendo valores, papéis, funções, significados e produzindo efetivamente o masculino e o feminino. É importante compreender que, quando falamos em gênero, portanto, falamos em uma construção cultural, processada na educação formal e informal de homens e mulheres em determinados contextos sociais. Isso vai na contramão do que afirma o senso comum, cuja compreensão é a de que sexo, por si só, como um componente natural, é o que determina o comportamento do que será o masculino e o feminino. Se assim fosse, não seria difícil encontrarmos um padrão universal (tanto ao longo da história quanto nas tantas sociedades que são contemporâneas) para o que é ser homem e ser mulher. E isso está muito longe de ser demonstrado. A constatação das diferenças culturais quanto à construção do que é o masculino e o feminino é a maior prova de que as elaborações simbólicas de gênero (e sexo) são uma realidade sócio-histórica e é com elas que as sociedades efetivamente operam.

Guerreira viking.

A construção do conceito de gênero nas ciências humanas é um dos maiores exemplos de como aquela relação entre natureza e cultura precisa ser pensada de forma muito mais ampla e complexa para se compreender (sem prejulgar, condenar ou classificar como anomalias, aberrações, ou, pior ainda, patologias) a enorme variedade de possibilidades que a sexualidade humana encerra. Evidentemente que a natureza nos fornece uma matriz (XX ou XY). Isso é fato. O que não se pode menosprezar (como fazem as teses do determinismo biológico) é que, como característica fundamental que nos confere nossa humanidade, nossa racionalidade nos dota de uma dimensão extremamente importante, capaz de criar construções, significações e, portanto, operacionalizações sociais dessas mesmas construções; trata-se da nossa dimensão simbólica. Extremamente poderoso, nosso simbolismo está presente em várias esferas da nossa vida, e a todo momento dá um recado para a mãe-natureza: "Tudo bem, você me criou um ser vivo, sujeito às suas 'leis'; mas eu sou livre para recriar e reinventar essas leis, fazendo-as se cumprir de uma maneira muito específica!". Nós, seres humanos, não somos determinados por elas; ao contrário, nós as determinamos.

Em nossa sociedade, por exemplo, existe uma enorme variação de gêneros historicamente construída, grande parte de difícil compreensão para as pessoas. "Homem e mulher" deixam de ser a polaridade básica, podendo ser substituída por realidades como gays, lésbicas, transgêneros (corpo de um sexo e psique de outro), travestis (mulheres fálicas) etc. Parodiando a expressão-título do livro da antropóloga Regina Facchini (2005), uma enorme "sopa de letrinhas" em forma de sigla (GLS, GLBT, GLBTT, LBGT, LGBTQ etc.), que vem caracterizando o movimento político de afirmação da diversidade sexual e de gênero.

Alguns filmes e séries contemporâneos são muito bons para refletirmos sobre o tema. Em 2015, o Netflix lançou uma série de muito sucesso no mundo todo: Sense8. Dentre várias questões contemporâneas aí tratadas, uma muito forte é justamente a questão de gênero. Uma das personagens, Nomi Marks, é uma blogueira política estadunidense e orgulhosa de ser uma mulher lésbica transgênero. Uma dificuldade que boa parte das pessoas, à primeira vista, tem é de compreender a identidade de gênero clamada por Nomi (mulher transgênero e lésbica). Isso pelo fato de que ainda se tem dificuldade

Símbolos da pluralidade de gênero.

Michael, Megan & Microsoft

Michael Wallent pertencia à elite da Microsoft. Tendo passado por dois casamentos e sendo pai de dois filhos, era considerado um dos melhores executivos da empresa, mas com uma reputação de ser um chefe muito difícil. Desde 1996 na companhia, ascendeu rapidamente. Em 1999, já era responsável por uma equipe de 300 engenheiros que trabalhavam no desenvolvimento do Internet Explorer. Em 2005, integrou a equipe que fez parte do projeto do Windows Vista. Participava de reuniões trimestrais com Bill Gates. Wallent era o tipo de executivo que não dava muita importância para sentimentos dos funcionários, o que lhe interessava eram dados e números. Tinha realmente fama de ser crítico severo, bastante áspero e uma mentalidade pragmática arrogante. Megan Wallent, igualmente membro da elite da Microsoft, considerada uma das suas melhores e mais brilhantes executivas, supervisionava 350 engenheiros que desenvolviam interfaces de usuário para software de servidor. Ao contrário de Michael, Megan sempre foi muito elogiada pelos seus funcionários como chefe com alta inteligência emocional e bastante sensível ao lado humano no ambiente de trabalho: possui uma fala suave, faz perguntas sutis, ajudando-os a encontrar soluções por conta própria. Ela realmente pensava sobre como as pessoas vão sentir sobre decisões específicas e se preocupava com isso.

Michael e Megan. Dois chefes, dois estilos. Mas apenas uma pessoa. Em 2007, aos 38 anos, já com dois filhos (um com pouco mais de 2 meses) e no segundo casamento, Michael Wallent revelou à própria esposa (e a colegas da empresa) que era transgênero. Com o apoio da esposa, submeteu-se ao conjunto de cirurgias para mudança de sexo, retornando à empresa no início de 2008 como Megan. Segundo ela, passar pela transição foi bastante complicado, mas, na Microsoft, o processo foi relativamente tranquilo: ele/ela e seus chefes trataram a questão como sendo um problema corriqueiro de gestão.

Hoje, depois de vivenciar muitos desafios internos na empresa, Megan reconhece que sua transição de gênero transformou seu estilo de gestão, o que, em última instância, ajudou consideravelmente em sua carreira. Tornou-se mais aberta, honesta (consigo e com os outros) e transparente, aprendendo a se comunicar melhor com as pessoas. Com uma vida profissional muito bem-sucedida, que a levou ao topo da empresa (chegou a um nível abaixo da vice-presidência), a executiva considera sua transição de gênero como um capítulo encerrado em sua vida profissional. Ela interpreta que seu sucesso e sua ascensão foram mais rápidos do que teria ocorrido eventualmente com Michael exatamente por causa da sua mudança de postura. Este é um caso com final feliz. Infelizmente, isso não é o comum.

Fonte: Elaborado pelos autores com informações de McGINN, Daniel. Troca de gênero no trabalho. *Harvard Business Review*, nov. 2010. Disponível em: <http://hbrbr.uol.com.br/materia-privada/?redirect_to=/troca-de-genero-no-trabalho/>. Acesso em: 16 out. 2017; KARLINSKY, Neal; LITOFF, Alyssa. Transgender executive: 'Just a different person now than I was then'. *ABC News*, 6 mar. 2008. Disponível em: <http://abcnews.go.com/Health/story?id=4394493>. Acesso em: 27 out. 2017.

de enxergar a realidade para além do binarismo, cuja base é a natureza. Ora, a identidade de gênero de Nomi é ser uma mulher trans. Ser lésbica indica que sua libido está direcionada para amar e desejar outra mulher. Ou seja, não é pelo fato de que ela não se identifica como Michael (o homem físico que ela nasceu) e sim como Nomi (a mulher em quem ela se transformou), que necessariamente tem que direcionar sua libido para um homem. Se se quiser, pode-se também dizer que sua identidade é de uma mulher trans que se realiza sexualmente com outra mulher. E isso é uma realidade mais comum do que imaginamos na vida concreta das pessoas. Outra personagem bastante interessante para pensarmos sobre isso é a transgênero Lili Elbe, do filme *A garota dinamarquesa*, que retratou, no campo da ficção, uma história real da primeira mulher transgênero a se submeter a cirurgias de redesignação do sexo no mundo ocidental.

Personagens como Nomi Marks e Lili Elbe desafiam nossa compreensão sobre a amplitude e a complexidade do debate sobre sexo e gênero. A dificuldade de lidar com essas categorias leva as pessoas ao mais cômodo: em vez de procurar compreendê-las, rotulam-nas como anomalias, quando não patologias, e com isso o assunto parece encerrado. Tratar as coisas dessa forma revela a persistência de um pensamento simplista, segundo o qual "o certo" é "o natural", e perdemos de vista a armadilha da contradição em que caímos. Ora, se eu consigo compreender que uma

Kathy Hutchins/Shutterstock

Featureflash Photo Agency/Shutterstock

À esquerda, a atriz norte-americana Jamie Clayton, que interpretou a blogueira transgênero Nomi Marks na série Sense8, do Netflix. À direita, o ator inglês Eddie Redmayne, que interpretou a personagem Lili Elbe no filme *A garota dinamarquesa*.

realidade física, material, tão tangível quanto o corpo é um ente socialmente construído (e, portanto, pode ser reelaborado para se adequar às minhas construções simbólicas), por que não a libido, que está justamente num plano da psique, tão abstrato quanto é o do desejo?

Só há relativamente pouco tempo, fruto do aprofundamento dos estudos de gênero, é que a compreensão desses fenômenos começou a ficar muito mais clara. O movimento feminista foi o principal elemento impulsionador desse processo. O questionamento sobre o lugar submisso relegado historicamente à mulher abriu caminho para uma reflexão profunda das relações de poder que estão por trás das construções de gênero, como analisa o filósofo Michel Foucault (1926-1984). O debate sobre gênero precisa levar em conta o caráter multi e interdisciplinar do fenômeno, porque não se trata apenas da construção do indivíduo, mas de uma série de relações que são estabelecidas por ele e com ele. Como nos lembra Judith Butler:

> Se alguém "é" uma mulher, isso certamente não é tudo o que esse alguém é; o termo não logra ser exaustivo, não porque os traços predefinidos de gênero da "pessoa" transcendam a parafernália específica de seu gênero, mas porque o gênero nem sempre se constituiu da maneira coerente ou consistente nos diferentes contextos históricos, e porque o gênero estabelece intersecções com modalidades raciais, classistas, étnicas, sexuais e regionais de identidade discursivamente constituídas. (Butler, 2003, p. 20)

Essa realidade é bastante concreta no ambiente corporativo, como mostra o levantamento Ethos/BID: as empresas ainda precisam trabalhar muito para construir uma maior equiparação entre gêneros no seu ambiente. Se essa constatação é válida para as mulheres em geral, é muito mais contundente para outras categorias de gênero que se somaram à luta feminista, como o público LGBT e as mulheres negras.

No caso da população LGBT, isso já foi, inclusive, reconhecido por áreas bem ortodoxas como a Medicina, por exemplo. Por considerar as construções de gênero como transtornos, como patologias psíquicas, tentava-se interferir pesadamente na psique dessas pessoas a fim de alterá-la. (Como já ocorreu, é preciso sempre lembrar, com as mulheres que ousavam questionar as relações de dominação masculina.) Ignorava-se, nessa época, que a única patologia aí presente é a de uma sociedade que não consegue encarar possibilidades mais ricas e amplas de exercício da diversidade no campo da sexualidade. Hoje, a própria Medicina percebeu que o eventual trauma

O movimento LGBT no Brasil

A história da autoafirmação dos vários grupos que hoje compõem a sigla LGBT (Lésbicas, Gays, Bissexuais, Travestis e Transgêneros – ou transexuais) remonta ao início do século XX. Entretanto, só se pode falar em um movimento propriamente organizado a partir dos anos 1970, formado inicial e prioritariamente por homens gays. Embora o movimento feminista mais organizado tenha se originado nos anos 1960, foi somente na década de 1980 que as lésbicas começaram a se organizar, e o movimento gay, no cenário pós-ditadura, se consolidou. Travestis e transexuais incorporam o movimento na década de 1990, que é quando também sua estrutura começa a se tornar mais orgânica, com uma pauta política cada vez mais expandida trazendo visibilidade e conquistas importantes. Somente na virada do século XX para o XXI os bissexuais assumem sua visibilidade e também ocupam a cena, completando o cenário da diversidade de gêneros. É preciso ter sempre em mente que esse movimento foi se tornando cada vez mais sólido à medida que outros movimentos sociais de minorias (em particular, os movimentos feminista e negro) também cresciam em importância. Os antropólogos Regina Facchini e Júlio Simões (2009) lembram algo central a esse respeito. O conceito de "orientação sexual" é importante porque indica uma condição complexa: ao mesmo tempo que não é escolha consciente do sujeito, não se refere a algo biologicamente determinado. Ainda segundo Facchini, "o surgimento do movimento homossexual indica a aspiração a reivindicar direitos universais e civis plenos, por meio de ações políticas que não se restringiam ao gueto, mas que se voltavam para a sociedade de modo mais amplo". Hoje, o Brasil é reconhecido como um dos países do mundo onde mais se pratica violência por motivação de gênero/sexualidade (incluindo assassinatos). Ou seja, a pessoa é agredida ou morta pelo simples fato de ser mulher, gay, travesti etc. Isso tem alimentado a pauta e a luta dos movimentos feministas e LGBT que vêm se tornando cada vez mais atuantes. Essa militância encontrou um foro importante de apoio em nichos empresariais como o Instituto Ethos, que vem

21ª Parada LGBT na avenida Paulista, em junho de 2017.

> estimulando empresas a incorporarem o tema na sua pauta de diversidade e há relativamente pouco tempo elaborou um documento cujo título é autoexplicativo: "O compromisso das empresas com os direitos humanos LGBT: Orientações para o mundo empresarial em ações voltadas a lésbicas, gays, bissexuais, travestis e transexuais". (Facchini e Simões, 2009; Facchini, 2017).

físico da cirurgia para mudança de sexo é infinitamente menos problemático do que os traumas psíquicos para mudar a mente de alguém mantendo seu corpo intacto em nome de uma naturalização do que é a condição humana.

Violência de gênero no Brasil

O problema da desigualdade de gênero pode ser facilmente constatado pelo alcance do tema na contemporaneidade, seja pela mídia, seja por ser pautado em programas de desenvolvimento. Entre as várias organizações que constroem indicadores sobre o tema, o Banco Mundial elabora um relatório anual intitulado Índice Global da Desigualdade de Gênero. Os dados de 2016 revelam que, entre 144 países investigados, o Brasil ficou na 79ª posição. Estima-se que possa haver uma queda nesse ranking, dado o incremento das estatísticas envolvendo violência contra mulher e contra a população LGBT e a ausência de lideranças femininas no primeiro escalão da gestão do governo Michel Temer.

Segundo organismos internacionais, o Brasil é um dos países no mundo onde mais se pratica violência contra mulher. Em razão disso, em 2006, foi sancionada a Lei n. 11.340, conhecida como Lei Maria da Penha, com o objetivo de combater esse tipo de crime, aumentando a punição contra aqueles que o cometem. O parágrafo introdutório da Lei dá um excelente resumo do seu propósito:

Cria mecanismos para coibir a violência doméstica e familiar contra a mulher, nos termos do § 8º do art. 226 da Constituição Federal, da Convenção sobre a Eliminação de Todas as Formas de Discriminação contra as Mulheres e da Convenção Interamericana para Prevenir, Punir e Erradicar a Violência contra a Mulher; dispõe sobre a criação dos Juizados de Violência Doméstica e Familiar contra a Mulher; altera o Código de Processo Penal, o Código Penal e a Lei de Execução Penal; e dá outras providências.

Visando aumentar ainda mais o rigor no combate à violência contra a mulher, em março de 2015 foi sancionada a Lei n. 13.104/2015, a Lei do Feminicídio, clas-

Quem é Maria da Penha?

Vítima de violência doméstica brutal que lhe deixou, como sequela, uma paraplegia, a farmacêutica cearense Maria da Penha Maia Fernandes assumiu com coragem a luta para que seu agressor (seu próprio marido) fosse condenado. Em 1983, ele tentou matá-la duas vezes: na primeira vez, simulando um assalto; na segunda, tentando eletrocutá-la. Por este crime brutal, somente 19 anos depois, ele foi condenado a 8 anos de reclusão. Cumpriu apenas dois e hoje está solto.

Levado à Comissão Interamericana dos Direitos Humanos da Organização dos Estados Americanos (OEA), o caso de Maria da Penha ganhou repercussão internacional, especialmente devido à decisão inédita: pela primeira vez na história, um organismo internacional reconheceu um crime de violência doméstica. No Brasil, até 2006, a violência doméstica era julgada por juizados especiais (aqueles que julgam crimes de menor potencial). Para chamar a atenção dos casos de violência doméstica e com o objetivo de combater todas as formas de violência contra mulher, foi sancionada, em 7 de agosto daquele ano, uma lei que leva o seu nome.

Fonte: Hermann, 2008.

sificando-o como crime hediondo e definindo alguns agravantes quando acontece em situações específicas de vulnerabilidade (gravidez, menor de idade, na presença de filhos etc.).

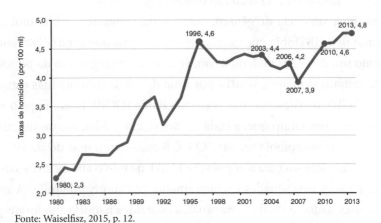

Fonte: Waiselfisz, 2015, p. 12.

O gráfico acima mostra a evolução dos assassinatos de mulheres no Brasil (indicadores por 100 mil habitantes) de 1980 a 2013, segundo o Mapa da Violência 2015.

Fonte: Fórum Brasileiro de Segurança Pública, 2017, p. 40.

Em 2017, com base em uma pesquisa feita pelo Instituto Datafollha, o Fórum de Segurança Pública divulgou o relatório *Visível e Invisível* sobre a violência contra mulher. Os dados do Infográfico são bastante reveladores.

Com relação à violência de gênero, outro tema relevante é a homofobia e as demais formas de LGBTfobia que existem no Brasil, país que é mundialmente conhecido como um dos mais violentos com relação a esse segmento da população. Dados de levantamento feito em 2016 por uma das mais conceituadas e atuantes organizações LGBT no Brasil, o Grupo Gay da Bahia (GGB), liderado pelo antropólogo Luiz Mott, revelaram que, a cada 25 horas, em média, ocorre um assassinato por motivo de homofobia no país. O GGB considerou que, desde 1970, não houve um ano tão violento para a população LGBT quanto o ano de 2016, com um total de 343 pessoas assassinadas exclusivamente por motivo de ódio. Ainda de acordo com esses dados, 31% dos assassinatos ocorridos naquele ano foram praticados com arma de fogo, 27% com armas brancas, incluindo ainda enforcamento, pauladas, apedrejamento, além de casos com requintes de crueldade, nos quais houve tortura e queima do corpo da vítima.

Pesquisas como essa revelam a importância de inserir com profundidade a pauta LGBT no debate sobre diversidade pelo recorte de gênero. As empresas não estão alheias a isso. Existem, no meio empresarial, várias iniciativas, como a já referida publicação do Instituto Ethos com orientações para o mundo corporativo nesse sentido e a criação de coletivos, com vários recortes e nuanças, para orientar políticas de diversidade que incluam, de maneira séria, essa temática em suas ações.

Os paradoxos do conceito de raça

Em setembro de 2012, um episódio envolvendo uma professora da Universidade Estadual do Pará (UEPA) – curiosamente uma antropóloga especializada em religiões afro-brasileiras – e um funcionário da segurança (ver box pág. 252), recolocaram na mídia o problema da questão racial e do racismo no Brasil. Episódios como esse e o processo de implementação da lei de cotas sociorraciais nas universidades públicas brasileiras vêm colocando um debate sobre o racismo no Brasil que expõe algo muito curioso sobre o tema: apesar de todos os avanços conquistados pelas Ciências Sociais no que tange à temática racial, muito pouco dessas conquistas efetivamente foi incorporado nas práticas e nos discursos dos não especialistas. Em outras palavras, por mais que tenhamos avançado na constatação de que o racismo não possui nenhum fundamento concreto, ele ainda é uma realidade social.

Investir em política de diversidade ajuda a criar ambiente mais descontraído.

Tema bastante discutido na primeira metade do século XX, os problemas racial e da miscigenação parecem ainda muito mal resolvidos no campo social brasileiro. Além dos exemplos de discriminação que se multiplicam pela sociedade (a despeito das conquistas no campo jurídico), percebe-se com muita força a sua presença, na opinião pública em geral, ainda que de forma inconsciente, revelando alguns dos mais fortes pressupostos novecentistas que alimentaram (e continuam alimentando) práticas discriminatórias.

Antes de entrarmos na discussão sobre o racismo no Brasil e no universo corporativo, para compreender melhor essa questão, vamos verificar algumas considerações sobre o conceito de raça (tanto no campo da Biologia quanto no das

Ciências Sociais) e suas implicações. Com isso, podemos compreender por que o racismo é uma construção que não encontra nenhum fundamento na realidade, sendo um produto totalmente situado no imaginário das pessoas. E é justamente por isso que ele tem eficácia, mas que, ao mesmo tempo, pode ser combatido.

Somos herdeiros de um embate intelectual muito forte no século XIX. De um lado, está a tradição positivista no campo dos estudos da relação entre raça e cultura que incorporaram as teses eugenistas e deterministas do Evolucionismo Cultural – em especial sob os efeitos do pensamento de teóricos como Joseph Arthur de Gobineau (1816-1882), Georges Lapouge (1854-1936), Ludwig Gumplowicz (1838-1909) e Cesare Lombroso (1835-1909). Em síntese e em linhas gerais, essas teses afirmavam a existência de raças humanas, uma relação hierárquica entre elas, o determinismo entre raça e cultura, além de muitas pregarem o caráter degenerado dos povos mestiços. Em reação a essas ideias, desenvolve-se a abordagem culturalista do antropólogo Franz Boas (1858-1942) e seus descendentes intelectuais que, rompendo com o paradigma racialista, desconstroem as teses do determinismo biológico demonstrando que não há relações de determinação entre raça

Professora investigada por suspeita de racismo

Em 2012, a Universidade Estadual do Pará foi palco de um tumulto que gerou um caso de suspeita de racismo. Um segurança barrou a entrada de estudantes do turno noturno por uma portaria específica para a qual havia recebido ordens expressas para que não fosse aberta à noite. Os alunos barrados ligaram para uma professora que ainda estava no campus. Ela teria ido até o portão e começou a ofendê-lo: "Chegou até mim e me chamou de macaco, de idiota, de guarda vestido de palhaço". Um dado ainda confere um tom bastante incomum à situação: a professora acusada é antropóloga e lecionava Ciências da Religião Afro. Ela foi levada para a delegacia, onde foi registrado e encaminhado à Justiça um boletim de ocorrência por injúria racial. Em maio de 2014, o Tribunal de Justiça do Pará declarou extinta a punibilidade da professora em razão de o prazo legal da ação penal ter expirado.

Fontes: PORTAL G1. Professora é acusada de atitude racista no Pará. 23 set. 2012. Disponível em: <http://g1.globo.com/fantastico/videos/t/edicoes/v/professora-e-acusada-de-atitude-racista-no-para/2153722/>. Acesso em: 30 out. 2017; PORTAL G1. PA: professora de universidade é investigada por crime de racismo. 17 set. 2012. Disponível em: <http://g1.globo.com/bom-dia-brasil/noticia/2012/09/pa-professora-de-universidade-e-investigada-por-crime-de-racismo.html>. Acesso em: 30 out. 2017.

e cultura. Para os culturalistas, a cultura é resultado do processo histórico vivido pelas sociedades, e isso nada tem a ver com características genéticas dos povos que as formam, sendo resultado das escolhas que fizeram ao longo de sua trajetória como povo.

No Brasil, até a década de 1930, nossos pensadores foram fortemente influenciados pelo paradigma Evolucionista e pelo determinismo racial. Autores como Sílvio Romero (1851-1914), Euclides da Cunha (1866-1909), Raimundo Nina Rodrigues (1862--1906) e Oliveira Viana (1883-1951), com nuanças e perspectivas diferentes, escreveram sobre os efeitos nocivos da mestiçagem e consideravam grupos raciais como índios e povos africanos inferiores, cuja mestiçagem produziu uma raça e, consequentemente, uma cultura degenerada no Brasil. A reflexão começou a ganhar novos rumos somente com a publicação de *Casa-grande e senzala* (1933), de Gilberto Freyre (1900-1987), que pode ser considerado um marco na derrocada das teses do determinismo biológico--racial e no reconhecimento da grande contribuição das culturas africana e indígena na formação da nossa sociedade. Em parte, o Brasil deve isso a Franz Boas, de quem Gilberto Freyre foi aluno na Universidade de Columbia e de quem herdou não somente as ideias antirracistas, mas o método culturalista, o que foi importante para o resgate da valorização da nossa formação histórica.

Joseph Arthur de Gobineau (1816-1882).

Franz Boas (1859-1942).

Mas isso, como se sabe, de longe não representou um fim à discussão e, menos ainda, um real reconhecimento do valor dessas contribuições multirraciais na construção do Brasil.

Raça: princípio taxonômico e conceito

A ciência contemporânea nega a existência de raças humanas. E isso não é novidade. Desde meados do século XX, os campos da Biologia Molecular e da Genética das populações colocaram em xeque esse conceito como uma realidade eficaz, o que

O leito de Procusto

Relativamente pouco conhecido, o mito do Leito de Procusto narra a história de um monstro que vivia, segundo a tradição, na serra Elêusis. Guardião de uma estrada, Procusto oferecia hospedagem aos viajantes, prometendo repouso confortável em uma cama perfeitamente ajustada ao tamanho do hóspede. No entanto, ao chegar em casa, Procusto oferecia-lhe uma cama de ferro, sólida e rígida que nunca era do tamanho do hóspede (ele tinha duas, em segredo): se ele fosse de estatura alta, o monstro oferecia-lhe uma cama menor, amputando-lhe os braços e as pernas para que coubesse no leito; se tinha pequena estatura, ele o esticava até atingir o tamanho necessário, morrendo no processo. Segundo algumas versões, o estalajadeiro teria sido morto pelo herói Teseu que lhe aplicou o mesmo castigo que ele infligia a suas vítimas. A história do leito de Procusto é uma boa metáfora para pensarmos a intolerância: como a cama de ferro de Procusto, muitas de nossas crenças são extremamente rígidas. Assim, quando a realidade nos apresenta fatos que vão de encontro a elas, preferimos mutilar a realidade para que caiba em nossas crenças, e não alterar nossas crenças, incorporando novas verdades reveladas pela realidade.

foi corroborado, na virada do século XX para o XXI, pelos resultados do Projeto Genoma Humano, a mais sofisticada pesquisa em mapeamento genético da espécie humana já feita até hoje. No campo das Ciências Sociais, foi em 1998 que a Associação Antropológica Americana (AAA), uma das mais importantes associações científicas do mundo, divulgou uma declaração na qual afirmava categoricamente a não existência de raças humanas. Entretanto, esses fatos não foram suficientes para abolir o conceito de raça das nossas vidas por uma razão simples: com a rigidez do leito de Procusto, ainda que a ciência negue a existência de raça como realidade, as pessoas acreditam nela, e esta crença emoldura suas ações e pensamentos como se raça fosse uma realidade. Este é um dos pilares das ideologias e práticas racistas.

Uma investigação sobre a etimologia do termo raça revela elementos interessantes. Segundo a filósofa Marilena Chauí (1993) e o antropólogo Kabengele

Carl Nilsson Linnæus (1707-1778).

Munanga (2004), a palavra, utilizada para se referir a características fenotípicas, tem sua origem em um significado aparentemente distante daquele de sua aplicação atual: derivaria do termo latino *ratio*, que levou ao termo "razão" nos seus múltiplos significados (contar, calcular, raciocinar, dividir). É desta última acepção que a Biologia toma a palavra e lhe confere um viés taxonômico: agrupar semelhantes e separar diferentes. Visto dessa maneira, os biólogos pretendem encontrar, nas características concretas e objetivas (traços fenotípicos) dos subgrupos dentro de uma determinada espécie, a "razão de ser" – a sua *ratio* – dos princípios que permitem a elaboração dessa classificação.

O estatuto científico do conceito de raça com relação aos grupos humanos foi dado pelo biólogo sueco Carl Nilsson Linnæus, ou Carlos Lineu (1707-1778), que lançou as bases para o moderno sistema taxonômico ainda hoje utilizado pela Biologia. Lineu propôs a ideia de que a espécie humana poderia ser dividida em subespécies, com base no fato de que existiriam diferenças genotípicas substantivas que levariam às diferenças fenotípicas observadas no seu interior. Sintetizando: no campo estritamente biológico, raça seria uma subdivisão de uma espécie em subespécies.

A subdivisão da espécie humana em subespécies proposta por Lineu poderia não causar problemas de relação entre os povos. Ela seria uma classificação que poderia perdurar até que a ciência do século XX (Biologia Molecular e Genética) demonstrasse o seu caráter equivocado, uma vez que as variações biológicas entre os humanos não justificam sua separação em raças (Cavalli-Sforza e Cavalli--Sforza, 2002; Jacquard, 1988). Acontece que essa subdivisão veio associada a uma hierarquização. Assim, como apontou Munanga (2004), quando Lineu dividiu o *Homo Sapiens* em quatro raças, associou a cada uma delas as seguintes características: moreno, colérico, cabeçudo, amante da liberdade, governado pelo hábito, tem o corpo pintado (indígena americano); amarelo, melancólico, governado pela opinião e pelos preconceitos, usa roupas largas (asiático); negro, fleumático, austucioso, preguiçoso, negligente, governado pela vontade dos seus chefes – despotismo –, unta o corpo com óleo ou gordura, sua mulher tem vulva pendente e quando amamenta seus seios se tornam moles e alongados (africano); branco, sanguíneo, musculoso, engenhoso, inventivo, governado pelas leis, usa roupas apertadas (europeu). Interessante notar não apenas que há nessa lista uma associação entre as características biológicas das supostas raças e aspectos psicológicos, intelectuais, estéticos e morais, em uma escala de valores claramente tendenciosa, como uma grande confusão entre natureza e cultura.

Tal raciocínio se aprofundou com pensadores como Ludwig Gumplowicz e Joseph Arthur de Gobineau. Este último, reconhecido como "pai do racismo científico", foi um dos grandes responsáveis pela popularização das bases do pensamento racista quando publicou seu livro intitulado *Ensaio sobre a desigualdade das raças humanas*. Como o próprio título indica, Gobineau sustentou de maneira taxativa a tese de que haveria uma relação hierárquica (desigualdade, e não apenas diferença) entre as raças. E mais: uma relação de determinação entre raça e cultura, o que implica, em última instância, que um povo de raça superior só poderia produzir uma cultura de nível superior (e vice-versa) ou, mais extremo, um povo de raça inferior jamais poderia produzir uma cultura superior.

Essa ideia acaba ganhando força na Europa positivista e colonialista do século XIX e invade o século XX. Apesar do fato de que tanto a Biologia quanto a Antropologia tenham demonstrado à exaustão que essa ideia não encontra o menor lastro com a realidade, esta se consolidara de tal maneira no imaginário das pessoas que acabou levando a sua reificação, transformando-a em um fato sociológico da mais alta relevância. Talvez raça seja um dos melhores exemplos, nas relações entre grupos sociais, de uma crença sem fundamento empírico que assume concretude e constrói um campo de forças antagônicas, muitas vezes violento, uma vez que é somente por meio dessas ideias que raça passa a ser utilizada como critério de classificação e, consequentemente, dominação. Até o século XIX, os povos e os grupos sociais sempre foram classificados, discriminados e dominados por origem, religião, cultura, língua etc., mas nunca pelo critério biológico. Racismo, no sentido estrito do termo, como o conhecemos, foi uma invenção europeia do século XIX.

Embora a ciência afirme que não existem raças, as pessoas seguem sendo discriminadas e sofrendo violência por conta da "raça" (aquela em que se acredita), em uma concretização violenta de relações de alteridade em que se exclui o outro. Como afirma o filósofo francês (de origem grega) Cornelius Castoriadis (1922–1977),

> O Racismo participa de alguma coisa muito mais universal do que aceitamos admitir habitualmente. O racismo é uma transformação ou um descendente especialmente violento e exacerbado (arrisco-me até mesmo a dizer: uma especificação monstruosa) de uma característica empiricamente quase universal das sociedades humanas. Trata-se, em primeiro lugar, da aparente incapacidade de se constituir como um si mesmo sem excluir o outro; em seguida, da aparente incapacidade de excluir o outro sem desvalorizá-lo, chegando, finalmente, a odiá-lo. (Castoriadis, 1992, p. 31)

Capítulo 8 – Diversidade e organizações

Uma fita de Möbius do ódio sem fundamento que, por sua vez, fundamenta uma crença que leva ao ódio.

> A fita ou faixa de Möbius, tem sua criação atribuída ao matemático e astrônomo alemão August Möbius (1790–1868). Ela é uma fita que se forma unindo-se as duas extremidades dep ois de dar meia-volta. Uma de suas representações mais famosas foi elaborada pelo artista gráfico holandês M. Cornelius Escher (1898–1972), que a representou formando um 8 deitado, no qual transitam formigas num movimento sem fim, brincando com o símbolo do infinito.

O retrato do racismo no Brasil

O sociólogo brasileiro Florestan Fernandes (1920–1995), um dos maiores especialistas em questões raciais no Brasil, afirmava que uma forte característica da sociedade brasileira é o preconceito de ter preconceito. A esse respeito, é muito comum ainda encontrarmos pessoas que repercutem uma forte ideia presente no conjunto da obra de Gilberto Freyre (pela qual ele é severamente criticado), que é a de que o Brasil vive uma "democracia racial": um país em que as várias raças que aqui confluíram viveram uma relação de dominação de classe, mas sem ter desenvolvido um preconceito de raça. Temos visto muitos casos na mídia de racismo ao qual Florestan Fernandes se referia e que por vezes é explícito. Casos como os ataques à jornalista Maria Júlia Coutinho (da Rede Globo), às cantoras Preta Gil e Paula Lima, à atriz Thaís Araújo, ou a atletas, como o goleiro Aranha (à época do Santos Futebol Clube).

Além desses exemplos midiáticos, inúmeros outros multiplicam-se sociedade afora em praticamente todos os extratos sociais. Uma outra maneira bastante consistente de constatar o racismo quando não é explicitado em conflitos que resultam em confrontos físicos (como costumam acontecer nos Estados Unidos ou mesmo no abolido sistema do Apartheid, que vigorou durante muito tempo na África do Sul) é prestar atenção nos indicadores sociais.

Um dos mais importantes e referência mundial para análises sociais e elaboração de políticas públicas é o IDH (Índice de Desenvolvimento Humano). Criado pelo economista paquistanês Mahbub ul Haq (1934-1998) e com a base conceitual elaborada pelo economista indiano e Prêmio Nobel de Economia Amartya Sen, o IDH considera três parâmetros importantes de qualidade de vida: a expectativa de vida ao nascer (levando em conta indicadores de saúde e violência); o acesso ao conhecimento, em que se avaliam os anos médios de estudo com relação aos anos esperados de escolaridade; e, por fim, o padrão de vida com qualidade avaliado pelo Produto Interno Bruto (PIB) *per capita*.

Segundo a Pesquisa Nacional por Amostragem de Domicílio (Pnad Contínua), realizada anualmente pelo Instituto Brasileiro de Geografia e Estatística (IBGE), é possível observar a cara racial da grande desigualdade socioeconômica no Brasil. Tomando como referência as taxas de ocupação e trabalho, os dados da pesquisa mostram que a população autodeclarada preta ou parda tem mais dificuldades de conseguir emprego e, quando consegue, ganha salários bem abaixo daqueles recebidos pela população branca. No último trimestre de 2016, enquanto a renda média real recebida pela média da população ocupada ficou em R$ 2.043,00, o rendimento da população branca era de R$ 2.660,00 (acima da média nacional), enquanto o dos pardos ficou em apenas R$ 1.480,00, e o dos trabalhadores que se declaram pretos esteve em R$ 1.461,00 (quase 45% inferior ao dos brancos e 35% à média nacional). A mesma disparidade pode ser verificada com relação à taxa de desemprego. No mesmo período, a média nacional foi de 12%, enquanto a taxa entre a população que se declarou de cor preta ficou em 14,4%, entre a população parda foi de 14,1%, e a população branca, de 9,5% (novamente, bem abaixo da média nacional).

A desigualdade racial fica ainda mais contundente quando se verifica a taxa de desocupados. A PNAD contínua divulgada em dezembro de 2016 revela que dos 12,3 milhões de pessoas desempregadas, 52,7% eram pardos; 35,6%, brancos; e 11,0% declarados pretos. Ou seja, o segmento negro (pretos e pardos, segundo a classificação do IBGE), que, de acordo com os dados do PNAD, representa aproximadamente 54% da população brasileira, corresponde a 63,7% daqueles que não possuem emprego. Ademais, esse contingente populacional corresponde a 75% do grupo dos 10% mais pobres do Brasil, ao passo que cai para 17,8% naquele formado pelo 1% mais rico.

O gráfico da página 260 mostra como essas disparidades se repetem na área da educação, por exemplo. Embora a taxa de analfabetismo tenha diminuído nos

O racismo nunca morre no Brasil

Em julho de 2015, a jornalista da TV Globo Maria Júlia Coutinho – que havia começado a anunciar a previsão do tempo no Jornal Nacional alguns meses antes – foi alvo de comentários racistas em mídias sociais. O episódio causou uma grande comoção na opinião pública com expressiva mobilização em defesa da jornalista e contra o racismo praticado. Na época, a hashtag #SomosTodosMajuCoutinho chegou aos *trend topics*. Alguns meses depois, quatro pessoas foram denunciadas pelo Ministério Público por crimes de injúria e racismo contra a jornalista. O MP havia identificado que essas pessoas participavam de um verdadeiro exército nas mídias sociais para cometer crimes cibernéticos. Alguns desses grupos chegavam a arregimentar mais de 20 mil seguidores. Ainda segundo o MP, além dos ataques à jornalista, o grupo se dedicava a tirar do ar diversas páginas da rede social sem qualquer justificativa. Seus principais alvos eram páginas de fã-clubes de artistas e de pessoas que, por motivo desconhecido, eles elegiam como "inimigos", promovendo uma verdadeira "guerra virtual", na qual se autodenominavam "soldados" e membros de "facções". Sua estratégia era relativamente simples: aderiam aos grupos, postavam conteúdos indevidos e denunciavam as páginas usando outros perfis falsos. O grupo foi denunciado pelos crimes de falsidade ideológica, racismo, injúria e corrupção de menores, além de formação de associação criminosa na internet.

Fontes: Elaborado pelos autores com informações de PORTAL G1. Maria Júlia Coutinho, a Maju, é vítima de comentários racistas no Facebook. 3 jul. 2015. Disponível em: <http://g1.globo.com/pop-arte/noticia/2015/07/maria-julia-coutinho-maju-e-vitima-de-racismo-no-facebook.html>. Acesso em: 30 out. 2017; EXTRA. Maria Júlia Coutinho sofre racismo em rede social. Disponível em: <https://extra.globo.com/tv-e-lazer/maria-julia-coutinho-sofre-racismo-em-rede-social-16650928.html>. Acesso em: 30 out. 2017; PORTAL G1. Denunciados por ofensa a Maju tinham "verdadeiro exército", diz MP. 22 jun. 2016. Disponível em: <http://g1.globo.com/sao-paulo/noticia/2016/06/denunciados-por-ofensas-maju-tinham-verdadeiro-exercito-diz-mp.html>. Acesso em: 30 out. 2017.

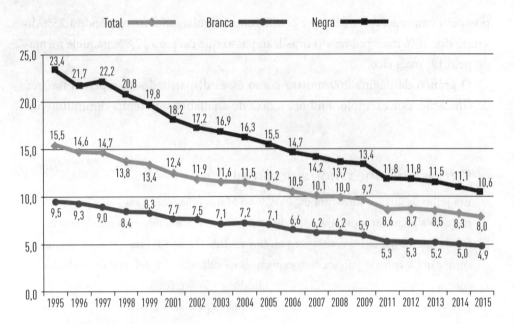

Taxa de analfabetismo da população de 15 anos ou mais de idade, por sexo, segundo cor/raça.
Fonte: IBGE/PNAD, 2015.

últimos anos, ela é mais que o dobro na população negra comparada à branca. Outros indicadores, como anos de estudo, ensino superior etc., seguem o mesmo padrão de desigualdade.

Se aprofundarmos a análise na outra esfera do IDH (expectativa de vida), em que entram indicadores como saúde, violência etc., verificamos o mesmo.

Os analistas sociais são praticamente unânimes em reconhecer que o quadro de desigualdade no Brasil possui sim um recorte fortemente racial, e que é necessária a implantação de políticas públicas ousadas para corrigir esta distorção. O economista Marcelo Paixão (2003), por exemplo, desagregou o IDH de negros (pretos e pardos) e brancos, e chegou a uma conclusão inequívoca: o Brasil branco possui um IDH alto, ficando na 46ª posição, ao passo que o Brasil negro ocupa o 107º lugar no ranking de países.

É com a organização dos movimentos sociais que reivindicam o reconhecimento da identidade negra que o problema do racismo e da inclusão das populações afrodescendentes nos vários mecanismos decisórios no país entram efetivamente na pauta do Estado e das organizações empresariais.

O movimento antirracista no Brasil

O final da ditadura militar no Brasil, em meados da década de 1980, marca a eclosão de movimentos populares das chamadas bases sociais, ou minorias, como proletários urbanos e rurais, populações indígenas, sem-terra, mulheres etc. No bojo desse debate, um movimento de conotação étnico-política começa a se consolidar – principalmente com um corpo jurídico específico com uma extensa pauta de reivindicações: o chamado "movimento negro".

Muito embora as lutas antirracistas e por garantia de direitos das populações afrodescendentes não fossem novas no Brasil pós-abolição, remontando aos anos 1920-1930, com o surgimento de uma imprensa negra que resultou na criação da Frente Negra Brasileira, é o ano de 1988 que serve de palco para três eventos que reverberaram na "questão negra" e se refletiram diretamente na militância política desses grupos. Isso, como mostrou Jaime (2016) em seu livro *Executivos negros: racismo e diversidade no mundo empresarial*, vai ter um impacto direto na gestão da diversidade no ambiente corporativo brasileiro.

O primeiro ocorreu em maio daquele ano, quando esses movimentos provocaram um enfrentamento simbólico com o Estado brasileiro recusando-se a participar das comemorações oficiais relativas aos 100 anos da Abolição da Escravidão, organizando seus próprios eventos e ações alusivas à data. A alegação era de que a Abolição, de fato, não havia acontecido, dada a condição subumana de muitas comunidades negras no Brasil (vítimas preferenciais da violência, da miséria e da exclusão social – como resultado da ausência de políticas de inclusão pós-libertação) e a proliferação do racismo velado e forte em nosso país, que continuava a excluí-los dos mecanismos participativos e do mercado.

O segundo ocorreu em outubro, quando da promulgação da atual Constituição (também apelidada popularmente "Constituição Cidadã"), que trazia artigos e parágrafos relativos às comunidades quilombolas, além de dispositivos antirracistas. Nesse sentido, a Constituição de 1988 foi um marco importantíssimo que consolidou o cenário para o fortalecimento desses movimentos.

E, por último, decorrente daquela resistência às comemorações (poderíamos dizer que melhor seria falar em rememorações, já que não havia muito a se comemorar) do centenário da Abolição da Escravidão, o movimento negro promove o deslocamento do marco simbólico da luta antirracista no país do dia 13 de maio, data da promulgação da Lei Áurea pela Princesa Isabel, para o

20 de novembro, data do assassinato de Zumbi, liderança maior do Quilombo de Palmares. Essa data ficou caracterizada como o "Dia da Consciência Negra".

Executivos negros

O livro *Executivos negros*: racismo e diversidade no mundo empresarial é resultado da pesquisa realizada por Pedro Jaime no seu doutorado em Antropologia (USP) e em Sociologia e Antropologia (Université Lumière Lyon 2). Com uma abordagem socioantropológica, a publicação resulta de uma investigação qualitativa abordando a questão racial no ambiente empresarial. Partindo da constatação do quão reduzida é a presença de afro-brasileiros no quadro de dirigentes das organizações brasileiras, o trabalho de Pedro Jaime comparou duas gerações de executivos negros em São Paulo: uma ingressou no mercado de trabalho no final dos anos 1970; a outra, no início do século XXI. Em seu trabalho, ele analisou o impacto exercido pelos distintos contextos sociopolíticos que emolduram as trajetórias sociais e os percursos profissionais dessas duas gerações. Nos anos da ditadura militar (contexto da primeira geração), dada a ausência de mecanismos de inibição do racismo, o cenário propiciava uma certa incorporação e naturalização de práticas racistas, contribuindo para dificultar a autoafirmação dessas pessoas como negros e como executivos. A segunda geração vivenciou um momento pós-Constituição de 1988, ao mesmo tempo em que aumentava a pressão do movimento negro organizado, com uma pauta que cresceu em força. Nesse ambiente, o Estado brasileiro foi obrigado a criar políticas de combate ao racismo, incorporando muitos itens daquelas reivindicações. No cenário corporativo, como resposta, muitas empresas passaram a valorizar a inserção de negros em seus quadros recorrendo a uma tecnologia gerencial que faz parte dos fluxos globais que caracterizam a cultura transnacional de negócios: a gestão da diversidade. Este quadro resultou numa construção mais coletiva dessa segunda geração e numa percepção bem mais positiva das identidades raciais dos seus membros. De toda forma, isso não foi suficiente para acabar com os chamados constrangimentos raciais, que, no entanto, passaram a ser menos visíveis e comuns do que eram no contexto da primeira geração. Em 2017, o livro ganhou o 3º lugar na categoria livros de Administração do Prêmio Jabuti.

Fonte: JAIME, Pedro. *Executivos negros*: racismo e diversidade no mundo empresarial. São Paulo: Edusp/Fapesp, 2016.

Não obstante, ainda seriam necessários alguns anos para que a questão negra, de fato, entrasse na pauta oficial do governo brasileiro em suas várias esferas. Talvez o exemplo mais significativo tenha sido o Decreto-Lei n. 10.639/2003, que incluiu, no currículo oficial da rede de ensino, a obrigatoriedade da temática "História e Cultura Afro-Brasileira", além de instituir oficialmente no calendário escolar o dia 20 de novembro como "Dia Nacional da Consciência Negra". O primeiro ponto representou uma correção histórica importantíssima, uma vez que nenhum livro de história do Brasil utilizado na rede pública trazia, a não ser por breves informações caricaturais, o real peso da contribuição das culturas negras vindas da África e o papel do continente africano em nossa formação. O segundo item do Decreto é de uma expressividade histórica singular: trata-se do reconhecimento oficial no âmbito escolar do primeiro herói negro ao qual é dedicado um dia para culto à sua memória (fato que levou à decretação desse dia como feriado em vários municípios do Brasil). Outra medida importante, em maio do mesmo ano, foi a criação de uma pasta dedicada a assuntos raciais (a Secretaria de Políticas de Promoção da Igualdade Racial – SEPPIR), cujas funções, entre outras, seria elaborar políticas de desenvolvimento

Ação afirmativa

As chamadas ações afirmativas são um conjunto de medidas que pretendem reverter o quadro de exclusão de minorias em determinados países. Partem do princípio de uma história que privou esses grupos de direitos básicos, e que precisam ser corrigidos. Geralmente elas são adotadas por medidas legais (como no caso das autarquias e órgãos públicos e até mesmo organizações empresariais) ou espontâneas. É o que muitas empresas têm feito, por exemplo, com relação ao público LGBT. Muita gente vincula ação afirmativa exclusivamente ao tema de cotas raciais, por exemplo. O que é um grande erro. Várias outras medidas podem ser elencadas no rol das ações afirmativas dirigidas para minorias no Brasil: a criação de delegacias especializadas no atendimento à mulher, leis de acessibilidade para pessoas com deficiência e sua inclusão no mercado de trabalho, criminalização da homofobia e do machismo, cursinhos pré-vestibulares para pessoas de baixa renda etc. É importante ressaltar que ações afirmativas são políticas ou medidas particularistas, que normalmente dizem respeito a situações provisórias, que deveriam ser solucionadas com políticas universalistas e com a alteração da consciência cidadã dos indivíduos.

sustentável para as comunidades tradicionais de afrodescendentes no Brasil, além de planejar e implementar ações de inclusão da população negra.

Toda essa movimentação ocorre pouco tempo depois que o Brasil assina o Tratado da Conferência Mundial contra o Racismo, ocorrida na cidade de Durban em 2001, que o obrigaria a desenvolver políticas de combate ao racismo e de ações afirmativas. Nesse mesmo período, algumas universidades, entre elas a UnB, decidem adotar, pela primeira vez na história do Brasil, sistemas de cotas raciais para ingresso de estudantes por meio do vestibular. A confluência entre esses dois eventos vai levar a um dos mais importantes fatos nesse campo, que é justamente o debate sobre cotas, com a consequente aprovação da Lei n. 12.711, de 29 de agosto de 2012, que oficializa, pela primeira vez no Brasil, um sistema de cotas étnico-raciais e sociais para universidades públicas. Embora aprovada, a temática da Lei é bastante polêmica e controversa (mesmo entre cientistas sociais). No entanto, é inegável que esse debate foi um dos fatos que mais contribuíram para inserir a questão do racismo e do preconceito racial na pauta de discussão da nação.

Sobre o tema, é importante que se destaque dois pontos importantes. O primeiro é que política de inclusão por meio de cotas faz parte de um conjunto muito mais amplo de medidas chamadas ações afirmativas, tanto na esfera pública quanto na privada, que pretendem resolver de imediato algum erro histórico que construiu um cenário de exclusão de minorias (aqui, no caso, racial).

Zumbi dos Palmares (1655-1695).

O segundo é que, antes de ser sancionada, houve um debate na suprema corte brasileira motivado pelo julgamento do caso da adoção de cotas pela Universidade de Brasília (UnB): o questionamento da ação era se a inclusão de um sistema de cotas seria ou não constitucional por, supostamente, ferir o princípio da igualdade. Em um fato não muito comum no STF, todos os ministros presentes (10/11 – o ministro Dias Toffoli foi o único que não votou) seguiram o parecer do relator do processo, ministro Ricardo Lewandowski, que afirmou: "as políticas de ação afirmativa adotadas pela UnB estabelecem um ambiente acadêmico plural e diversificado, e têm o objetivo de superar distorções sociais historicamente consolidadas". E, de fato, pesquisas com bases estatísticas têm revelado que, pelo menos historicamente, desde a adoção do sistema em várias universidades brasileiras, a grande maioria dos argumentos dos críticos com relação às cotas raciais não estava correta: as universidades que as adotaram tiveram um aumento na diversidade de sua composição discente sem que, no entanto, houvesse diminuição de rendimento. Muito pelo contrário, na grande maioria dos casos pesquisados, os rendimentos dos cotistas, se não eram iguais, eram ligeiramente superiores aos dos não cotistas.

É comum esse tema levantar discussões apaixonadas, geralmente polarizadas: contra ou a favor. Como se constata, o problema é bem mais amplo e complexo. Em parte, pelo menos, a sanção da Lei n. 12.711/2012 coloca um marco legal na discussão que, claro, não se encerra com a Lei. Em todo caso, independentemente da posição que adotarmos nessa polêmica, o fato é que só vem ampliando o número de instituições de outras esferas que não as públicas federais (únicas atingidas pela Lei) que o vêm adotando. Este foi o caso da mais importante universidade brasileira, a Universidade de São Paulo (USP), uma das mais resistentes ao longo de todos esses anos e que, em 2017, passou a adotar um sistema próprio.

O principal requisito para aquele que quer se posicionar a respeito da polêmica é conhecer pressupostos, história, processo de implementação e, principalmente, o conteúdo da Lei n. 12.711. No caso brasileiro, a discussão agora está aberta para o serviço público federal, além de ter sido aberta para as universidades públicas estaduais e municipais.

Com o intuito de oferecer algum subsídio para ampliar esse repertório e para um exercício de reflexão, mostramos a seguir um resumo dos principais argumentos dos ministros do STF na sessão que julgou a constitucionalidade do sistema de cotas. Para interessados, recomendamos a leitura dos pareceres na íntegra, disponíveis no site do STF. Os argumentos são muito bem fundamentados e fornecem ótimos elementos para esclarecimentos e discussões.

**Julgamento da Arguição de Descumprimento de Preceito Fundamental (ADPF) 186, ajuizada pelo DEM contra a Universidade de Brasília, que questionava a reserva de 20% das vagas previstas no vestibular para preenchimento a partir de critérios étnico-raciais.
Data: 25/05/2012**

Ministro	Síntese de seu parecer
Ricardo Lewandowski (relator)	O caso da Universidade de Brasília, a reserva de 20% de suas vagas para estudantes negros e 'de um pequeno número delas' para índios de todos os Estados brasileiros pelo prazo de 10 anos, constitui providência adequada e proporcional ao atingimento dos mencionados desideratos. A política de ação afirmativa adotada pela Universidade de Brasília não se mostra desproporcional ou irrazoável, afigurando-se também sob esse ângulo compatível com os valores e princípios da Constituição.
Luiz Fux	A Constituição Federal impõe uma reparação de danos pretéritos do país em relação aos negros, com base no artigo 3°, inciso I, que preconiza, entre os objetivos fundamentais da República Federativa do Brasil, a construção de uma sociedade livre, justa e solidária. A instituição de cotas raciais dá cumprimento ao dever constitucional que atribui ao Estado a responsabilidade com a educação, assegurando acesso aos níveis mais elevados do ensino, da pesquisa e da criação artística, segundo a capacidade de cada um.
Rosa Weber	Cabe ao Estado adentrar no mundo das relações sociais e corrigir a desigualdade concreta para que a igualdade formal volte a ter o seu papel benéfico. Ao longo dos anos, com o sistema de cotas raciais, as universidades têm conseguido ampliar o contingente de negros em seus quadros, aumentando a representatividade social no ambiente universitário, que acaba se tornando mais plural e democrático.
Carmen Lucia Antunes Rocha	O sistema de cotas da UnB é perfeitamente compatível com a Constituição, pois a proporcionalidade e a função social da universidade estão observadas. As ações afirmativas não são a melhor opção, mas são uma etapa. O melhor seria que todos fossem iguais e livres. As políticas compensatórias devem ser acompanhadas de outras medidas para não reforçar o preconceito. As ações afirmativas fazem parte da responsabilidade social e estatal para que se cumpra o princípio da igualdade.
Joaquim Barbosa	O voto do ministro Lewandowski praticamente esgotou o tema em debate. Não se deve, porém, perder de vista o fato de que a história universal não registra, na era contemporânea, nenhum exemplo de nação que tenha se erguido de uma condição periférica à condição de potência econômica e política, digna de respeito na cena política internacional, mantendo, no plano doméstico, uma política de exclusão em relação a uma parcela expressiva da sua população.

(continua)

Julgamento da Arguição de Descumprimento de Preceito Fundamental (ADPF) 186, ajuizada pelo DEM contra a Universidade de Brasília, que questionava a reserva de 20% das vagas previstas no vestibular para preenchimento a partir de critérios étnico-raciais. Data: 25/05/2012	
Ministro	Síntese de seu parecer
Cezar Peluso	É fato histórico incontroverso o déficit educacional e cultural dos negros, em razão de barreiras institucionais de acesso às fontes da educação. Existe um dever, não apenas ético, mas também jurídico, da sociedade e do Estado perante tamanha desigualdade, à luz dos objetivos fundamentais da Constituição e da República, por conta do artigo 3º da Constituição Federal. Esse dispositivo preconiza uma sociedade solidária, a erradicação da situação de marginalidade e de desigualdade, além da promoção do bem de todos, sem preconceito de cor.
Gilmar Mendes	As ações afirmativas são uma forma de aplicação do princípio da igualdade. O reduzido número de negros nas universidades é resultado de um processo histórico, decorrente do modelo escravocrata de desenvolvimento e da baixa qualidade da escola pública, somados à dificuldade quase lotérica de acesso à universidade por meio do vestibular. Por isso, o critério exclusivamente racial pode, a meu ver, resultar em situações indesejáveis, como permitir que negros de boa condição socioeconômica e de estudo se beneficiem das cotas.
Marco Aurélio Melo	É totalmente improcedente a ADPF 186. As ações afirmativas devem ser utilizadas na correção de desigualdades, com a ressalva de que o sistema de cotas deve ser extinto tão logo essas diferenças sejam eliminadas. Mas estamos longe disso. Façamos o que está a nosso alcance, o que está previsto na Constituição Federal.
Celso de Mello	O sistema adotado pela UnB obedece a Constituição Federal e os tratados internacionais que tratam da defesa dos direitos humanos. O desafio não é apenas a mera proclamação formal de reconhecer o compromisso em matéria dos direitos básicos da pessoa humana, mas a efetivação concreta no plano das realizações materiais dos encargos assumidos.
Ayres Brito (presidente do STF)	A Constituição legitimou todas as políticas públicas para promover os setores sociais histórica e culturalmente desfavorecidos. São políticas afirmativas do direito de todos os seres humanos a um tratamento igualitário e respeitoso. Assim é que se constrói uma nação.
Dias Toffoli	O ministro Dias Toffoli declarou-se impedido e não participou do julgamento.

Fonte: Elaborada pelos autores com informações do Supremo Tribunal Federal – STF. *STF julga constitucional política de cotas na UnB*. 26 abr. 2012. Disponível em: <http://www.stf.jus.br/portal/cms/verNoticiaDetalhe.asp?idConteudo=206042>. Acesso em: 30 out. 2017.

Questões para discussão

1. Com base no texto, explique por que a gestão da diversidade é uma questão estratégica para as organizações.
2. Quais relações o debate acerca de natureza e cultura no comportamento humano guarda com o debate sobre sexo e gênero?
3. O que significa a expressão da historiadora Joan Scott de que "gênero é a organização social da diferença sexual percebida"?
4. Faça uma síntese da personagem Nomi, da série Sense8, discutindo as relações entre sexualidade e gênero.
5. Como você avalia a relação entre a melhora de desempenho da executiva Megan no caso da Microsoft descrito no capítulo e a questão de gênero/sexualidade?
6. Identifique e explique o conceito de raça do ponto de vista da Biologia.
7. Explique por que a ciência nega a raça como uma realidade para o ser humano.
8. Por que, a despeito de a ciência negar a raça como realidade, o racismo ainda é tão presente no mundo contemporâneo?
9. De acordo com a síntese do livro do prof. Pedro Jaime, descrita no capítulo, qual a diferença entre as duas gerações de executivos negros analisadas por ele? Em sua resposta, leve em consideração os papéis do movimento negro, do Estado e do meio empresarial nesse processo.
10. Com base nos depoimentos dos ministros do STF (cuja síntese está no capítulo), organize um debate sobre a questão das cotas. Embora a Lei de Cotas tenha sido aprovada em 2012, é possível levantar os prós e os contras envolvidos na questão para aprofundar o debate.

Dicas de filmes
1. Pessoa com deficiência:
O escafandro e a borboleta (França, Estados Unidos, 2007). Dir.: Julian Schnabel.
Mar adentro (Espanha, 2005). Dir.: Alejandro Amenábar.
Como estrelas na terra – toda criança é especial (Índia, 2007). Dir.: Aamir Khan.

2. Gênero:
Os silêncios do palácio (França, 1994). Dir.: Moufida Tlatli.
Tomboy (França, 2012). Dir.: Céline Sciamma.
O closet (França, 2001). Dir.: Francis Veber.

3. Raça e racismo:
O fio da memória (Brasil, 1978). Dir.: Eduardo Coutinho.
Eu não sou seu negro (Estados Unidos, 2016). Dir.: Raoul Peck.
Moonlight – Sob a luz do luar (Estados Unidos, 2016). Dir.: Barry Jenkins.
A negação do Brasil (Brasil, 2000). Dir.: Joel Zito Araújo.

Referências bibliográficas

BUTLER, Judith. *Problemas de gênero:* feminismo e subversão da identidade. Rio de Janeiro: Civilização Brasileira, 2003.

CASTORIADIS, Cornelius. Reflexões sobre o racismo. *As encruzilhadas do labirinto 3*: o mundo fragmentado. Rio de Janeiro: Paz e Terra, 1992, p. 27-43.

CAVALLI-SFORZA, Luca e CAVALLI-SFORZA, Francesco. Raça e racismo. In: *Quem somos?* História da diversidade humana. São Paulo: Unesp, 2002.

CHAUÍ, Marilena. Cultura e racismo. In: *Princípios* 2(9):62. São Paulo: Anita, 1993.

ETHOS, Instituto. O compromisso das empresas com os direitos humanos LGBT: orientações para o mundo empresarial em ações voltadas a lésbicas, gays, bissexuais, travestis e transexuais. São Paulo: Instituto Ethos, 2013.

ETHOS/BID. *Perfil social, racial e de gênero das 500 maiores empresas do Brasil e suas ações afirmativas.* Instituto Ethos e Banco Interamericano de Desenvolvimento, São Paulo, 2016.

FACCHINI, Regina. *Sopa de letrinhas?:* movimento homossexual e produção de identidades coletivas nos anos 90. Rio de Janeiro: Garamond, 2005.

___. *Histórico da luta de LGBT no Brasil.* Disponível em: <http://www.crpsp.org.br/portal/comunicacao/cadernos_tematicos/11/frames/fr_historico.aspx>. Acesso em: 20 jun. 2017.

FACCHINI, Regina; SIMÕES, Júlio. Na trilha do arco-íris: do movimento homossexual ao LGBT. São Paulo: Fundação Perseu Abramo, 2009.

FÓRUM Brasileiro de Segurança Pública. *Visível e invisível*: a vitimização de mulheres no Brasil. Disponível em: <http://www.forumseguranca.org.br/wp-content/uploads/2017/03/visivel_invisivel_apresentacao.pdf>. Acesso em: 23 nov. 2017.

FOUCAULT, Michel. *História da sexualidade 3*: o cuidado de si. Rio de Janeiro: Graal, 1985.

GOLDENBERG, Mirian. *Nu & Vestido*: dez antropólogos revelam a cultura do corpo carioca. Rio de Janeiro/São Paulo: Record, 2002.

GUIMARÃES, Antonio Sérgio Alfredo. *Racismo e antirracismo no Brasil*. São Paulo: 34, 1999.

HERMANN, L. M. *Maria da Penha* – Lei com nome de mulher: violência doméstica e familiar. Considerações à lei n. 11.340/2006 comentada artigo por artigo. 2. ed. Servanda: Campinas, 2008.

HOBSBAWM, Eric. *Era dos extremos*: o breve século XX. São Paulo: Companhia das Letras, 2003.

IBGE/PNAD – Instituto Brasileiro de Geografia e Estatística/Instituto de Pesquisa Econômica Aplicada. *Retrato das desigualdades de gênero e raça*. Taxa de analfabetismo da população de 15 anos ou mais de idade, por sexo, segundo cor/raça – Brasil e Regiões, 1995 a 2015. Disponível em: <http://www.ipea.gov.br/retrato/tabelas/bloco_3/Tabela_3.4.xlsx>. Acesso em: 23 nov. 2017.

JACQUARD, Albert. Um conceito vago: as raças humanas. In: *Elogio da diferença*. São Paulo: Martins Fontes, 1988.

JAIME, Pedro. *Executivos negros*: racismo e diversidade no mundo empresarial. São Paulo: Edusp/Fapesp, 2016.

KANO. T. Social behavior of wild pygmy chimpanzees (Pan paniscus) of Wamba: A preliminary report. *Journal of Human Evolution*, 9, 1980, 243-60.

MOORE, Henrietta et al. Understanding sex and gender. *Companion Encyclopedia of Anthropology*. Londres: Routledge, 1994, p. 813-30.

MUNANGA, Kabengele. Uma abordagem conceitual das noções de raça, racismo, identidade e etnia. In: *Programa de educação sobre o negro na sociedade brasileira*. Niterói: Eduff, 2004.

PAIXÃO, Marcelo. *Desenvolvimento humano e relações raciais*. Rio de Janeiro: DP&A, 2003.

SCOTT, Joan Wallack. Prefácio a "Gender and politics of history". Cadernos Pagu, n. 3. Campinas: IFCH/Unicamp, 1994. Disponível em: <https://periodicos.sbu.unicamp.br/ojs/index.php/cadpagu/article/view/1721>. Acesso em: 7 nov. 2017.

SIMÕES, Júlio Assis; FACCHINI, Regina. *Na trilha do arco-íris*: do movimento homossexual ao LGBT. São Paulo: Editora Fundação Perseu Abramo, 2009.

SORJ, Bila. *Uma questão de gênero*. Rio de Janeiro: Rosa dos Tempos, 1992.

THOMSON REUTERS. Thomson Reuters divulga índice com as 100 organizações com os maiores índices de diversidade & inclusão do mundo. 10 nov. 2016. Disponível em: <https://www.thomsonreuters.com.br/pt/sala-de-imprensa/100_organizacoes_com_maiores_indices_de_diversidade_inclusao.html>. Acesso em: 27 out. 2017.

WAISELFISZ, Julio Jacobo. *Mapa da violência 2015*: homicídio de mulheres no Brasil. Brasília, DF: Flacso, 2015. Disponível em: <https://apublica.org/wp-content/uploads/2016/03/MapaViolencia_2015_mulheres.pdf>. Acesso em: 23 nov. 2017.

Palavras-chave:
Diversidade. Raça. Racismo. Gênero. Ações afirmativas.